KB213204

소동파 평전

소동파 평전
—중국의 문호 소식의 삶과 문학

왕수이자오 지음 | 조규백 옮김

2013년 9월 23일 초판 1쇄 발행
2022년 10월 24일 초판 3쇄 발행

펴낸이 한철희 | 펴낸곳 돌베개 | 등록 1979년 8월 25일 제406-2003-000018호
주소 (10881) 경기도 파주시 회동길 77-20 (문발동)
전화 (031) 955-5020 | 팩스 (031) 955-5050
홈페이지 www.dolbegae.co.kr | 전자우편 book@dolbegae.co.kr
블로그 blog.naver.com/imdol79 | 트위터 @Dolbegae79 | 페이스북 /dolbegae

편집 이경아
표지디자인 민진기 | 본문디자인 박정영·이은정
마케팅 심찬식·고운성·조원형 | 제작·관리 윤국중·이수민
인쇄·제본 한영문화사

ISBN 978-89-7199-557-0 (03990)
이 도서의 국립중앙도서관 출판시도서목록(CIP)은 e-CIP 홈페이지
(http://www.nl.go.kr/ecip)에서 이용하실 수 있습니다.(CIP제어번호: CIP2013016574)

책값은 뒤표지에 있습니다.

소동파 평전

蘇東坡評傳

중국의 문호 소식의 삶과 문학

왕수이자오 지음 조규백 옮김

돌베개

소동파와 고려

중국에서는 소동파(1036~1101)를 모르는 이가 없다. 심지어 그의 본명 소식蘇軾보다도 더욱 널리 사람들의 입에 오르내리고 있다. 학식이 깊고 넓은 지식인이나 일반인을 막론하고 그를 열성적으로 진지하게 숭배하는 이들이 있다. 아雅나 속俗 두 측면에서 사람들의 다양한 문화적 요구와 심미적 취향을 만족시켜 줄 수 있는 중국 문화의 거인은 극히 드물다. 소식은 바로 이러한 소수의 인물 가운데서도 특출한 분이다. 그는 비범한 천재성과 필생의 정력으로 깊이 있는 문화유산을 두루 남겼다. 시詩·사詞·문文·부賦 각 문학 영역과 경학經學·고고학考古學·서법書法·회화繪畫·의약醫藥·요리 등에서 모두 탁월한 성과를 이루어 공헌한 바가 있으며, 적지 않은 영역에서 또한 시대의 최고봉의 위상을 차지하고 있다. 거의 천 년 동안, 그는 강직함으로써 사람들을 격려하고, 지혜로써 계발시키고, 지식으로써 보탬을 주고, 미담을 전하며, 후세 사람들과 지속적으로 교류해 왔다. 이로 인해 한 시대 또한 시대의 독자들이 추억과 사모의 정을 갖게 되었으니, 이는 아주 자연스러운 현상이다.

일찍이 소식이 살아 있을 때, 그의 작품과 사적事迹이 이미 국경을 초월해 세계로 향했는데, 가장 좋은 예가 당시의 고려高麗이다. 서기 1077년(송宋 신종神宗 희녕熙寧 10년, 고려 문종文宗 31년, 소식 42세), 고려에서 파견된 사신 최사훈崔思訓 등이 소식이 항주에서 지은 작품집『전당집』錢塘集을 찾아 항주杭州를 경유하여 귀국했는데, 이는 소식의 작품에 대한 고려 문인의 갈구와 열망이 드러난 일화이다. 그리고 1236년(송 이종理宗 단평端平 3년, 고려 고종高宗 23년), 고려 전주목全州牧의 최군지崔君址가『동파문집』東坡文集을 새로 조판하여 출판했는데, 당시 저명한 정치가 이규보李奎報가 발문跋文을 썼다. 이 '전주신조본'全州新雕本의 저본이 '상주모본'尙州摹本인데, 그렇다면 상주모본의 모각摹刻 시기는 1236년 이전임이 분명하다. 고려 문인이 이렇게 심력心力을 다해 송나라에 가서 소식의 문집을 구입하고, 또 몽고의 선봉 부대가 이미 전주全州에 도착한 위급한 상황에서 소식의 문집을 간행했으니, 그 목적은 읽고 받아들이고 연구하기 위한 것이었다.

　　고려 사람 권적權適의 시구詩句에, "소동파의 문장이 해외에 알려졌다"(蘇子文章海外聞)라고 한 것은, 소식의 작품이 사해四海에 전해진 것을 찬양한 것이다. 그리고 서거정徐居正의 다음 기록은, 실제로 소식 문학의 영향이 얼마나 깊고 광범한지를 잘 설명한다.『동인시화』東人詩話 권상卷上에서 서거정은 다음과 같이 말했다. "고려 문인은 오로지 동파를 숭상하여, 과거 급제자의 방이 나붙을 때마다 사람들은 '33인의 동파가 나왔구나'라고 말하였다."(高麗文士專尙東坡, 每及第榜出, 則人曰: '三十三東坡出矣!') 고려 문인은 소식을 학문과 문장의 최고 모범으로 삼았으니, 명문 집안 출신의 대신大臣 김부식金富軾, 김부철金富轍의 이름을 이렇게 지은 것도 이상할 것이 없다. 이렇게 이름을 지은 데는 소식

蘇軾, 소철蘇轍 형제를 사모한 깊은 정이 남김없이 표현되어 있다.

　　고려의 문풍文風에 영향을 준 중국의 문인 가운데, 소식은 의심할 것 없이 영향력이 가장 광범하고 깊은 분이다. 그의 문집은 고려조에 첫 번째로 간행된 송인별집宋人別集(송나라 문인의 작품집)이었고, 그의 사詞 「염노교」念奴嬌[1]는 십여 명의 고려 문인이 앞 다투어 창화唱和(남의 시에 운韻을 맞추어 시를 짓는 것)하여, 문학의 일대 경관을 이루었다. 소식이 만약 지하에서 알았다면, 크게 기뻐했을 것이다. 사실상 소식은 당시 고려에 대한 외교 사무에도 관심이 깊었고 상당한 이해를 가지고 있었다. 문화적인 각도에서도 그는 고려에 우호적이고 친화적이었다. 1085년 (송 신종 원풍元豊 8년, 고려 선종宣宗 2년, 소식 50세), 고려의 승통僧統 대각국사大覺國師 의천義天(문종의 넷째 아들)이 사신으로 송나라를 순례했는데, 송 조정에서는 소식의 친구 양걸楊傑에게 그를 수행하여 전당錢塘으로 놀러 가라는 조령詔令을 내렸다.

　　소식은 이 일을 기뻐하며 「양걸을 보내며」(送楊傑)라는 시를 지어 양걸에게 주었다. 그 가운데 "삼한의 왕자께서 서쪽으로 불법을 구하러 오시니 / 하늘의 이치를 아는 의천과 사해四海가 다 아는 양걸은 호적수라"(三韓王子西求法, 鑿齒彌天兩勍敵[2])라는 구절이 있는데, "용모가 수

---

1) 「염노교·적벽회고」念奴嬌·赤壁懷古라고도 한다.
2) 鑿齒彌天兩勍敵(착치미천양경적): 『진서』晉書「습착치전」習鑿齒傳에 이런 내용이 있다. "당시 승려 중에 석도안釋道安이 있었는데, 준수하고 언변이 좋으며 높은 재주가 있었다. 북쪽으로부터 형주荊州로 와, 착치鑿齒와 처음 상견했다. 도안이 말하길, '하늘에 꽉 찬(彌天: 하늘의 이치를 아는) 석도안이다'라고 했고, 착치가 말하길, '사해가 다 아는 습착치習鑿齒다'라고 했다. 당시 사람들은 좋은 대구라고 생각했다." 의천과 양걸을 도안과 착치에 비유한 것이다. 왕수이자오, 『소식선집』蘇軾選集, 174쪽.—옮긴이 주

려하고 언변이 좋으며 재주가 높은"(俊辯有高才) 동진東晉의 명승 도안道安에 의천을 비유하고, 그가 "불법을 구하러 서쪽으로 온 것"을 열정적으로 환영했다. 또한 송 철종哲宗은 일찍이 소식을 고려에 사신으로 파견하려고 했는데, 사정으로 인해 실행되지 않았다. 소식은 이 사신의 행로를 시야를 넓히고 새로운 이국 풍정을 체험할 수 있는 실로 "인생의 하나의 아름다운 일"로 여기고 있었다. 그는 이 소원을 이루지 못한 것을 늘 한스럽게 생각하여, 여러 해가 지난 뒤 벗에게 보내는 편지에 애석함을 깊이 표시했다. 이러한 소식의 유감은 우리 후세 사람들의 유감이기도 하다. 만약 그가 고려를 방문할 수 있었다면, 반드시 뛰어난 필치로 신선하고 형상적인 진귀한 시들을 남겨, 한중 문학 교류사상 하나의 미담을 남겼을 것이다. 또한 소식이 고려에 대해 품고 있던 정치적으로 편파적인 인식도 수정할 수 있었을 것이다.

고려에 대한 소식의 '편파적'인 인식은 바로 그가 송나라 조정에 올린 7편의 주의문奏議文을 통해 고려에 서적 수출 금지를 요구하고, 또한 송 신종이 제정했던 긴밀하고도 밀접한 여송麗宋 외교 관계에 반대한 사실을 가리킨다. 이는 고려에 대한 소식의 태도를 연구할 때 당면하지 않을 수 없는 문제이며, 또한 회피할 수 없는 문제이기도 하다. 과학적이고 객관적이며 공평한 원칙을 견지해야만 비교적 합리적인 결론을 얻을 수 있다. 필자는 일찍이 「소식의 고려관을 논함」(論蘇軾的 高麗觀)이라는 논문에서 이에 대해 개인적인 견해를 밝힌 바 있다.

총체적으로 말하면, 고려에 대한 소식의 태도는 정치, 군사, 외교상 확실히 편파적인 면이 있다. 그러나 문화 교류의 측면에서는 시종 우호적이다. 근래에 전해 오는 미담이 있다. 1996년 항저우 서호西湖의 공사 현장에서 석상石像 하나가 출토되었다. 고증에 따르면, 이곳은 송대에 세워진 고려사高麗寺(혜국사慧國寺)의 옛터로, 고려에서 보내온 『화엄경』華嚴經을 보관하던 곳이었다. 출토된 석상의 상주像主는 바로 당시 항주지주杭州知州를 맡고 있던 소식이다. 그가 호법신護法神으로 소상塑像되어 절 안의 가람전伽藍殿에 모셔져 있었던 것이다. 이 이야기는 소식이 한중 양국 백성의 가슴속에 이미 우호의 문화 사절이었다는 것을 생동적으로 말해 준다.

필자는 여기서 소식과 고려 문인 간에 맺어진 아름다운 문화적 인연을 서술하면서, 그가 창조한 문화적 업적이 중국의 것이자 또 한국의 것이며 나아가 인류 공동의 재산이라는 취지를 설명하려 한다. 또한 고려조에서부터 지금까지, 한국의 중국학 연구에서 소식 연구가 시종 하나의 주목을 끄는 문제였으며, 그 연구 성과가 필자에게도 많은 것을 일깨우게 했음을 기쁘게 생각한다. 필자가 쓴 이 소식의 전기傳記가 한국에서 출판될 수 있고, 한국의 독자에게 이 위대한 문화의 위인을 소개할 수 있어서, 내심 흥분과 기쁨을 말로 설명할 수 없다. 이 책을 번역해 준 조규백曹圭百에게 깊이 감사드린다. 또한 돌베개 출판사의 지지와 관심에 대해 충심으로 감사의 뜻을 표시한다.

왕수이자오王水照
2012년 6월 푸단대학復旦大學에서

"누구나 소동파를 알지만 아무도 소동파를 모른다."

이는 그를 아는 사람은 많지만, 그만큼 제대로 알기는 어려움을 토로한 말이다. 소동파는 중국 북송北宋의 정치가·경학자·서법가·화가이자, 특히 중국이 낳은 최고의 문인이다. 그의 본명은 소식蘇軾이지만, 황주 유배 시절 동파東坡(동쪽 언덕)에서 밭을 일구고 농사를 짓던 때 지은 그의 호 '동파'東坡로 더 세상에 알려져 있다. 그의 문학은 지금까지 인구에 회자되고 있고 앞으로도 그러할 것이다. 그는 고려와 조선 시대의 문인들에게 가장 많이 읽히고 많은 영향을 준 중국 문인 중의 한 분이다.

큰 강은 도도하게 동으로 흘러가며	大江東去
천고의 풍류 인물들을 다 씻어 버렸네.	浪淘盡千古風流人物

―「염노교·적벽회고」念奴嬌·赤壁懷古

오직 강 위의 맑은 바람과	惟江上之淸風
산간의 밝은 달만은	與山間之明月
귀로 들으면 음악이 되고	耳得之而爲聲
눈으로 보면 경치를 이루어	目遇之而成色
이를 취해도 막는 이 없고	取之無禁
이를 써도 다 없어지지 않으니,	用之不竭
이는 조물주의 무한한 보고요	是造物者之無盡藏也

나와 그대가 함께 즐겨야 할 것이라네.　而吾與子之所共適

―「적벽부」赤壁賦

"어디를 간들 즐겁지 않을쏜가"(安往而不樂), "하늘 끝 어디라도 아름다운 풀이 없으리오"(天涯何處無芳草) 등 소동파의 명구가 많이 전해지고 있다. 나는 이 구절들을 좋아한다. 또 나는 감히 말한다. 동파를 제대로 알려면 동파 이전이나 이후의 전체 중국 고전학에 대한 폭넓은 관심이 있어야 하고, 동파를 깊이 파고들수록 부지불식간에 전체 중국 고전학에 조예가 깊어지게 된다고. 동파 한 분의 연구를 통해서 중국 문학 나아가 중국 고전학, 중국 문화를 꿸 수도 있다.

　내가 대학원 시절 소동파를 전공으로 선택한 지도 어언 30년이 지났다. 청춘을 동파와 또 중국 고전과 함께 보낸 셈이다. 동파에게는 예리함과 소탈함, 강직함과 부드러움, 현실 지향과 낭만 지향, 이런 상반된 것들이 긴장 속에 조화를 이루고 있다. 그는 비범한 천재이며 노력가이다. '독만권서'讀萬卷書(만 권의 책을 읽다)의 함양涵養과 '행만리로'行萬里路(만 리 길을 다니다)의 경륜을 쌓았다. 정부의 고관으로 있을 때는 우국지사였고, 지방관으로 있을 때는 백성에게 다가가 보살펴 주었으며, 유배지에서는 끼니를 위해 몸소 농사를 짓기도 하며 서민의 생활을 몸소 체험했다. 아무리 어려운 시기라도 소탈하게 껄껄 웃을 줄 알았던 분이다. 유불도儒佛道 사상을 아우를 정도로 그의 가슴은 용광로였다. 자신의 삶을 사랑했고, 자연을 좋아했다. 그리고 인간을 사랑한 인도주의자이기도 했다. 그는 개성을 중시하고 자유 정신을 추구한 송대의 학풍과 사유가 잘 드러난 대표적인 문인이다. 그는 사물이나 대상에 대한 핵심을 꿰뚫을 줄 알았다. 또한 그것을 한마디의 언어로 표현할 수 있었다. 그 자신의 향기를 만방에 내뿜은 중국의 문호文豪이다. 어쨌든 동파와 나는 떨어질 수 없는 관계가 되었다.

한중 수교 이후 중국 항저우杭州로, 우한武漢으로, 황저우黃州로, 그리고 난징南京으로 동파의 자취를 따라 제1차 소동파문학기행을 다녀왔다. 중국에는 어디를 가든지 동파를 연구하는 학자가 있다. 항저우 서호의 소제蘇堤에서도, 황저우 동파적벽東坡赤壁에서도 현지의 동파 학자를 만나 함께 동파의 자취를 답사하고 그분들의 견해를 듣기도 했다. 이처럼 중국에 가면 동파 연구자끼리는 면식이 없더라도 동파를 매개로 금방 가까운 사이가 된다.

일찍이 한중 수교 이전에 저서를 통해 중국 당송唐宋 문학의 권위자로서 특히 소동파학(蘇學)의 대가이신 왕수이자오 교수를 알게 되어, 편지를 통해 그의 가르침을 받곤 했다. 그의 저서들은 충실하면서도 깊은 학문적 역량이 있었다. 내가 찬동하는 견해가 많아 평소 나의 관심을 끌었다. 왕수이자오 교수는 내가 소동파를 연구하는 데 많은 정신적 지침을 마련해 주었다.

수교 이후 나는 중국에 갈 때마다 왕수이자오 교수를 찾아뵙고 가르침을 청했다. 2002년 나는 한국연구재단의 지원으로, 그의 문하에서 1년간 박사후연구를 진행했다. 오래전 선생의 저서인 『소식』蘇軾을 읽고 한국어로 번역하고 싶다고 말씀드렸더니, 본서의 저본인 王水照, 『蘇軾』(萬卷樓圖書有限公司, 臺北, 1993)를 주셨다. 아울러 이 책의 전단계 판본인 『蘇軾』(上海古籍出版社, 1982)의 일본어 역주본인 『蘇軾—その人と文學』(山田侑平 譯, 日中出版, 1986)를 건네주시며 복사해 가서 참고하라고 하셨다.

왕수이자오 교수의 『소식』은 중국의 소동파 평가에 있어 반성의 시기를 거친 시점에서 나온 객관적이고 타당한 안목을 갖춘 책이다. 엄밀함과 풍부한 원전 인용 등 학술적으로도 가치가 있다. 이 책은 중국 역대 최고의 문인으로 불려도 손색이 없는 소동파의 전기이다. 원래 소동파 시집과 문집은 그 양이 방대하고 깊이가 있으며, 고래古來로부터의 방대한 문학·철학·사학의 지식, 유불도의 사상이 모두 녹아 있어, 전문 학자라도 완독하기가 쉽지 않으며, 일반 독자들은 더더욱 접근하기가 쉽지 않다. 이 책은 분량이 많지 않고 일정한 핵심과 깊이를 지니고 있다. 그리하여 소동파에 접근하는 데 필요한 입문서로 적합하며, 이 방면의 학자에게도 충실한 나침반이 되어 준다. 동파의 시·사詞·부賦·산문을 폭넓게 인용하여, 동파를 잘 모르는 독자라도 일독하면 핵심을 터득하게 된다. 나아가 오늘날 우리 현실, 우리네 인생에 있어 어떻게 사는 것이 멋지게 사는 것인가에 대해서도 다시금 생각해 볼 여유가 생길 것이다.

한 가지 유감스러운 점이 있다. 당시 고려, 북송, 요遼의 삼각 구도의 국제관계에서 소동파는 고려에 대해 편파적이고 적대적인 감정을 가지고 있었다. 이에 비해 당송팔대가의 한 사람이며 소동파와 동시대 사람인 증공曾鞏은 고려에 대해 비교적 우호적이며 객관적인 관점을 지니고 있어서 대조적이다.

소동파의 편파적인 고려관高麗觀에 대해서 조선 후기 김윤식金允植은 "소동파는 명석하여 남의 숨겨진 사정을 잘 헤아린다. 그러나 동방에 군자의 나라가 있다는 것을 모른다"라고 하며, 고려에 대한 소동파의 오해에 대해 우리의 국가적 입장에서 강하게 반박하고 있다. 또 그는 소동파에 대해, "덕으로 말한다면 어질지 못하고, 위엄으로 말한다면 용맹스럽지 못하고, 지혜로 말한다면 밝지 못하다"고 비평하면서,

소동파를 소인으로 폄하했다.[1] 이러한 점은 향후 한중 관계에 있어 귀감으로 삼아야 할 점이다.

이 역서를 내는 데 도움을 주신 분들이 있다. 오래도록 한학漢學의 가르침을 주신 고故 연청研靑 오호영吳虎泳(일명 吳大泳) 선생님, 내가 번역 초고를 완성한 후에, 일본어를 모르는 역자를 위해 일역본과 대조하여 교정과 윤문까지 힘써 주신 김익수 선생님(선생님은 평소 덕을 베푸시고 물심양면으로 역자를 도와주셨다), '부록'「소동파의 고려 관련 주의문奏議文 6편」과 「증공曾鞏의 고려 관련 문장 1편」의 번역을 전재轉載하도록 허락해 주신 한국고전번역원 등에 깊이 감사드린다. 교정 과정에서 몇 차례 저자의 고견을 듣기도 했다. 아울러 '작품명'作品名의 번역에 도움을 준 푸단대학復旦大學의 허우티지엔侯體健 교수께도 감사드린다.

착수한 지 여러 해, 기쁜 마음으로 이 작업을 마무리 짓는다. 부족한 점에 대해선 제현諸賢의 질정叱正을 부탁드린다. 번역이 어렵다는 것을 다시 실감한다. 끝으로 돌베개출판사의 한철희 사장님, 편집과 교정을 맡아 수고해 주신 이경아 팀장 등 출판사 관계자들께도 감사드린다.

2013년 여름
방배우거方背寓居에서
조규백 삼가 고쳐 쓰다

---

1) 조규백, 「조선조 문인의 소동파 인물 및 산문에 대한 평가」, 『대동문화연구』 제80집, 성균관대 대동문화연구원, 2012.

차례

부록

저자 소개

일러두기

1. 이 책은 王水照, 『蘇軾』(萬卷樓圖書有限公司: 臺北, 1993. 1)을 저본으로 번역했다.

2. 인용된 시문 가운데 저본의 약간의 오자는 王水照, 『蘇軾選集』(上海古籍出版社, 1984. 2)과 淸 王文誥 輯注, 孔凡禮 點校, 『蘇軾詩集』(全8冊. 中華書局: 北京, 1987) 및 孔凡禮 點校, 『蘇軾文集』(全6冊. 中華書局: 北京, 1990) 등을 근거로 수정했다.

3. 서명은 『 』, 작품명과 논문명은 「 」, 그림은 〈 〉으로 표기한다.

4. 책의 이해를 돕기 위해 소동파의 나이와 서기 연도를 병기했다. 또한 모든 날짜를 음력으로 통일해서 혼란이 없도록 했다. 예: 36세 되던 해(신종 희녕 4년, 1071년)

5. 원서에 일부만 인용된 시들 가운데 필요한 경우 전체 시를 인용하고 주석에 밝혔다.

6. 인용 시의 경우, 시구가 많으면 번역 시에서는 4구당 한 칸씩 띄어 썼다.

7. 원주와 주석에 가급적 시문의 출처 및 창작 시기, 해당 지역을 기재했다. 그리고 일부 필요한 경우 주석에 보충하거나 옮긴이 주를 추가했다.

8. 원서에 없지만 '부록'으로 「소동파 관직 이동표」, 「소동파 연보」, 「소동파 시, 산문 작품명 찾아보기」를 두어 독자들이 참고하도록 했다.

9. '부록'으로 한국고전번역원의 한치윤韓致奫, 『해동역사海東繹史 권56(정선용 역)에 수록된 「소동파의 고려 관련 주의문奏議文 6편」과 「증공曾鞏의 고려 관련 문장 1편」을 약간의 손을 본 후 전재轉載했다.

赤壁賦

壬戌之秋七月既望蘇子与

客泛舟游于赤壁之下清風

徐来水波不興

앞 도판 ― 소식, 〈전적벽부〉 부분, 타이베이국립고궁박물원臺北國立故宮博物院 소장

1장

들어가는 말

소식蘇軾은 북송北宋 문단의 지도적인 인물이었다. 그의 생애와 작품에 관해 서술하기 전에 먼저 중국문학사에 전해 오는 일화를 소개하고자 한다.

북송 인종仁宗 가우嘉祐 2년(1057년) 스물두 살이 된 소식은 당시 수도 변경汴京(오늘날 허난 성의 카이펑開封)에서 과거 시험을 볼 때 빛나는 재주로 당시 문단의 대표적 지도자였던 구양수歐陽修를 놀라 격찬하게 했다.

구양수는 그의 문장을 읽고서 "모르는 사이에 진땀이 난다오. 기쁘고도 기쁘오! 이 늙은이는 길을 피해 그가 두각을 나타내도록 해 주어야겠소. 기쁘고도 기쁘오!"(不覺汗出. 快哉, 快哉! 老夫當避路, 放他出一頭地[1] 也. 可喜, 可喜! 「매성유에게」與梅聖兪)라고 하였다. 또 "30년 후에는 세상 사람들이 다시는 나를 일컫지 않을 것이다"라고 하여 장래의 문단이 장

---

1) 出一頭地(출일두지): 두각을 나타내다.—옮긴이 주

차 소식에게 속할 것이라 예언했다.[2] 이 이야기는 구양수가 후배를 장려하고 발탁하는 데 열정이 있었으며 인재를 알아보는 안목이 있었음을 보여 준다. 소식을 포함한 후진들은 이와 같은 열의를 오래도록 기렸고, 세인들은 그의 사람 보는 안목을 칭찬했다.

소식은 선배들의 촉망을 저버리지 않고, 구양수의 뒤를 이어 북송 문단의 거장이 되었다. 그는 문학의 여러 갈래에서 업적을 이루었다. 산문에서는 구양수와 함께 '구소'歐蘇로 일컬어졌고, '당송고문팔대가' 唐宋古文八大家의 한 사람이 되었으며,[3] 시가詩歌에서는 황정견黃庭堅과 함께 '소황'蘇黃으로 병칭되어 송대 시가의 면목을 일신했고, 또 사詞에서는 신기질辛棄疾과 함께 '소신'蘇辛으로 불리며 호방사파豪放詞派의 창시자가 되었다.

그는 북송 문학을 대표할 만큼 많은 것을 이룬 한편, 서화書畫 방면에서도 대가였다. 서법書法에서는 황정견, 미불米芾, 채양蔡襄과 더불어 '북송사대가'北宋四大家로 불렸고, 회화繪畫에서는 문동文同을 우두머리로 한 '문호주죽파'文湖州竹派의 중요한 인물이었다. 그는 이처럼 광대한 영역을 섭렵하고도 각각의 영역에서 두드러진 성과를 보였는데, 이는 중국의 문학예술사에서 극히 보기 드문 일로 평가된다.

구양수가 높이 평가함으로써 그의 문학적인 명성은 경사京師(송대의 수도 변경) 일대에 자자했다. 그러나 그의 생활 경력과 문학 노선에 대해 서술하려면 그의 유년시절로 거슬러 올라가야 한다.

---

2) 주변朱弁,『풍월당시화』風月堂詩話 권상,『곡유구문』曲洧舊聞 권8.

3) 소식 외에 당송팔대가로 불린 일곱 사람은 당唐의 한유韓愈, 유종원柳宗元과 송宋의 구양수, 소순蘇洵, 소철蘇轍, 왕안석王安石, 증공曾鞏이다.

2장

가정과 어린 시절

소식은 자字가 자첨子瞻이고 처음의 자字는 화중和中이며, 사천四川 미산현眉山縣 사곡행絲穀行 사람이다. 그는 북송 인종仁宗 경우景祐 3년 12월 19일(음력)에 태어났다. 서기로 환산하면 1037년 1월 8일(양력)이다.[1]

그는 문학적 분위기가 농후한 봉건 지식 계층의 가정에서 태어났다. 부친은 소순蘇洵으로, 자字가 명윤明允이다. 자주 과거 시험에 낙방한 소순은 자신의 문장을 모두 불태워 버리고, 다시 전심전력으로 공부하여 끝내 저명한 고문 작가가 되었다. 소식의 형인 경선景先은 일찍 요절했다. 아우 소철蘇轍은 자字가 자유子由, 처음 자字는 동숙同叔으

---

1) 양력으로 환산하면 그는 서기 1037년 1월 8일생이다. 그러나 음력 생일인 1036년 12월 19일을 사용하는 편이 더 편리할 것이다. 왜냐하면 그의 생애에 관련된 모든 기록이 애당초 음력으로 씌어졌으므로, 일괄 양력으로 환산하기가 쉽지 않고, 특히 매년 겨울은 새로 양력으로 환산하기가 어렵다. 그러므로 이 책에서는 음력만 사용한다.—옮긴이 주

로, 평생 정치적으로나 문학적으로나 형 소식과 같은 길을 걸었다. 소철은 소식에 대해 "나를 어루만져 준 점으로 말하면 형이요, 나를 가르쳐 준 점으로 말하면 스승이었다"(「동파선생 묘지명」東坡先生墓誌銘, 일명 「망형자첨단명묘지명」亡兄子瞻端明墓誌銘)라고 하였다.

소식은 소철에 대해 "어찌 다만 내 동생이리오/요컨대 어진 친구요 선생이다"(豈獨爲吾弟, 要是賢友生.「처음 자유를 이별하고서」初別子由)라고 표현했다. 이 삼부자는 문학적인 업적으로 말미암아 함께 '삼소'三蘇라 불렸으며, 또 각각 '노소'老蘇, '대소'大蘇, '소소'小蘇로 불렸다. 아버지 소순은 일찍이 자칭하여 '포의'布衣라든가, "초야의 진흙 가운데 있다"(「구양수에게 올리는 첫 번째 편지」上歐陽內翰第一書)라고 하였다. 소식 자신도 "초가와 진토塵土 가운데서 태어났다"(「응제거상양제서」應制擧上兩制書)라고 하였다. 소철은 「추밀 한태위께 올리는 글」(上樞密韓太尉書)에서 "집에 살면서 함께 노닐던 사람들은 이웃사람들이며, 본 것이라고는 수백 리 이내의 것들에 불과하다"라고 하였다. 요컨대 그 정도로 부유하지 못한 중소지주의 집안이었다.

소식은 여덟 살 때 향교에서 공부했다. 선생은 천경관天慶觀 도사道士 장이간張易簡인데, 그는 100명에 가까운 학생들 가운데 유독 소식의 재능에 주목했다. 소식은 3년 동안 자신을 가르쳤던 스승을 평생 잊지 않았고, 만년의 해남도海南島 유배 시절에는 꿈속에서 보았다고 했다. 열 살이 되자 모친 정씨程氏에게서 배웠다. 열두 살이 되던 해 벼슬과 학문을 위해 외지에 나갔던 부친 소순이 집에 돌아오자, 소식은 아홉 살 된 아우 소철과 함께 부친에게서 배웠다.

한 번은 소순이 두 아들에게 「하후태초론」夏侯太初論을 짓도록 하였다. 하후현夏侯玄(자 태초太初)은 삼국시대 위魏나라의 중신重臣이다. 당시 사마사司馬師가 부친 사마의司馬懿의 뒤를 이어 정권을 잡아 대장군에 임명되었을 때 하후현은 사마사를 전복시키는 모의에 가담했다. 그는 이 일이 누설되어 체포된 뒤 사형당할 때도 안색 하나 변하지 않고 태연자약했다.

하후현은 평소 침착했는데, 다음의 이야기가 전해진다. 그가 한번은 "기둥에 기대어 글을 쓰고 있었다. 그때 큰비가 내리고 벼락이 쳐서 의지하던 기둥이 부서지고 옷이 불에 탔는데도, 얼굴빛 하나 변하지 않았고 글씨는 평소와 같았다."(『세설신어』世說新語 「아량」雅量) 소식은 이 일에 대해 "사람은 천금의 가치가 있는 구슬을 부술 수는 있어도, 가마솥이 깨지는 소리에 놀라지 않을 수는 없다. 또 사나운 호랑이를 맨손으로 잡을 수는 있어도, 범에게 물리거나 전갈에 쏘인다면 놀라지 않을 수 없다"라고 평했다. 곧 사상적 준비가 되어 있는 경우와 그렇지 않은 경우에 있어 인간의 태도가 다르게 나타난다는 것을 지적했다. 그리하여 위기에 임해서도 두려워하지 않는 하후현의 정신을 높이 평가했다. 이 두 구절은 소식이 임기응변하는 놀라운 웅변적 재능을 어려서부터 발휘한 것으로, 소순의 칭찬을 받은 글이다. 소식은 성년이 된 후에 이것을 「힐서부」黠鼠賦와 「안락정시서」顏樂亭詩敍에 인용했다.

유년기의 소식은 중후한 전통 문화의 훈도를 받았을 뿐만 아니라 정통 유가의 경세제민의 정치적 이상에 대해서도 교육을 받았다. 처음으로 학교에 갔던 여덟 살 때인 경력慶曆 3년(1043년) 당시, 북송 인종은 잘못된 정치를 개혁하려고 여이간呂夷簡·하송夏竦 등 보수파 대신들을 물리치고, 범중엄范仲淹·한기韓琦·부필富弼·구양수 등의 혁신파 인물들을 기용하여 정국을 쇄신했다. 국자감직강國子監直講(교육 관리 기관과 최고 학부의 관리)이던 석개石介는 「경력성덕시」慶曆聖德詩를 지어 그 사실을 칭송했다. 이 시가 사천四川에 전해지자, 소식은 이것을 암기할 정도로 한기·범중엄·부필·구양수 등 네 명의 인걸들을 숭앙하게 되었다.

모친 정씨는 정치적 식견을 갖춘 부인으로 아들 소식에게 『후한서』後漢書 「범방전」范滂傳을 들려주었다. 동한東漢의 명사인 범방范滂은 권력을 쥐고 나라를 그르치는 환관을 반대하다가, 영제靈帝 건녕建寧 2년(서기 169년) 대대적으로 당인黨人을 체포하자, 태연자약하게 나서서 묶이었다. 범방의 모친은 아들과 결별하면서 말했다. "네가 지금 이응李膺, 두밀杜密과 이름을 나란히 하니,[2] 죽어도 무슨 원한이 있겠느냐! 아름다운 이름을 드날렸는데 또 오래 살기까지 바란다면, 이 두 가지를 어찌 겸할 수 있겠느냐?"라고 하였다.

정씨는 여기까지 얘기하고는 감동해 마지않았다. 소식은 이때 "제가 만약 범방과 같은 인물이 된다면 어머님께서는 허락하시겠습니까?"라고 물었다. 모친 정씨는 단호하게, "네가 범방이 된다면 나는 범방의 어머니가 되는 게 아니겠느냐!"라고 대답했다. 이에 소식도 감격하여 "용기를 내어 세상을 경륜할 높은 뜻을 가지게"(奮勵有當世志)[3] 되었다.(「동파선생 묘지명」)

소식은 바로 이와 같은 정치적 포부를 가슴에 안고 촉蜀을 떠나 상경하여 세상에 나왔다.

---

2) 이응, 두밀은 당시 명사名士 집단의 지도적 인물이다.
3) "公生十年, 而先君宦學四方, 太夫人親授以書. 聞古今成敗, 輒能語其要. 太夫人嘗讀東漢史, 至范滂傳慨然太息. 公侍側曰, '軾若爲滂, 夫人亦許之否乎?' 太夫人曰, '汝能爲滂, 吾顧不能爲滂母耶?' 公亦奮勵有當世志. 太夫人喜曰, '吾有子矣.' 比冠, 學通經史, 屬文日數千言." 蘇轍, 「亡兄子瞻端明墓誌銘」, 『欒城集』, 1411쪽.―옮긴이 주

3장
처음으로 벼슬길에 들어

소식이 21세 되던 해(인종 가우嘉祐 원년, 1056년) 3월, 두 형제는 부친을 따라 집을 떠났다. 육로로 낭중閬中(지금의 쓰촨 성 랑중 현)에서부터 포사褒斜(지금의 산시 성 몐 현 북쪽)를 지나, 진령秦嶺을 넘고 관중關中을 거쳐, 5월 당시의 수도인 변경汴京에 도착했다. 그해 8월에 소식, 소철 형제는 개봉부開封府 진사시進士試에 응시하여 합격했다. 송조宋朝의 규정에 의하면 부시府試 이후에 또 중앙 예부禮部(의식, 제사, 과거 시험 등을 관장하는 부서)의 시험과 황제가 친히 행하는 전시殿試에 통과해야만 했다.

두 형제가 흥국사興國寺에서 머물며 과거 시험을 준비할 즈음, 부친 소순이 구양수·부필·한기 등에게 편지를 보냈는데, 그것이 그들의 눈길을 끌게 되었다. 이듬해 정월 구양수는 예부시랑禮部侍郎(예부의 최고 장관), 한림시독학사翰林侍讀學士(황제에게 강의하는 시종관), 지공거知貢擧(과거 시험 위원장)가 되었다. 구양수는 당시 유행하던 기괴하고 난삽한 문장의 풍조에 깊이 불만을 가졌으므로, 평이하고 자연스러운 문장을 인재 등용의 기준으로 삼았다.

소식의 과거 시험 답안지 「상벌은 충후한 마음이 지극해야 한다는 것을 논함」(刑賞忠厚之至論)은 구양수에게서 각별한 찬사를 받았다. 그 구체적 상황은 이 책의 1장에서 말한 바와 같다. 또 인종仁宗의 어시御試에서 소식은 '진사급제'進士及第를, 소철은 '동진사급제'同進士及第[1]를 하사받았다. 인종은 기뻐하며 황후에게 "나는 자손을 위해 두 재상을 얻었다"라고까지 말하였다. 뜻하지 않게 이때 모친 정씨가 병으로 돌아가게 되었다. 소순 삼부자는 고향인 촉으로 돌아가 상을 치를 수밖에 없었다. 봉건시대 중국에서는 부모나 조부모가 돌아가면 가족들은 반드시 일반 사무나 교제, 응대를 사절해야 했다. 만일 관리라면 직무를 놓고 집에서 27개월간을 지내며 효도를 다해야만 했다. 이것을 '수제'守制 또는 '정우'丁憂(부모상을 당하여 모든 교제를 끊고 관직을 사임하는 것)라고 한다. 소식은 이에 따라 모친상 기간 중에 고향집에서 복상服喪하였다.

24세 되던 해(인종 가우 4년, 1059년) 10월, 삼부자는 다시 수도인 변경으로 갔는데 이번에는 수로水路를 이용했다. 그들이 사천四川의 가주嘉州(지금의 러산), 노주瀘州, 유주渝州(지금의 충칭), 부주涪州(지금의 푸링), 충주忠州(지금의 중셴), 기주夔州(지금의 펑제)를 지나, 삼협三峽을 벗어나서 강릉江陵(지금의 후베이 성 장링)에 도착하니 어느덧 세모歲暮가 되었다. 행로 도중에 푸른 물결 도도히 흐르는 장강長江, 수려하고 다채로운 무산巫山, 충주의 굴원탑屈原塔, 기주夔州의 팔진도八陣圖, 그밖에 신녀묘神女

---

1) 송초宋初의 진사進士는 급제及第와 동출신同出身의 두 등급이 있었는데, 후에 급제及第, 출신出身, 동출신同出身의 세 등급으로 개정되었다.

廟, 소군촌昭君村, 황우묘黃牛廟, 하마배蝦蟆碚 등 산천 문물과 명승고적을 두루 보았다. 곳곳마다 감동하고 창작력을 자극받아 삼부자는 많은 작품을 써 내려갔다. 강릉 이후에는 육로를 통해 북상했다. 이때 배를 타고 여행한 기념으로, 그들 삼부자는 도중에 도합 100수의 시를 지었는데, 그것으로 『남행집』南行集을 편찬했다. 그 가운데 소식의 시는 40여 수가 실렸는데 이는 현존하는 소식 시 최초의 작품들로서[2] 그의 시가詩歌 창작의 기점이 되었다.

이들 작품에서는 젊은 소식의 정치적 포부와 시적 재능을 엿볼 수 있다. 시 「굴원탑」屈原塔의 짧은 서문에서 그는 굴원屈原의 생애나 행적이 충주와 관련이 없음을 지적하며, "원래 이곳에 비석과 탑이 서 있음은 옳지 않다"라고 하고 "후세 사람이 굴원을 추모하여" 이 탑을 세웠으리라 추정했다.

> 굴원은 옛날의 절개 있는 선비로서
> 죽음에 임하여 뜻 더욱 매서웠네.
> ……
> 옛사람 뉘라서 죽지 않았으랴?
> 군이 목숨의 길고 짧음 비교할 필요 있을까.
>
> 명성은 참으로 끝이 없고

2) 일반적으로 소식 시의 편년집編年集에서는 『남행집』에 실린 작품을 현존하는 최초의 시로 다루고 있으나 현존하는 최초의 시는 가우 4년(24세, 1059년) 모친의 거상居喪으로 촉蜀에 있을 때 지은 「괴석을 읊은 시」(詠怪石詩)와 「송군용이 수도 변경汴京으로 유람 가는 것을 전송하며」(送宋君用遊輦下)이다.

부귀는 잠시 끓는 물 같거늘

굴원은 이 이치를 알고서

죽음으로써 절개를 지킨 것이라.

屈原古壯士, 就死意甚烈.

……

古人誰不死, 何必較考折.[3]

名聲實無窮, 富貴亦暫熱.

大夫[4]知此理, 所以持此節.[5]

굴원의 헌신적인 정신을 칭송함과 동시에, 죽음으로써 절개를 지킨 행적을 추모하고 있다. 인간에게 귀한 것은 명예와 절조를 지키는 데 있다. 부귀는 눈을 스쳐가는 연기와 구름 같은 것이다. 굴원이 멱라수汨羅水에 몸을 던진 것은 바로 절개를 굳게 지킨 결과였다.

이때 지은 작품들은 대부분 오언고시다. 「삼협에 들어서서」(入峽), 「무산」巫山 등의 장편시는 구조가 엄정하고 시어가 간결하며, 청소년기 시인의 고심과 역량이 나타나 있다. 그는 협곡으로 흘러들어 가는 장강 물을 다음과 같이 묘사했다.

장강은 촉蜀과 초楚로 연이어 흐르며

---

3) 考折(고절): 수요壽夭, 곧 장수長壽와 단명短命.

4) 大夫(대부): 굴원을 지칭한다. 굴원은 일찍이 초나라의 삼려대부三閭大夫를 지냈다.

5) 「굴원탑」屈原塔. 淸 王文誥 輯注, 『蘇軾詩集』, 全8冊, 中華書局: 北京, 1987(이하, 『소식시집』으로 약칭), 22쪽.

온 물결 동남쪽을 향해 쏟아 내린다.

두 강물 합침이 마치 번개 같고

검강黔江의 물은 푸르다 못해 짙은 쪽빛이라.

가느다란 물줄기는 셀 수 없이 많고

멀리서 휘돌아 다다른 기세 서로 다투어 참여하네.

협곡에 들어서면 처음엔 길도 없이

연이어 나타나는 산들이 홀연 불탑과 같네.

얽히고설킨 강과 산은 호호망망한 강물을 거두고

계곡은 주름지어 모여 연못을 이루었다.

長江連楚蜀, 萬派瀉東南.

合水[6]來如電, 黔波[7]綠似藍.

餘流細不數, 遠勢競相參.

入峽初無路, 連山忽似龕.

縈紆收浩渺, 蹙縮作淵潭.[8]

수많은 개천이 장강에 모여들어 넓고 아득한 수세를 이루다가, 분
출하는 기세로 협곡에 들어오자마자, 지세는 구불구불하게 얽히고설

6) 合水(합수): 장강 상류의 지류로, 강수强水, 배수浍水 등이 있다.

7) 黔波(검파): 검강黔江, 즉 장강의 지류인 오강烏江을 말한다.

8) 「삼협에 들어서서」(入峽), 『소식시집』, 31쪽.

키어 급기야 주름지어 좁게 닫혀 든다. 그곳에서 물은 깊은 연못을 이룬다. 그는 또 산을 다음과 같이 묘사했다.

검푸른 낭떠러지가 문득 내게 가까워 오고
절벽은 늠연히 서 있어 두렵기조차 하다.
협곡 양쪽 여덟아홉 봉우리 우러러보니
수려하고 상쾌한 모습 흰 안개 속에 우뚝하다.

넓디 넓은 하늘은 높고
치달아 솟구치는 강물은 용솟음친다.
외로이 우뚝 서 모두 제압이라도 하는 듯
곧장 뽑아든 그 용맹 두려울 것이 없어라.

蒼崖忽相逼, 絶壁凜可悸.
仰觀八九頂, 俊爽淩顥氣.[9]
晃蕩天宇高, 奔騰江水沸.
孤超兀不讓, 直拔勇無畏.[10]

　　무산의 열두 봉우리는 산세가 가팔라 사람을 떨게 할 정도이다. 항상 흰 안개에 가려져 여덟아홉 개의 봉우리만 보일 뿐이다. 강물은 끓어 오르는 것 같고, 산과 물빛은 흔들려 그림자가 움직이고, 하늘은 넓

9) 顥氣(호기): 흰 안개.
10) 「무산」巫山, 『소식시집』, 32쪽.

어 끝이 없다. 우뚝 선 무산의 기이한 봉우리는 아무것도 두려울 것 없
는 용사와 같다. 그의 칠언고시는 흘러가는 듯 생동적이다. 다음 시를
보자.

배 위에서 산을 보니 달리는 말 같아
눈 깜짝할 사이 지나가는 수백의 산봉우리들.
앞산은 들쭉날쭉 홀연히 모습 변하고
지나친 봉우리는 어지러이 뒤엉켜 몰래 달아나는 듯하다.

좁은 산길 올려다보니 비스듬히 구불구불
길 위 행인은 높고 아스라이 멀다.
배에서 손들어 행인과 얘기하고 싶건만
외로운 돛단배 나는 새처럼 남쪽으로 가는구나.

船上看山如走馬, 倏忽過去數百群.
前山槎牙忽變態, 後嶺雜沓[11]如驚奔
仰看微徑斜繚繞, 上有行人高縹緲.
舟中擧手欲與言, 孤帆南去如飛鳥.[12]

장강 주변 산봉우리의 형태가 한 무리의 말과 같음을 묘사하였다.
어떤 것은 여러 가지 모양의 말이 천변만화하여 나타난 것 같고, 어떤

---

11) 雜沓(잡답): 많고 어지러운 모양. '雜遝'(잡답)이라고도 한다.
12) 「강물 위에서 산을 보며」(江上看山), 『소식시집』, 16쪽.

것은 말 무리가 놀라 어지럽게 덤석대며 달아나는 것 같다. 산 위의 작은 길은 구불구불한데, 걸어가는 행인의 모습이 어렴풋이 보인다. 이 시는 주위의 산을 빌려 빨리 흐르는 강물을 묘사하였다. 한 무리의 산이 잠깐 사이에 지나가고 배는 새처럼 남쪽을 향해 날아간다. 시인은 속도에 취한 쾌감과 산수자연에 경도된 마음을 토로한다.

이러한 초기 작품들을 읽어 보면, 시가詩歌 창작의 수련 정도가 반영되어 있음을 알 수 있다. 「강에서 눈을 만나」(江上値雪)에서는 예전에 구양수가 채택했던 시 창작법을 사용했다. 곧 "눈(雪)을 소금(鹽)·옥玉·학鶴·백로白鷺·버들개지(絮)·나비(蝶)·날다(飛)·춤추다(舞) 등의 시어를 사용해 비유해서는 안 되며, 호皓·백白·결潔·소素 등의 '희다거나 깨끗하다는 의미를 지닌 글자'를 쓰지 말도록 제한하는" 방법이다. 자주 사용하는 어투를 피하는 것이다. 그리하여 "청산은 마치 청춘 시절처럼 푸릇푸릇하더니 / 밤새 물결 부서져 흰 수염처럼 하얗게 변하였네"(靑山有似少年子, 一夕變盡滄浪髭)와 같은 형상화된 비유로 묘사했다.

「신녀묘」神女廟에서는 초楚의 양왕襄王과 신녀神女가 밀회하는 이야기를 그렸다. 여기서 '옥색의 아름다운 얼굴'(玉色美顔)이나 '휘장을 바라보며 휘장을 걷네'(望帷披帳)와 같은 아름다운 수식어를 인습적으로 사용하지 않았다. 그러고는 다음과 같이 신녀神女의 활동을 상상하여 표현했다. "아련한 밤의 연못 고요하고 / 교교히 빛나는 가을 달 활처럼 굽었네. / 신녀는 또 틀림없이 옥 패물을 딸랑거리며 / 내려와서 졸졸 나는 물소리를 듣겠지."(茫茫夜潭靜, 皎皎秋月彎. 還應搖玉佩, 來聽水潺潺.)[13] 신녀의 움직임을 상상하여, 황홀하고 그윽한 경지로 시의 운치를 풍부하

---

13) 「신녀묘」神女廟, 『소식시집』, 36쪽.

게 하였다.

당연히 이 시들 중에도 "기뻐하며 판다"(喜且售)나 "내내 즐거워한
다"(樂且久. 「밤에 우구에 정박하여」夜泊牛口) 등의 운운(韻)을 맞추기 위한 설익
은 시어를 사용한 부분에서는, 성숙하지 못한 초기 작품의 모습을 보
여 주기도 한다.

「남행전집서」南行前集敍(일명 「강행창화집서」江行唱和集敍)에서는 다음과
같은 문학론을 피력했다.

> 대체로 옛날에 글을 짓는 사람은 글을 짓는 데 능한 것을 훌륭하
> 다고 여긴 것이 아니라, 짓지 않을 수 없게 된 다음에 지은 글을
> 훌륭하다고 여겼다. 산천에 구름과 안개가 있고, 초목에 꽃과 열
> 매가 있는 것은, 충만하여 안에 꽉 들어찼다가 밖으로 드러난 것
> 이다. 비록 표현하고 싶지 않다 해도 어찌 그럴 수가 있겠는가!
> 어릴 적부터 아버님(소순)께서 문장을 논하시는 것을 들으면서, 옛
> 날의 성인은 스스로 그만둘 수 없는 충동이 있어 글을 지었다고
> 생각했다. 그러므로 나와 아우 소철은 글을 지은 것이 지극히 많
> 았지만, 일찍이 감히 글을 지을 뜻을 가져 본 적이 없었다.

> 夫昔之爲文者, 非能爲之爲工, 乃不能不爲之爲工也. 山川之有雲霧,
> 草木之有華實, 充滿勃鬱, 而見於外, 夫雖欲無有, 其可得耶!
> 自少聞家君之論文, 以爲古之聖人有所不能自已而作者, 故軾與弟轍
> 爲文至多, 而未嘗敢有作文之意.[14]

---

14) 「남행전집의 서문」(南行前集敍), 『소식시집』, 323쪽.

이처럼 문학은 생활에서 나오며 우수한 문학작품은 결코 '의도적으로 짓는 것'이 아니라, '짓지 않을 수 없어' 자연적으로 흘러나오는 것이다. 이는 작가가 생활 속으로 깊이 들어가 생활하는 가운데서 인식하고 감동한 후에야 창작할 수 있다는 의미이다. 그리고 '억지로 짓게 되는 글'은 잘 쓰여질 수 없다. 이처럼 중요한 그의 문학적 사상은 바로 부친 소순에게서 배운 것이다. 이러한 점이 그의 이후 창작에 올바른 방향을 확립했다고 말할 수 있다.

소식은 이 서문을 강릉역江陵驛에서 썼다. 강릉에서는 또 오언율시의 연작시 「형주 10수」荊州十首를 지었다.

유문柳門은 서울 가는 길
화창한 봄날 말을 달린다.
들에 쥐불을 놓아 마른풀을 태우니
봄바람은 푸른 새싹을 움트게 한다.

북으로 가면 허許와 등鄧 땅에 이어지고
남으로 가면 형衡과 상湘 땅까지 이른다.
초楚나라 국토가 천하에 가로놓여 광대한데도
회왕懷王은 참으로 나약하고 무능한 왕이었구나!

柳門[15]京國道, 驅馬及春陽.
野火燒枯草, 東風動綠芒.

---

15) 柳門(유문): 형주荊州의 남문.

北行連許鄧, 南去極衡湘.

楚境橫天下, 懷王信弱王.[16)]

　　1~4구에는 초봄의 경치를 묘사했다. 5~8구에서는 이곳이 옛날 전국시대 초나라의 땅으로, 북으로는 허주許州, 등주鄧州에 이르고 남으로는 형산衡山과 상강湘江에까지 이른다고 하였다. 당시 초의 회왕은 이러한 광대한 영토를 소유하고도 애국자 굴원을 멀리하고 황후 정수鄭袖를 총애하였고, 또 진秦나라의 모사 장의張儀에게 속아 마침내 진나라에서 객사했다. 그리하여 "회왕은 참으로 나약하고 무능한 왕이었구나!"라고 묘사했다. 이는 당시의 상황을 빗대어 '현재 송宋의 영토는 그때보다 더욱 넓은데 어찌할 바를 모르고 있으니, 분발하여 자강自強을 구하지 않는 것은 어째서인가'라고 말하는 듯하다. 이 시구에서 소식의 타오르는 정치적 포부를 엿볼 수 있다.

　　25세 되던 해(인종 가우 5년, 1060년)의 2월, 소식은 수도 변경에 도착했다. 예부禮部에서는 하남부河南府 복창현福昌縣(지금의 허난 이양 현宜陽縣 서쪽) 주부主簿라는 관직을 주어 문서 처리 등의 사무를 보도록 했으나, 그는 부임하지 않고 아우 소철과 함께 '제과'制科 시험을 준비했다. 원래 당송唐宋 시대에는 '진사'進士, '명경'明經 같은 일반 과거 시험 외에도, 황제의 특별 명령으로 시행하는 과거 시험이 있었는데, 이를 '제과'라고 부른다. 제制는 황제의 명령이다. 26세 되던 해(인종 가우 6년, 1061년)의 8월에 소식은 '현량방정능언극간과'賢良方正能言極諫科에 '제3등'으로 합격했는데, 당시 이것은 커다란 명예였다. 송초 이래 '제3등'

---

16) 「형주 10수, 제10수」(荊州十首, 其十), 『소식시집』, 67쪽.

에 합격한 사람은 오육吳育과 소식뿐이었다. 전체 북송 시대를 통틀어도 네 명인데, 이들 외에 범백록范百祿과 공문중孔文仲이 있다. 이 시험을 마친 후 그는 대리평사大理評事, 봉상부鳳翔府(지금의 산시 평샹鳳翔) 첨판簽判[17]의 관직을 제수 받았다. 소철은 '제4등'으로 합격하여 상주商州(지금의 산시 성 상 현商縣) 추관推官(주州의 속관屬官. 안건 심의를 관장)으로 임명되었다. 그러나 부친 소순이 경사京師에서 예서禮書를 편찬하라는 명령을 받았기에, 소철은 수도에 남아 부친을 모실 수 있도록 해 달라고 주청했다. 소철은 형 소식이 임지로 부임하는 길에 정주鄭州까지 배웅했다. 이때 소식은 아우와의 이별을 시로 지었다.

　　술도 아니 마셨거늘 어찌 취한 듯 얼얼할까!
　　이내 마음 이미 말 타고 돌아가는 너를 쫓고 있네.
　　돌아가는 너는 오직 아버님 생각하련만
　　난 이제 적막한 마음을 무엇으로 달래리오.

　　높은 곳에 올라 머리를 돌려 바라보니 언덕이 가려서
　　네가 쓴 검은 모자만이 언뜻언뜻 나타났다가 다시 사라진다.
　　심한 추위에 너의 가죽옷이 얇아 마음에 걸리는데
　　홀로 야윈 말 타고 새벽 달빛 밟으며 가는 너의 뒷모습.

---

17) 송대의 관제는 '관'官, '직'職(전각殿閣의 직 이름. 예를 들면 모모전학사某某殿學士), '차견'差遣의 3종으로 나뉜다. 앞의 두 종류는 허위虛位로서 실제의 직무가 아니고 단지 '차견'만이 실제의 직무이다. 여기의 대리평사大理評事(사법기관 대리시大理寺의 속관屬官)는 '관'이고, '첨판'簽判은 '차견'이다. '첨판'은 '첨서판관청공사'簽書判官廳公事의 약칭인데, 지부知府의 보좌역이다.

왕래하는 행인들은 노래하고 집에 있는 이들은 즐거운데
유독 슬퍼하는 나를 머슴이 의아해하네.
나 역시 안다네, 인생 행로에 결국 이별이 있음을.
다만 세월이 훌쩍 떠나가 버릴까 두렵다.

아우여 기억하는가? 차가운 등불 아래 서로 마주하던 때를.
밤비 내리던 소슬한 그 정경을 언제 다시 들을 수 있을까?
너는 우리의 옛 언약을 잊지 않았겠지?
높은 벼슬에 마음 흔들리지 말자고 한 것을!

不飮胡爲醉兀兀, 此心已逐歸鞍發.
歸人猶自念庭闈, 今我何以慰寂寞.
登高回首坡隴隔, 但見烏帽出復沒.
苦寒念爾衣裘薄, 獨騎瘦馬踏殘月.
路人行歌居人樂, 童僕怪我苦悽惻.
亦知人生要有別, 但恐歲月去飄忽.
寒燈相對記疇昔, 夜雨何時聽蕭瑟.
君知此意不可忘, 愼勿苦愛高官職.[18]

형제와의 첫 이별에서 그 서글픈 감정을 토로했다. 당대唐代의 시

18) 「신축년 11월 19일, 정주 서문 밖에서 자유와 헤어진 뒤, 말 위에서 시 한 편을 지어 그
    에게 부친다」(辛丑十月十九日, 旣與子由別于鄭州西門之外, 馬上賦詩一篇寄之), 『소
    식시집』, 95쪽. 가우 6년(1061년, 26세)에 지음. 원저는 이 시의 앞 10구를 인용하지
    않았으나, 내용의 이해를 위해 옮긴이가 전체 시를 실었다.—옮긴이 주석 보충

인 위응물韋應物의 시「전진과 원상에게 보이다」(示全眞元常)에 "어찌 알았으리오? 눈보라 몰아치는 밤에/다시 여기서 함께 침상을 마주하고 밤을 보낼 수 있게 될 줄을"(寧知風雨夜, 復此對床眠)이라는 명구가 있다. '오늘 밤 눈보라가 몰아치는데 침상을 마주하고 흉금을 털어놓고 이야기꽃 나누니 아주 상쾌하구나. 이후 어느 때나 다시 이와 같은 뿌듯한 정취를 누릴 수 있을까?'라는 의미이다. 소식은 지난날 형제 둘이서 이 시를 읽고, 상쾌한 정취가 무르녹아서 훗날 어느 때인가 함께 은퇴하여 산수 속에서 노닐자고 한 그 옛 약속을 회상하였다. 여기까지 생각하니 높은 관직이나 많은 봉록은 구할 가치가 없다고 여긴 것이다.

그러나 점차 쇠해 가는 북송 사회의 형세는 그에게 세상을 구제하겠다는 평소 품었던 뜻을 불러일으키고 현실을 직시하도록 했다. 송조宋朝는 과거의 어떠한 통일 왕조보다 중앙집권에 치중한 시대로서 군사·정치·재정의 권한을 황제에게 최대한 집중시켰는데, 이것이 송대 정치제도의 특징이다. 이는 통일국가의 확립과 사회질서의 확립, 경제의 발전, 타민족의 침략에 대한 방어 등에 대해 어느 정도 적극적으로 작용했다. 그러나 이러한 정책에는 동시에 소극적 요인도 존재하고 있었으니, 그것은 후기로 갈수록 심각해졌다. 송 왕조는 군사권을 집중하는 데서 무인武人이 발호하거나 할거하지 못하도록 하기 위해, 군대를 문신이 통솔하게 했다. 또한 '경수법'更戍法을 만들어 사병은 항상 주둔 지역을 순번으로 바꾸어 1년 내내 도로를 왔다 갔다 하게 하여, "사병이 장군을 알지 못하고 장군 역시 사병을 알지 못하는" 상황까지 초래했다. 이는 곧 불량한 군사훈련, 미약한 전투력 등의 양상을 자초했다. 정치권력을 집중하는 데서도 송 왕조는 지방의 장관을 중앙의 관리가 겸직하도록 하고 또 지방에 대한 각종의 감시를 강화했다. 그러나 또 관리를 우대하여 이른바 "은혜가 백관百官에게 미치는 것은 넉넉한데도 부족할까봐 걱정을 하고, 백성에게서 세금 받아들이는 것을 지나치게 한다"[19]라는 형세를 낳았다.

이러한 현상은 관료 기구를 지나치게 방대하게 했고 또한 부패와 무능을 낳았다. 재정권을 집중하는 데서는 지방의 재부財富가 절대다수 중앙에 전달되도록 규정되어 있었고, 이것은 또 상층의 통치 집단이 지나치게 사치와 향락을 누리도록 자극했다. 그리하여 송 인종仁宗 때에 이르러서는 국고가 고갈되어, "오직 텅 빈 장부만 있는" 상황을 야기함으로써 심각한 사회적 위기가 나타났다.

개국한 지 30여 년이 되지 않은 송 태종太宗 때는 왕소파王小波, 이순李順 등의 농민 봉기가 발생했는데 가담한 자가 수십만에 달했으니, 이것이 그 돌출한 예이다. 송조는 중국 역사상 통일 왕조 가운데 외부 침략에 대한 방어 능력이 가장 결핍된 유약한 왕조였다. 송초에는 거란족이 세운 요遼나라와 탕구트족이 세운 서하西夏의 침략과 위협에 처했다. 이후에는 여진족의 금金나라와 몽고족의 원元나라가 송이 망할 때까지 위협 세력으로 존재했다. 송조는 매년 요나라와 서하에 대량의 은이나 비단 등의 세폐歲幣를 바쳐야 했으므로 재정적 부담이 막중했다.

각종 사회 모순이 날로 첨예해지는 이러한 상황에서 지주 계층 중의 일부 개혁 세력은 정치적 폐단을 개혁하고 위기의 완화를 요구하는 변법變法 운동을 추진했다.

경력慶曆 3년(1043년, 소식 8세)에 송 인종은 범중엄范仲淹을 참지정사

---

19) 조익趙翼, 「송제녹지후」宋制祿之厚, 『이십이사찰기』二十二史札記 권25.

參知政事(부재상副宰相)로, 부필富弼·한기韓琦를 추밀부사樞密副使(전국 군사 기관의 부장관)로 삼아 개혁 방안을 제출하도록 했다. 범중엄은 '능력별 인사제도'(명출척明黜陟: 관리의 승진은 실제 능력에 따르고 경력에 따르지 않는다) 의 시행, 농상農桑의 중시(수리 시설 설치와 농업 발전), 국방 강화(수무비修武 備: 사병 모집과 조정 방위) 등 10가지 안건을 제출했다. 송 인종은 범중엄 의 의견을 채택하여 전국에 시행했다. 이것이 '경력신정'慶曆新政이다. 그러나 이는 오래지 않아 보수파의 반대로 실패하고, 범중엄과 부필은 파직되고 한기는 지방관으로 좌천되었다.

'경력신정'의 실패는 사회 모순의 격화 양상을 더욱 촉진했다. 사 대부들 사이에서는 여전히 개혁적 분위기가 조성되고 있었고, 일부 국 부적인 개혁 활동도 점차로 전개되었다. 이러한 때에 왕안석王安石이 변법變法을 준비하고 있었다. 이 당시 소식의 기본적인 정치적 경향은 변법 요구였다. 소식은 적지 않은 정론문政論文에서 혁신적인 정치 이 상을 요구하며, 한漢의 가의賈誼와 당唐의 육지陸贄[20]의 정치 이론을 계 승했다. 그리고 역사적 경험과 교훈을 결합하여 당시의 형세를 분석하

---

20) 가의(기원전 200~기원전 168)는 서한西漢의 정론가政論家이자 문학가이다. 국가 대
사에 대해 많은 건의문을 올렸으며 문제文帝가 즉위하고 나서 행한 각종 율령과 규정
의 개정 대부분이 그의 손에서 이루어졌다. 한漢 왕조의 통치를 공고히 할 것을 주장했
다. 「과진론」過秦論 등 많은 정론문을 썼는데 그 특징은 형세를 잘 지적하여 진술하고
이해관계를 날카롭게 분석한 것이다.
육지(754~805)는 당唐의 정론가이다. 세칭 육선공陸宣公이라고 한다. 그의 주奏나
의議는 대부분 당시의 폐단을 지적한 것으로, 논술이나 방식이 명석하고 문사가 세련
되고 그침이 없으며 힘이 있다. 대구를 많이 사용했으나 인위적 조탁의 흔적이 별로 없
으며 상당한 설득력과 감화력이 있다. 그의 문장은 후세의 문장가들에게 영향을 끼쳤
는데, 특히 소식과 사마광司馬光 등은 그를 매우 존숭했다.―옮긴이 주.

고 치국治國의 계책을 연구했다. 대표작으로 제과에 응시할 때 쓴 '진책'進策(총론적 성격의 「책략」策略 5편, 구체적 개혁 조치를 쓴 「책별」策別 17편, 요와 서하 문제를 내용으로 한 「책단」策斷 3편을 포함)과 28세(가우 8년, 1063년) 때 봉상에서 쓴 「사치론」思治論 등이 있다.

이러한 문장에서 소식은 태평성대에 잠재되어 있는 심각한 사회적 위기를 지적했다.

천하에 잘 다스려지고 있다는 이름은 있으나 잘 다스려지고 있는 실상은 없다.

天下有治平之名, 而無治平之實.[21]

지금의 우환은 대외적인 것으로는 서융西戎(서하)과 북호北胡(요)가 있고 대내적인 것으로는 천자의 백성이 있다. 서융과 북호는 중국의 큰 우환은 아니지만 그 움직임은 중국의 내부적인 우환을 부를 수 있다. 내부의 백성은 실로 존망의 저울추가 되지만 홀로 일어날 수는 없고, 그 촉발은 장차 외부의 변란을 기다려 나타날 것이다.

當今之患, 外之可畏者西戎北胡, 而內之可畏者天子之民也. 西戎北胡不足以爲中國大憂, 而其動也有以召內之禍, 內之民實執存亡之權, 而不能獨起, 其發也必將待外之變.[22]

---

21) 「책략, 일」策略, 一, 『소식시집』, 226쪽.
22) 「책단, 상」策斷, 上, 『소식시집』, 280쪽.

이와 같은 글에는 계급적 모순과 민족간 모순의 주主와 종從의 관계, 상호 영향 관계에 관하여 탁월한 인식이 드러나 있다. 소식은 왕안석이 3년 전에 「상인종황제언사서」上仁宗皇帝言事書에 "돌아보면 안으로는 사직이 우환이 아닐 수 없고, 밖으로는 이적이 두렵지 않을 수 없다"라고 말한 것보다 더욱 투철한 논리를 전개하여 변법의 근본 목적이 이 양대 모순에 대처하여 통치를 강화하는 데 있음을 명확히 지적했다.

소식은 또한 '국가재정의 결핍, 군대의 나약함, 관리 선발의 불공평성'이라는 3대 폐단에 대해 개혁 방안(「사치론」)을 제시했다. 그것은 "첫째, 관리의 인사고과제도. 둘째, 만백성을 편안케 함. 셋째, 재정을 풍부하게 함. 넷째, 군대의 훈련" 등이다. 이러한 4대 방안에 세부 계획 17항(「책별 서례」策別敍例)을 제안했다. 여기에는 권문세족의 세력을 억제하려는 내용도 적지 않게 포함되어 있다. "오직 성인만이 천하의 벌족閥族을 격퇴시킬 수 있다"라고 주장하고, 상앙商鞅 · 한비韓非[23]의 "법 시행은 귀척대신貴戚大臣으로부터 시작한다"는 이론이 "순舜임금이 사흉四凶을 주멸했던" 방법과 부합한다고 했다.(「책별, 제일」策別, 第一)

또한 "부자의 토지는 날로 증가하는데도 세금은 증가하지 않고, 가

---

23) 상앙은 전국시대 위衞나라 사람이다. 본명은 공손앙公孫鞅. 형명가刑名家로 진秦의 효공孝公을 도와 정전법井田法을 없애고 부세법賦稅法을 고쳤다. 상군商君에 봉해졌으며, 저서에 『상자』商子 15권이 있다.
한비는 전국시대 말기의 사상가, 산문가, 법가法家 학파의 집대성자이다. 한韓나라 귀족 출신으로, 이사李斯와 함께 순경荀卿에게서 학문을 배웠다. 형명법술刑名法術의 학문을 건립했다. 뒤에 시황제의 신임을 받았으나, 이사의 미움을 받아 독살되었다. 한비자韓非子라 불렸다. 그의 문장은 구성이 엄밀하고 의론이 치밀하며, 붓끝이 예리하고도 엄격하고 힘이 있다.—옮긴이 주.

난한 백성의 토지는 날로 감소하는데도 세금은 줄어들지 않는다", "토지를 겸병한 벌족은 그 세금이 매우 가벼운데, 가난한 집은 중역重役을 면할 수 없다"라고 지적했다.

그리하여 "세금을 고르게 낼 것"(均賦稅)을 주장하여 그 칼날이 토지를 겸병한 기득권 세력을 향하게 했다.(「책별, 제십」) 그는 "서정쇄신하여 우뚝 새로이 확립하도록" 질타하고는, 다시 『역경』易經의 "하늘의 움직임은 강건剛健하니, 군자는 스스로 힘써서 쉬지 않는다"(天行健, 君子以自强不息)라는 말을 인용하여 만물은 움직여 쉬지 않는다는 사상을 밝혔다. 그리하여 "천자가 하루아침에 그 강건한 위업을 떨치어" 개혁에 힘쓸 것을 희망했다.(「책별, 제일」)

이러한 관점은 분명히 소식 자신이 당시의 변법파變法派(개혁파)에 속해 있었다는 증거가 된다.

이러한 정치 논문들에는 문체 면에서 전국시대 종횡가縱橫家의 영향이 잘 드러나 있다. 그 특색은 기세가 있고 막힘 없는 변설에 있다. 송대의 이도李塗는 『문장정의』文章精義에서, 상술한 소식의 「책략」 등 "이익과 폐단을 논한"(論利害) 정론문은 『전국책』戰國策에서 배운 것이라고 지적했다. 또 "소문蘇門의 문장은 종횡가의 기풍에서 벗어날 수 없다"라고도 하였다. 이러한 정치 논문은 이후 구시대 과거 응시생들의 모범으로 받들어졌다. 육유陸游는 『노학암필기』老學庵筆記 권8에 "소식의 문장을 알면 양고기를 먹고, 소식의 문장을 모르면 채소국을 먹는다"(蘇文熟, 喫羊肉, 蘇文生, 喫菜根)라는 당시의 속담을 기록했다. 이로써 소식 문장의 영향이 지대했음을 알 수 있다.

이 시기는 소식의 시가 창작에서 초보적인 활약기이다. 정치적인 주장이 개혁과 일치하기 때문에, 작품의 주요 주제도 국사에 대한 관심과 민생질고를 반영하고 있다. 말하자면 「세모 3수, 세모 선물」(歲晚 三首, 饋歲)에서는, 세모에 주고받는 선물에서 '부자'와 '가난한 자'의 생 활이 다름을 본다. 부자가 받은 선물에 대해서는 "소반에는 큰 잉어가 벌려 놓여 있고/대바구니 열어 보니 두 마리 토끼가 누워 있다"(實盤巨 鯉橫, 發籠雙兔臥)라고 하였다. 또 "부자는 화려함과 사치를 좋아해/오색 비단의 광채가 방 안에 빛난다"(富人事華靡, 綵繡光翻座)라고 하였다. 이에 반해 가난한 자는 손수 절구로 찧은 떡과 향기로운 부침으로 세모 선 물을 보낸다고 하였다. "가난한 자는 그렇게 하지 못함을 부끄러이 여 겨/선물로 정성스레 만든 떡을 내어놓는다."(貧者愧不能, 微摯出舂磨.) 이 처럼 그는 자주 현격한 빈부의 차를 대조했다.

어떤 촉蜀 사람은 의식 생활이 언제나 고달프고
어떤 촉 사람은 놀이 나가면 돌아올 줄 모른다.
천 사람이 경작하면 만 사람이 먹고사니
1년 내내 고생스러움, 봄에 잠시 한가롭다.
한가로운 봄날 누에를 팔러 시장 가서는
고생을 잊고 함께 어울려 즐겁게 논다.

蜀人衣食常苦艱, 蜀人遊樂不知還.
千人耕種萬人食, 一年辛苦一春閑.
閑時尚以蠶爲市, 共忘辛苦逐欣歡.[24]

---

24) 「자유의 '누에 시장' 시에 화답하여」(和子由蠶市), 『소식시집』, 162쪽.

다 같은 촉蜀 지방 사람인데도 고락苦樂이 이처럼 균등하지 않다. 이러한 대비는 바로 봉건사회에서 빈부가 대립하는 양상을 비교적 심각하게 받아들였다는 이야기이다.

겨울에 눈이 내리자 소식은 다음과 같이 탄식했다.

나그네 홀로 절절이 읊나니
맑은 밤에 묵묵히 홀로 글을 짓는다.
시인은 으레 궁색한 법
빼어난 시구는 추위와 배고픔에서 나온다.
어찌하면 모진 눈서리를 맞아서
맹교孟郊나 이하李賀의 빼어난 시를 능가할 수 있을까.

有客獨苦吟, 淸夜黙自課.
詩人例窮蹇, 秀句出寒餓.
何當暴雪霜, 庶以躡郊賀.[25]

뛰어난 시인은 으레 빈궁하고 수심이 많은데, 훌륭한 시구는 왕왕 춥고 배고픈 몸에서 나온다. 그렇다면 눈 속에서 추위에 꽁꽁 언 흥취를 맛보자. 그리하면 추위와 배고픔을 통해 빼어난 시를 지어, 당대唐代의 시인 맹교孟郊나 이하李賀[26]의 성취를 쫓아갈 수 있지 않을까. 소

---

25) 「병중인지라 며칠 동안 큰 눈이 내려도 일어나서 구경한 적이 없었는데, 괵현 현령 조천이 시를 지어 건네며 내게도 짓기를 요구하므로, 장난삼아 그의 운을 써서 화답하다」 (病中, 大雪數日, 未嘗起觀, 虢公趙薦以詩相屬, 戲用其韻答之), 『소식시집』, 158쪽.
26) 맹교(751~814)는 당대의 시인으로, 자는 동야東野이다. 젊어서 숭산嵩山에 은거했으

식은 바로 자신의 절실한 체험에서 출발하여, 큰 눈 속에 일하는 백성의 빈궁한 생활을 더욱 깊이 이해하게 되었다. 칠언율시 한 수를 보자.

남계南溪에서 내리는 눈을 맞으니 실로 감개가 무량하여
말 타고 달려가 보니 눈이 채 녹지 않았다.
홀로 개암나무 숲 헤치고 사람 발자국 찾았으나
아무도 밟지 않은 눈 쌓인 첫새벽 길에 다리를 지난다.

누가 불쌍히 여기랴. 집은 허물어져 잠잘 곳 없는 백성들.
즉시 깨달았네. 마을 사람들 기아에 허덕여 떠들 기운도 없음을.
오직 저녁 갈까마귀만이 내 뜻을 아는 듯
놀라 푸드덕 날아가니 눈꽃이 찬 나뭇가지에서 흩어져 내린다.

南溪得雪眞無價, 走馬來看及未消.
得自披榛尋履跡, 最先犯曉過朱橋.
誰憐屋破眠無處, 坐覺村飢語不囂.
惟有暮鴉知客意, 驚飛千片落寒條.[27]

며, 굳센 지조와 변치 않는 성품으로 세상에 잘 어울리지 않았다. 과거에 두 차례 응시했으나 급제하지 못했으며, 46세 때에야 진사進士가 되었다. 그는 유명한 고음苦吟 시인으로 가도賈島와 함께 '교한도수郊寒島瘦'라 불렸으며, 한유韓愈와 교분이 돈독했다. 그는 일생 동안 곤궁하고 수심이 많으며 영락하여, 백성들의 고난을 이해했다.
이하(790~816)는 당대의 시인으로, 자는 장길長吉이며, 27세에 요절했다. 그는 풍부한 상상력과 기발한 구상을 통해 황홀한 의경意境과 화려한 언어를 이룩하여 자신만의 독특한 풍격의 시가를 창조했다. 지나친 조탁으로 시가 난해했다.—옮긴이 주.
27) 「12월 14일 밤, 눈이 조금 내렸는데, 그다음 날 새벽 남계로 가 술을 조금 마시고 저녁

1~4구에는 시인이 남계로 눈 구경을 가서 첫 번째로 눈을 밟은 나그네임을 묘사했는데 그 아취가 깊다. 5~8구에는 전환하여 서글프고 처량한 정경을 묘사했다. 마을 사람들은 집이 부서져서 잠잘 곳도 없는데 그 누가 그들을 가엾게 여길까? 마을 사람들의 말소리조차 작아 들릴 듯 말 듯한데, 그것은 배고픔에 허덕여 말할 기운도 없는 까닭이다. 주위가 이처럼 적막한데 갈까마귀가 갑자기 푸드덕 놀래며 날아가니, 설화雪花가 나무 위에서 분분히 흩어져 떨어진다. 이것은 갈까마귀가 내가 온 뜻을 아는 것 같다.

　　1~4구의 새로 내린 눈을 찾아가는 즐거움은, 뒷부분의 추위와 배고픔에 시달리는 마을 사람들의 슬픔을 더욱 돌출시킨다. 5~6구에는 두 가지 전고典故를 썼다. 5구에는 두보杜甫의 시 「초가집이 가을바람에 부서진 것을 노래함」(茅屋爲秋風所破歌)의 다음 구절을 원용했다. "천장에 비 새어 침대엔 마른자리 없건만/장대 같은 빗방울 그칠 줄 모른다./난리 겪어 잠마저 이룰 수 없는데/긴 밤비에 젖어 언제쯤이나 날이 샐까 기다린다."(牀頭屋漏無乾處, 雨脚如麻未斷絶. 自經喪亂少睡眠, 長夜沾濕何用徹.) 6구에는 두목杜牧의 「서울에 가다가 처음으로 변구에 들어, 새벽 경치를 즉흥적으로 짓다」(赴京初入汴口, 曉景卽事)에서의 "못은 넓어 새가 늦게 날아오고/마을은 기근 들어 이른 아침 사람 소리 들린다"(澤闊鳥來遲, 村飢人語早)를 원용했다.

　　5구에서는 두보의 시구를 그대로 빌려 "누가 불쌍히 여기랴" 하며 반문한다. 6구에서는 두목의 시구를 역으로 이용했다. 선인의 시구를 차용하여 자신의 시경詩境을 구성하는 것은 고전 시가에서 상용하는

─────────────

까지 늦어졌다」(十二月十四日夜微雪, 明日早往南溪小酌至晚), 『소식시집』, 183쪽.

수법이다. 중요한 것은 생동적인가 또 적절하게 사용되었는가에 있다. 소식은 여기서 좋은 실례를 보여 주었다고 하겠다.

고난의 현실과 쇠약한 국가 형세에 당면하여, 소식은 국가에 보답하겠다는 심경을 표현했다. 이른 눈이 내리는 날에 지은 다음 시를 보자.

> 기양岐陽에 9월 되자 하늘에서 눈이 조금 내리니
> 한 해를 보내는 세모의 마음은 쓸쓸하네.
> 해가 짧아져 겨울 지낼 옷 다듬이질 바빠지고
> 한직에 머무니 관사는 고즈넉하여라.
>
> 이별 후 근심스러운 창자를 술로 녹이고
> 흰머리 가을 되니 더욱 비녀를 이기지 못하네.
> 근자에 담비가죽 옷 사서 변방에 나가
> 홀연히 역마 타고 서침西琛에 가 공을 세우고 싶어지네.
>
> 岐陽[28]九月天微雪, 已作蕭條歲暮心.
> 短日送寒砧杵急, 冷官無事屋廬深.
> 愁腸別後能消酒, 白髮秋來已上簪.
> 近買貂裘堪出塞, 忽思乘傳[29]問西琛.[30] [31]

---

28) 岐陽(기양): 기산岐山(지금의 산시 성 치산 현岐山縣의 동북쪽)의 남쪽인데, 여기서
   는 봉상鳳翔(치산의 서남쪽)을 가리킨다.
29) 傳(전): 전거傳車. 역마.
30) 西琛(서침): 서쪽의 보옥寶玉이 나는 땅. 여기서는 서하西夏 등을 지칭함.
31) 「9월 20일 작은 눈발에 아우 자유를 그리며 2수, 제1수」(九月二十日微雪, 懷子由弟二

27세(인종 가우 7년, 1062년) 때, 소식이 봉상첨판鳳翔簽判에 임명된 다음 해에 지은 시이다. 그해에는 날씨가 빨리 추워져서 9월에 벌써 첫눈이 내려 세모의 분위기를 띠고 있었다. 자신은 관아에서 한가롭게 있는데 흰머리는 점점 생기니 술의 힘을 빌려 수심을 달랠 뿐이다. 이렇게 의기소침해서 되겠는가? 아니다, 나는 이미 가죽옷을 장만해 변방에 나갈 준비를 했으니, 원컨대 왕명을 받아 서하를 정벌해 송조宋朝에와 복종하게 해야지! 변방에 나가 공을 세우겠다는 보국報國의 의지가 시어에 약동하고 있다.

소식은 또 당시의 폐단을 지적하는 시들을 창작했다. 영사시詠史詩인 「미오성」(郿塢)은 옛일을 빌려다 현재를 비유했는데 풍자의 의미가 강하다.

겉옷 속에 두꺼운 갑옷 입고 다니던 동탁董卓이 무엇이 두려웠으랴?
미오성郿塢城 안에 값진 재물 저장해 두어 은퇴해도 믿을 곳 있었다.
결국 고금의 영웅 중에 누가 동탁과 닮았을까?
죽어서는 배꼽기름이 활활 타올라 등불조차 필요 없었다네.

衣中甲厚行何懼, 塢裏金多退足憑.
畢竟英雄誰得似, 臍脂自照不須燈.[32]

후한後漢 말의 동탁을 조롱한 시이다. 간악한 재상 동탁은 자객이

首, 其一), 『소식시집』, 154쪽.
32) 「미오성」(郿塢), 『소식시집』, 132쪽.

두려워 늘 옷 안에 두터운 갑옷을 입어 안전을 도모했다. 그는 백성의 고혈을 짜서 자신의 근거지 미오성 안에 모아 두고, "일이 성공하면 천하에 웅거하고, 성공하지 못한다면 이것을 지켜 늙으리라" 하고 공공연히 말했다. 그러나 그는 뒷날 실패하여 장안長安에 시체를 드러냈는데, 때는 뜨거운 여름이라 그 뚱뚱한 몸뚱이에서는 기름이 흘러 땅에 가득 넘쳤다. 사람들은 그를 골수에 사무치도록 미워하여 그의 배꼽에다 등심지를 박아 불을 붙여 며칠 동안이나 태웠다. 시의 3~4구에서 '밝아서 등불을 켤 필요가 없으니 참으로 영웅답다'고 하여, 비웃고 매도하는 것이 채찍질같이 힘이 넘친다.

이는 당시 백성의 재물을 모아들이던 관료 귀족에 대한 엄중한 경고이기도 하다. 진사도陳師道는 "소식의 시가 처음에는 유우석劉禹錫을 배운 까닭으로, 원망과 풍자가 많다"(蘇詩始學劉禹錫, 故多怨刺.『후산시화』後山詩話)라고 했는데, 타당한 평이다.

이 시기 소식의 시는 예술적으로도 성숙을 향하고 있다. 연작시 「봉상팔관」鳳翔八觀 8수는 당시 오, 칠언고시의 성과를 대표한다. 봉상鳳翔은 문물 고적이 매우 많은 유명한 고도古都로서, 진대秦代에 각刻한 석고石鼓,[33] 진대秦代의 비석에 새긴 「저초문」詛楚文, 왕유王維와 오도자吳道子가 그린 대나무와 불상佛像, 당대唐代의 저명한 조각가 양혜지

---

33) 석고石鼓가 어느 시대에 만들어졌으며 어떤 물건인가에 대해서는 역대로 그 설이 일치하지 않는다. 귀모뤄郭沫若의 『석고문연구』石鼓文研究에서는 진 양공秦襄公 때 제조되었다고 규정했다. 마형馬衡, 「석고위진각석고」石鼓爲秦刻石稿, 『범장재금석총고』凡將齋金石叢稿에서는 그 시기가 진 헌공秦獻公 이전, 양공襄公 이후의 물건이라고 정의했다. 또한 '석고'라는 명칭은 타당하지 않다고 주장했으며, "이것은 바로 각석刻石이지 석고石鼓가 아니다", "특히 그 이름을 바로 하여 '진각석'秦刻石이라고 해야 한다"라고 했다.

楊惠之가 소조한 유마상維摩像, 동호東湖, 진흥사각眞興寺閣, 이씨원李氏園, 진목공묘秦穆公墓 등 여덟 가지를 '봉상팔관'이라고 한다. 소식은 이 '봉상팔관'을 일일이 시로 읊었다.

소식은 특히 「석고가」石鼓歌를 "신축년 겨울 섣달에 나는 처음으로 정치에 종사하여 봉상현의 공묘孔廟를 배알하였다"로 시작하여, 26세 (가우 6년, 1061년) 겨울 처음 봉상에 부임했을 때, 즉시 공자孔子 사당에 가서 공자를 배알하고 석고를 보았음을 밝히고, 석고의 문자와 내력에 관해 상세히 묘사한 뒤, 마지막으로 다음과 같이 매듭지었다. "나라는 흥망을 거듭해도 이 석고는 저절로 한가롭고/부귀는 하루아침이지만 이름은 영원히 썩지 않으리./만물의 이치 궁구하며 앉아서 탄식하노니/사람의 삶이 어찌 너처럼 영원할 수 있는가?"(興亡百變物自閒, 富貴一朝名不朽, 細思物理坐歎息, 人生安得如汝壽.)[34]

역사는 흥망을 반복하고 부귀는 다 사라지는 법인데, 석고만은 의연히 불변하는 존재로 남아 있음이 감개무량했다. 석고는 중국의 국보로서 현재 베이징에 있다. 「석고가」는 전체 60구로 자구字句의 선택이 전아典雅하고 묘사가 세밀하며 구성이 엄밀하다. 때로 파란을 일으키고 단련에 고심했다. 옛날 당대唐代의 한유도 이미 「석고가」를 지었는데, 소식의 이 시는 한유와 우열을 겨룰 뜻이 있었으니, 이 두 작품은 마침내 석고를 읊은 양대 명작이 되었다.

소식의 근체시近體詩는 예술성이 뛰어나고 생동적이며 정취가 풍부하다.

---

34) 「석고가」石鼓歌, 『소식시집』, 100쪽.

인생길 가는 곳 무엇과 같은지 아는가?

응당 나는 기러기 눈 진흙 밟는 것 같겠지.

눈 진흙 위에 우연히 발자국 남겨 놓았지만

기러기 날아가면 어찌 날아갈 방향을 헤아리겠는가?

노승은 이미 열반에 들어 새 사리탑 들어섰고

허물어진 벽에는 우리가 쓴 옛 시구 찾을 길 없네.

지난날 험했던 길 아직 기억하는가?

길은 멀고 사람은 피곤하고, 절름거리던 노새는 울부짖었지.

人生到處知何似, 應似飛鴻踏雪泥.

泥上偶然留指爪, 鴻飛那復計東西.

老僧已死成新塔, 壞壁無由見舊題.

往日崎嶇還記否, 路長人困蹇驢嘶.[35)][36)]

　　26세(인종 가우 6년, 1061년) 때의 작품이다. 5년 전인 21세(가우 원년)
때 소식은 아우 소철과 처음 상경하는 도중 면지澠池(지금의 허난 성 멘츠

---

35) 路長人困蹇驢嘶(노장인곤건려시): 이 구에 대해 소식은 "지난해 이릉二陵에서 말이
　　죽자, 나귀를 타고 면지澠池에 도착했다"라고 주석을 달았다. 그때는 소식이 21세이던
　　가우 원년으로 형제가 처음 경사京師로 갔을 때를 가리킨다.
36) 「자유의 '면지에서 옛 일을 회상하며'에 화답하여」(和子由澠池懷舊), 『소식시집』, 96
　　쪽. 가우 6년(1061년, 26세), 소식이 봉상첨판의 임지로 가는 도중에 5년 전에 왔던
　　면지澠池(민지라고도 읽음)를 지나며 아우 소철의 「면지에서 옛일을 회상하며 자첨 형
　　에게 부치다」(懷澠池寄子瞻兄) 시에 화운和韻한 작품이다.

현)의 절에서 기숙한 적이 있었다. 그곳에 다시 들러 보니, 그 절의 노승은 이미 죽고 유골은 새 사리탑에 거두어 있었다. 절의 벽은 허물어져 지난날 자신들이 적어 놓았던 제시題詩는 이미 사라져 버렸다. 이 세상의 인간도 벽에 써 놓았던 시도 모두 기러기가 눈을 밟고 나서 발자국만을 남기고 날아가 버린 것과 같은 정감을 불러일으킨다.

내용은 비록 소극적으로 의미를 보여 주지만, 예술적으로 뛰어난 작품이다. 생동적이며 거침이 없어, 성률聲律과 대구 등 율시의 엄격한 요구에도 조금도 구속을 받지 않았다. '설니홍조'雪泥鴻爪란 성어는 그 이미지가 참신하여 지금까지 유명한 비유로 전해 오고 있다.

또 칠언율시로 다음의 예가 있다.

서남쪽 고향으로 돌아가는 길 아득하니 이내 심사 쓸쓸하다.
난간에 기대서니 어느새 혼이 고향으로 날아감을 막을 수 없다네.
들판이 넓어 소와 양 들은 기러기와 따오기처럼 작게 보이고
하늘이 광활하여 먼 산의 초목은 구름과 맞닿았다.

어슴푸레 물 기운이 산록을 덮었고
화창한 봄바람은 산들산들 보리 싹을 흔든다.
누가 벼슬을 좋아하게 해 고향을 떠나게 했던가?
이 몸 어부와 나무꾼으로 늙어 갈 계책이 없었기 때문이리.

西南歸路遠蕭條, 倚檻魂飛不可招.
野闊牛羊同雁鶩, 天長草樹接雲霄.
昏昏水氣浮山麓, 泛泛春風弄麥苗.

誰使愛官輕去國, 此身無計老漁樵.[37]

이 시의 정연한 구조는 앞의 시들과 취지를 달리한다. 수미首尾의 두 구가 서로 호응하여, 고향이 그리워도 돌아갈 수 없는 사람의 향수를 주제로 드러냈다. 가운데 4구에는 눈앞의 조망을 묘사했다. 3~4구에서는 "들판이 넓어" 소와 양 들이 기러기와 따오기처럼 작게 보이며, "하늘이 광활하여" 먼 곳 초목이 구름 덮인 하늘과 연결된 것 같다고 하였다. 시를 읽는 사람 자신도 높이 올라 멀리 조망하는 것 같은 기분이 든다.

소식은 봉상에서 3년 이상 관리로 재직하고서, 30세 되는 해(영종英宗 치평治平 2년, 1065년)의 정월 조정에 돌아와 전중승殿中丞(궁정 사무를 관장하는 전중성殿中省의 관리) 판등문고원判登聞鼓院(관리나 백성의 건의나 하소연을 수리하는 기구)을 제수받고, 또 학사원學士院 시험을 거쳐 직사관直史官(국사 편수 기관의 관리)에 임명되었다.

이때 소식의 가정에 뜻하지 않은 불행이 닥쳤다. 아내 왕불王弗이 경사京師에서 죽고, 이어서 부친 소순이 병으로 돌아가신 것이다. 소식은 아우 소철과 함께 영구靈柩를 끌고 수로를 택해 고향 촉蜀으로 돌아가, 고향 집에서 부친상을 치렀다.

---

37) 「보계현의 사비각에 쓰다」(題寶鷄縣斯飛閣), 『소식시집』, 168쪽.

4장
수도에서의 중앙관 시절

33세 때(신종神宗 희녕熙寧 1년, 1068년) 소식은 부친 소순의 상기喪期를 마치고 다시 육로로 진령秦嶺을 넘고 관중關中을 지나, 이듬해 세 번째로 경사에 들어갔다. 이후로는 다시 고향에 돌아가지 못했다. 그는 전중승殿中丞, 직사관直史官과 판관고원判官誥院[1]을 제수받았다. 이번에 그를 기다린 것은 지배계급 내부의 신구新舊 양당간의 격렬한 투쟁이었다.

이해 2월 신종은 왕안석을 부재상격인 참지정사參知政事로 기용하여 역사상 유명한 변법운동[2]을 일으키기 시작했다. 왕안석은 개혁에

---

1) 관고원官誥院은 '官告院'으로도 쓴다. 관리의 임명장인 고신告身을 발급하는 기관.
2) 변법變法은 법을 바꾸는 것이다. 당시 새로 즉위한 젊은 황제 신종(재위 1067~1085)은 1069년에 유능하지만 독선적인 왕안석을 재상으로 임명하여, 정부의 재정을 지탱하고 군대를 강화할 일련의 철저한 개혁에 즉각 착수했다. 그는 경제면에서는 수백 년 동안 시도한 바 없던 경제적 조작에 정부를 끌어들였다. 개혁에는 경제만이 아니라 군사면

뜻을 둔 정치가로서, 이전에 은현鄞縣(치소治所는 지금의 저장 닝보寧波), 서주舒州(치소는 지금의 안후이 첸산潛山), 상주常州(치소는 지금의 장쑤 창저우常州) 등지에서 지방관을 역임하며 약간의 개혁 조치를 시도했다. 그러다가 점차 계통적인 변법 이론과 방안을 수립하기 시작했다. 가우 3년(1058년. 소식 23세) 왕안석은 장장 1만 글자에 달하는 「상인종황제언사서」上仁宗皇帝言事書를 썼는데, 이것이 그의 대표작이다. 이때 왕안석은 집권하자마자 '제치삼사조례사'制置三司條例司[3]를 세워 신법을 주재하는 새 기관으로 삼았다.

왕안석 신법의 구체적 내용은 재정財政과 군사(整軍) 두 분야로 나눌 수 있다. 재정 분야에 속하는 것으로는 청묘법靑苗法,[4] 면역법免役法,[5]

의 개혁, 관립 학교 수의 확장, 그리고 과거 시험을 기억력이나 문학적 능력을 시험하기보다는 실제 정책과 행정에 관한 것으로 바꾸는 과거 개혁 등도 포함되어 있다.
이는 '왕안석의 신법'이라고도 한다. 소식의 나이 34세 무렵, 신종의 신임을 받은 왕안석이 국가 재정 문제와 군사적 위기 상황에 직면하여 대응책으로서 시행한 것이 바로 신법이다. 이 신법에는 애당초 현실을 직시한 긍정적인 발상이 적지 않았으나, 실제의 실행 과정에서 지나치게 성급하고 과격하여 많은 부작용을 초래했다. 그 원인은 혁신의 여건과 기반 조성의 미흡, 관리를 임용하는 용인用人의 실패 및 각 방면에 걸친 시행착오 등으로 파악된다. 이에 신구 당쟁의 와중으로 돌입했는데, 일련의 개혁론을 제기하기도 했던 소식은 신법에 대한 우려와 시행상의 착오로 말미암은 폐단에 초점을 맞추어 비판 의견을 개진했다. 구법당舊法黨은 사마광司馬光, 구양수, 소식 등 신법을 반대하는 세력이고, 신법당新法黨은 신법 추진 세력이다.─옮긴이 주.
3) 제치삼사조례사는 호부戶部(호구戶口, 부세賦稅와 술의 전매 등의 일을 관장), 탁지度支(재정 수지와 양식, 수송 등의 일을 관장), 염철鹽鐵(공상工商 수입收入과 병기 제조 등의 일을 관장) 등 삼사조례三司條例를 제정하는 정부 기관이다.
4) 농민이 보릿고개를 면하도록 하기 위해, 관가에서 대부해 주는 제도를 청묘법이라고 한다. 매년 2차에 걸쳐 2할의 이자가 있다. 여름과 가을의 납세 때 결제한다(실제 연이자는 4할임).
5) 송은 원래 차역법差役法을 실행하여 관부官府가 각종 노동을 민호民戶에 부과해서 백

균수법均輸法,[6] 시역법市易法,[7] 방전균세법方田均稅法,[8] 농전수리법農田水利法[9] 등이 있고, 군사 분야로는 감병병영減兵併營,[10] 장병법將兵法,[11] 보마법保馬法,[12] 보갑법保甲法[13] 등이 있다. 이외에 왕안석은 과거제도를 개혁해, 신법을 실시하는 데 필요한 인재를 제공하려고 기도했다.

재정 확충은 '부국'富國을 위한 것이고, '군대 정비'(整軍)는 '강병'强兵을 위한 것으로, 그 최종 목적은 계급 모순을 완화하여 사회적 위기에 대처하고 송 왕조의 봉건 지배를 강화하고자 함에 있다. 그러나 신법은 호족, 귀족, 대상인 등 기득권 계층의 이익에 어느 정도 손해를

성은 파산에 쫓기고 있었다. 면역법은 관청이 사람을 고용해서 노동 시키는 형식을 취하여 백성에게는 노동 대신에 금전을 납부하게 한 것이다. 그래서 민가에서는 등급에 따라 응분의 역전役錢을 납부했다.

6) 당시 세제에서는 풍작이나 흉작이나 산지의 원근에 관계없이 동일한 세금을 부과해서, 대상인에게 투기와 부정 매매의 기회를 주는 극심한 폐단이 있었다. 균수법의 규정에 의해 발운사發運使라는 관직을 설치해서, 각지의 재화·부세賦稅의 상황과 중앙의 재고 수량에 기초해서 통일적으로 대처하고, "귀한 것을 흔한 곳으로 옮기고, 가까운 것을 먼 곳으로 옮겼다."(徙貴就賤, 用近移遠.) 이러한 방법에 의해 각지의 물품의 공급을 조절하는 권한이 생겼다.

7) 시역법은 상평시역사常平市易司를 설립하여 시장을 관리하고 물가를 통제하며, 또 상인에게 대부를 해 주거나 물품을 외상으로 팔아 연이율 2할을 취한 법이다.

8) 방전균세법은 대지주의 전지田地 은닉과 조세의 불평등을 방지하기 위한 법이다. 전지를 측량하여 토질의 비옥도에 따라 세액을 결정했다.

9) 농전수리법은 수리공사水利工事를 장려하여, 필요한 경우에 관청이 자금을 대부하여 원조한 법이다.

10) 감병병영은 50세 이상의 노약한 병사를 줄여서 전국의 군대를 재편성하는 것이다.

11) 장병법은 장將을 두어 군대를 훈련하여, 각지의 군대 문제는 장이 책임지도록 해, 종래의 '병사는 장군을 알지 못하고 장군은 병사를 알지 못하는' 상황을 고치는 법이다.

12) 보마법은 관부를 대신하여 민간에서 말을 기르는 것을 장려하는 법이다.

13) 보갑법은 10가구를 보保로 하고 50가구를 대보大保로 하고 10대보를 도보都保로 하여, 지방행정의 지배를 강화하며, 지주를 무장시켜 농민의 반항을 방지하는 법이다.

끼쳤으며, 이로 인해 기득권 계층의 격렬한 반대에 봉착했다.

변법이 시행되자마자 한기, 구양수, 부필 등 원로 중신들이 먼저 반대했다. 그들은 경력慶曆(소식의 나이 6~13세 시기에 해당), 가우嘉祐(소식의 나이 21~28세 시기에 해당) 시기에는 개혁을 주장했던 인물들인데, 이제는 개혁반대파의 핵심이 되었다. 오래지 않아 보수파 사대부들이 여기에 가세하여, 사마광司馬光을 우두머리로 하는 변법반대파가 형성되었다. 그들은 얼마 후 인종仁宗의 처 조후曹后(태황태후), 영종英宗의 처 고후高后(황태후), 그리고 신종神宗의 처 상후向后 등의 지지를 받아, 그 세력이 더욱 강대해졌다.

이 시기에 소식의 정치적 태도에도 명확한 변화가 보인다. 34세 되던 희녕熙寧 2년 5월, 소식은 「학교와 공거貢擧를 의논한 글」(議學校貢擧狀)을 써서, 시부詩賦로 인재를 선발하던 과거제도를 경의논책經義論策으로 인재를 선발하는 것으로 바꾼 왕안석의 과거 시험 개혁에 반대를 표명했다. 이해 겨울 소식은 권개봉부추관權開封府推官(개봉부의 대리추관代理推官)으로 임명되었다. 이해 12월과 이듬해 2월, 그는 또 「상신종황제서」上神宗皇帝書와 「재상황제서」再上皇帝書(일명 「재론시정서」再論時政書) 등의 상서를 올려서, 집중적으로 신법에 반대론을 전개했다. 그는 신법을 '독약'에 비유하여, "오늘날의 정치는 조금 사용하면 조금 실패하고 많이 사용하면 많이 실패하는 것이니, 만약 그만두지 않는다면 혼란이 뒤따를 것이다"라고 기술했다. 그는 신종에게 "인심을 결합함, 풍속을 두텁게 함, 기강을 확립함"(結人心, 厚風俗, 存紀綱)을 요구하고, "너무 신속한 정치 처리, 너무 시급한 인사 등용, 너무 광범위한 언론 청취"(求治太速, 進人太銳, 聽言太廣)를 하지 말라고 하였다. 이것은 곧 너무 성급한 정치 시행에 반대한 것으로, "가능한 한 서서히 시행하기만 하면, 10년 후에는 무슨 일이든 이루지 못하리오?"라고 기술하여, 급진적인 정책을 반대하고 점진적인 개혁을 주장한 것이다.

그리하여 신종이 관리의 등용을 급거에 개방하고, 신법을 주장하는 인사를 발탁·임용하는 신법을 채택하는 것에 반대했다. 그는 또한 신법의 주요 항목에 대해서도 한층 논란을 더했다. 이것은 그의 정치 사상의 보수적인 측면이 이미 팽창하고 있고, 수구파의 노선을 따르게 되었다는 의미이다. 물론 그가 신법을 일체 반대한 것은 결코 아니다. 그는 "신臣 소식은 감히 사사건건 신법을 비방하려는 것이 아닙니다. 진실로 이론異論이 있는 것입니다"라고 하며 예를 들어 "근자에 황족의 은례恩例 감축(종실에게 관직을 수여하는 것은 송 선조宣祖,[14] 태조太祖, 태종太宗의 자손에 한하고, 그 나머지는 과거 시험을 통과해야 한다는 것), 임자조식任子條式의 개정(후비나 공주, 관료가 음보陰補하는 방법의 개정), 무기의 보수, 군대의 사열" 등 귀족의 특권에 대한 제한과 군비軍備 강화 등의 조치에 대해서는 찬성을 표명했다.

변법과 반反변법 간의 격렬한 정치 투쟁에는 또 봉건적 파벌의 알력이 게재되어 있었다. 왕안석의 동서이자 시어사지잡사侍御史知雜事(시어사는 어사대御史臺의 관리이고, '잡사'는 어사대 내부의 사무를 감독하는 관직)인 사경온謝景溫은 복상服喪 기간에 사염私鹽을 판매했다는 사실무근한 일로 소식을 탄핵했다. 비록 실제 근거가 없어 문죄당하지는 않았지만, 소식은 이미 정세가 위험해졌다는 것을 감지하고, 곧 지방관으로의 전출을 요청했다.

격렬한 당쟁은 소식의 시가 창작에도 영향을 주었다. 상술한 정

---

14) 선조는 송 태조太祖 조광윤趙匡胤의 부친 조홍은趙弘殷을 말한다.

치 논문들은 소식 자신에게 확실히 국가 경영에 관해서는 공부가 되었다. 그러나 정치적으로 보수적인 자세는 문장에서 이론적 설득력을 잃게 했고, 정세의 분석도 과장을 면치 못했으며, 내놓은 대책들도 대부분 공허했다. 류스페이劉師培는 「근세 문학의 변천을 논함」(論近世文學之變遷)에서 소식 일파의 문풍文風을 논하여, "대저 문장은 요란스레 달리어 공허한 변론을 자랑하나, 그 말이 본보기로 삼을 만하지 않다"라고 했는데, 이 시기의 그의 정론문에 대한 적절한 평론이다.

시가의 측면에서 보면 이 2, 3년간에 지은 시는 겨우 20수도 되지 않는다. 이것은 소식의 편년시編年詩에서 가장 적은 수이다(예를 들면 이전 봉상 시절에는 3년 동안 도합 130수 이상의 시를 지었다). 또 대부분 응수應酬, 전송의 내용으로 평범하다. 시 작품인 「향시鄕試에 낙방하여 서쪽으로 돌아가는 안돈을 전송하며」(送安惇秀才失解西歸)의 "옛 책은 백 번 읽는 것을 싫어하지 말아야 하고 / 숙독하고 깊이 생각해야 함을 그대는 스스로 알리라"(舊書不厭百回讀, 熟讀深思子自知)라는 두 구는 자신이 독서에서 터득한 내용을 후학에게 경계한 것으로 중시되고 있다. 그러나 안돈安惇은 훗날 반변법파를 탄압하는 하수인이 되었기에, 소식은 사람을 보는 안목이 없었다고 비난받기도 했다.

이 시기의 시로서 언급할 가치가 있는 시는 「석창서의 취묵당」(石蒼舒醉墨堂)이다. 석창서石蒼舒는 해서行書와 초서草書에 뛰어난 서법가로 소식의 서법에 대해서도 높이 평가했다. 그의 집에 취묵당醉墨堂이 있는데, 소식이 제시題詩를 지었다. 시는 조롱하는 어조로 시작된다.

> 인생은 글자를 알고부터 우환이 시작되니
> 이름이나 대강 적으면 그만두어도 괜찮다.

무엇하러 초서를 쓰는데 귀신처럼 빠른 걸 자랑하여
책을 펼치면 어리벙벙 남을 근심스럽게 만드는가?

人生識字憂患始, 姓名粗記可以休.
何用草書誇神速, 開卷惝怳令人愁.[15]

비록 이렇게 표현했지만 소식과 석창서는 초서를 깊이 좋아했으며, 서법에서 '지극한 낙'(至樂)과 '마음에 맞음'(適意)을 추구했다. 이어서 소식은 유명한 서법 이론을 제기했는데, 바로 "나의 글씨는 내면 정신을 표현한 것으로 본래 법도가 없다. 점과 획은 손 가는 대로 쓴 것으로 의도적으로 잘 쓰겠다고 추구하는 것을 번거롭게 여긴다"(我書意造本無法, 點畫信手煩推求)라는 것이다. 여기에서 '내면 정신으로 썼지 법도가 없다'(意造無法)는 말은 전통적 속박을 벗어나 뜻이 가는 대로 써서, 독창적 경지에 이르렀음을 지적한 것이다. '점과 획을 손 가는 대로 쓴다'는 말은 서법 예술의 높은 수준을 파악한 후 예술적으로 자유로운 경지에 도달한 것을 의미한다.

기실 소식은 결코 전통을 배척한 것이 아니다. 그의 행서行書와 해서楷書는 이옹李邕, 서호徐浩, 안진경顏眞卿, 양응식楊凝式 등에게서 모범을 취한 것이 매우 많다. 그러나 중요한 것은 여기에 창의를 더한 것이다. 그리하여 그는 '송서법사대가'宋書法四大家의 첫째가 될 수 있었다. 현존하는 그의 묵적墨迹으로는 〈답사민사논문첩〉答謝民師論文帖, 〈제황기도문〉祭黃幾道文, 전후 〈적벽부〉前後赤壁賦, 〈황주한식시첩〉黃州寒食詩

---

15) 「석창서의 취묵당」(石蒼舒醉墨堂), 『소식시집』, 235쪽.

帖 등이 있는데, 그 운필이 자유분방하며 풍부하고 다채로워 그의 서법 이론을 가장 잘 구현하고 있다.

현존하는 〈황주한식시첩〉 뒷부분에 황정견이 쓴 발문跋文에는 "이 글씨는 안노공顏魯公(안진경), 양소사楊少師(양응식), 이서대李西臺(이건중)의 필의筆意를 겸하고 있다. 동파가 시험 삼아 이것을 다시 쓴다 해도 반드시 이에 미치지 못할 것이다. 훗날 동파가 혹 이 글씨를 본다면 응당, 부처가 없는 곳에서 석존釋尊이라고 칭했다고 나를 비웃으리"라고 하였다. 작자가 '다시 쓰더라도 반드시 이에 미칠 수 없다'고 말한 것은 어째서일까? 왜냐하면 진정한 예술 작품은 간단하게 중복되어 나올 수 없기 때문이다. 바로 창작할 때 "정신으로 표현하여 일정한 법도가 없는 것"(意造無法)이요, "점과 획을 손 가는 대로 쓴"(信手點畫) 창작 활동의 산물이기 때문이다. 소식의 이 서법 이론은 예술의 심오함을 깊이 터득한 결과이다.

5장

지방관 시절
—항주, 밀주, 서주, 호주

36세 되던 해(신종 희녕 4년, 1071년) 6월, 소식은 항주통판杭州通判을 명 받고, 8월 당쟁으로 소용돌이치는 수도 변경을 떠나, 11월 겨울 항주에 도착해 통판(지주知州의 부관)으로 부임했다. 이로써 또한 창작상의 위기에 종지부를 찍은 셈이다. 이후 그는 또 밀주密州(치소는 지금의 산둥성 주청諸城)와 서주徐州, 호주湖州의 세 지방에서 차례차례로 지주知州로 재직했다.

중앙 조정에서 보낸 2년 남짓한 정치 생애에서 소식은 높은 식견을 가진 탁월한 정치가라고 할 수는 없었지만, 이번 8년 가까이 지방관으로 재직하는 동안 백성의 고통에 관심을 가지고 탁월한 공적을 발휘한 훌륭한 관리임을 드러냈다. 동시에 문학적 재능을 충분히 발휘하여 문학의 창작에서는 처음으로 풍성한 수확기를 맞았다.

36세부터 39세(신종 희녕 4년부터 희녕 7년)까지 소식은 항주통판으로 재직했다. 당시 항주지주杭州知州였던 진양陳襄이 전당육정錢塘六井을 수리·복원하여 백성들의 식수 곤란 문제를 해결하자, 소식은 「전당육정기」錢塘六井記를 지어 이 일을 찬미했다. 그 문장의 말미에서 그는 특별히 일깨워 말했다. "내가 생각하기에, 물이란 것은 사람에게 필요하고 소중한 것이다. 가뭄이 들어 우물이 마르는 것은 해마다 항상 있는 일은 아니다. 그 항상 있지 않은 때에 그 매우 시급한 바를 소홀히 하는 것, 이것이 보통 세상 사람의 근심이다. 어찌 유독 물뿐이겠는가!" 대비를 해 두면 걱정이 없다고 하여 위정자를 경계한 것이다. 상주常州와 윤주潤州(지금의 장쑤 전장鎭江)에서 재해災害가 발생하자 그는 재해를 복구하러 가 제야除夜에 성 밖 들에서 자며 다음 시를 지었다.

노랫소리와 들에서 곡하는 소리 둘 다 슬픔에 겨운데
저 멀리 반짝이는 등불, 하늘의 별이 희미해지는 새벽이라.
섣달그믐 밤 지새우느라 그런 것도 아니련만 병든 눈 잠 못 든다.
고향 사투리로 대화할 짝 없는 이곳 돌아갈 생각만 사무칠 뿐.

겹이불에도 다리가 썰렁하니 밖에 무서리가 내렸나 보다.
일어나 머리 감으니 머리털 가볍게 느껴진다.
고마워라. 희미해지는 등불 나그네 역겨워하지 않고
외로운 배 타고 하룻밤 의지함을 허락한다.

行歌野哭兩堪悲, 遠火低星漸向微.
病眼不眠非守歲, 鄕音無伴苦思歸.
重衾脚冷知霜重, 新沐頭輕感髮稀.

多謝殘燈不嫌客, 孤舟一夜許相依.[1]

황폐한 교외의 외로운 배 위에서 읊조리다가 훌쩍거리며 우니 비애의 뜻으로 충만해 있다. 마을의 등불과 하늘의 별빛조차 이다지도 어슴푸레하구나. 긴 밤 내내 잠 못 드는 것이 섣달그믐 밤을 지새우기(잠자지 않고 제야를 지내며 원단元旦을 맞는 촉蜀의 풍속) 때문이 아니라 눈병 때문이다. 어디에서도 고향 사투리를 들을 수 없으니 더욱 고향으로 돌아가고 싶다. 침상의 이불로도 썰렁한 다리를 감쌀 수 없게 되어서야, 서리가 많이 온 걸 알았다. 머리를 감자마자 머리털이 가볍다고 느끼는 까닭은 머리털이 점점 적어지기 때문이다. 이처럼 썰렁한 분위기에, 희미한 등불만이 나와 함께 긴 밤을 지새운다. 이처럼 처량한 심정이었지만 그는 여전히 '재난 구호'라는 자신이 맡은 직무에 충실했는데, 바로 이 점이 더욱 고귀하다.

소식은 흉년이 든 상주와 윤주에 구호를 하러 가거나 또 임안臨安과 오잠於潛에 메뚜기 잡이 감독을 하러 다니며, 생활에 대한 시야를 확장했다. 농촌의 신선한 사물과 풍치 있는 인물들이 시인의 깊은 흥취를 불러일으켜, 좋은 시를 적잖이 짓게 하였다. 전자에는 「무석 길에서 수차를 읊다」(無錫道中賦水車)가 있고, 후자에는 「오잠의 아낙네」(於潛女)가 있다. 전자는 열정적으로 당시의 신식 농기구인 용골차龍骨車를 읊은 시이다.

---

1) 「제야에 상주성 밖 들판에서 자며 2수, 제1수」(除夜野宿常州城外二首, 其一), 『소식시집』, 533쪽.

물이 엎어지며 번갈아 나오는 게 꼬리 문 채 하늘 나는 까마귀 같고

크고 견고한 수차가 불끈 솟아 오는 게 허물을 벗는 뱀과 같구나.

밭 둔덕 사이 푸른 물결, 구름 달리듯 이 이랑 저 이랑 물을 보내

물에 푸른 침을 찌르니 벼 싹이 뾰족뾰족하다.

5월 동정호 가에 날 가물자 모래까지 날리려 하고

깊은 굴에서 나는 자라 소리는 둥둥 북소리처럼 들린다.

하느님이 내리시는 비가 보이지 않자 늙은이 눈물지으니

내가 아향阿香을 불러와 천둥수레 밀어 천둥 비 퍼붓게 하리.

翻翻聯聯銜尾鴉, 犖犖确确蛻骨蛇.[2]

分疇翠浪走雲陣, 刺水綠鍼抽稻芽.

洞庭五月欲飛沙, 鼉鳴窟中如打衙.[3]

天公不見老翁泣, 喚取阿香[4]推雷車.[5]

    1~2구는 수차가 움직일 때와 멈추었을 때의 서로 다른 형상을, 3~4구는 수차의 효용을 묘사했다. 후반부 4구에서는 필봉을 전환하

---

2) 犖犖确确蛻骨蛇(낙락학학태골사): 이 구에는 허물을 벗고 뼈만 남은 뱀의 모습으로 정지해 있는 수차의 골격을 형용했다. 낙락학학犖犖确确은 몸체가 크고 견고한 모습을 표현한 것이다.

3) 鼉(타): 속어로 '저파룡'猪婆龍이라고 불리는 파충류 동물인 자라이다. 전하는 말에 따르면, 자라는 하늘이 가물 때 굴 속에서 우는데, 그 소리가 북을 치는 것과 같다고 한다. 打衙(타아): 북을 치다.

4) 阿香(아향): 전설에 천둥수레를 미는 여자 귀신을 말한다.

5) 「무석 길에서 수차를 읊다」(無錫道中賦水車), 『소식시집』, 558쪽.

여, 마침 가뭄이 든 해인지라, 수차가 하늘에서 비를 내리게 하는 천둥수레(자연적인 천둥을 의미)에 못 미친다고 얘기했다. 이 시에서 작자는 가뭄 때의 농민에 대한 동정심과 농업생산에 대한 관심을 표현했다. 이처럼 농기구를 묘사한 시는 중국시사中國詩史에서 드물게 보이는 것이다. 소식은 훗날 「앙마를 읊은 노래」(秧馬歌)에서 별도로 신식 농기구인 모내는 기계 앙마에 대해 읊었다. 이제 「오잠의 아낙네」(於潛女)를 보자.

> 푸른 치마 흰 소매 옷 입은 오잠의 아낙네
> 서리같이 하얀 두 발은 맨발이구나.
> 머리털은 실 꿰어 나가는 베틀 북처럼 나풀나풀
> 큰 은비녀 꽂고 비바람 속을 달려가네.
>
> 이는 옛 오월왕吳越王 때 궁중의 장식으로 조상에게서 전해져
> 지금에 이르기까지 유민은 옛 임금 슬퍼하네.
> 초계의 수양버들 처음으로 흰 솜털 같은 버들개지 날릴 때
> 아낙네는 시냇물에 얼굴 비춰 눈썹을 그리고는 계곡을 건넌다.
>
> 나무하고 돌아오는 낭군님 만나자 아리따운 모습으로 애교를 떠니
> 귀족이라도 이처럼 생동적인 예쁜 여자 어디 있으랴!
>
> 青裙縞袂於潛女, 兩足如霜不穿屨.

艑沙鬢髮絲穿杼, 蓬沓障前走風雨.[6]

老潯[7]宮粧傳父祖, 至今遺民悲故主.

茗溪楊柳初飛絮, 照溪畫眉渡溪去.

逢郎樵歸相媚嫵, 不信姬姜有齊魯[8] [9]

　　푸른 치마, 흰 저고리, 맨발 벗어 번쩍거리도록 흰 두 발, 고풍과 옛 향기를 간직한 머리장식, 부부간의 순박한 애정, 여기서 한 농촌 아낙네가 눈앞에 모습을 드러낸 것 같다. 마지막 구절에서 '귀족이라도 이처럼 생동적인 예쁜 여자 어디 있으랴'라고 묻는다. 여기에 소식의 이상적인 미가 표현되어 있다. 곧 소박하고 솔직한 노동하는 아낙네가 점잖고 고귀한 귀족 부인보다 아름다우며, 순박한 농촌 생활과 애정이 옛 제나라나 노나라 귀족들의 겉치레보다 훌륭하다고 표현했다. 소식은 이러한 잊지 못할 농촌 아낙네의 형상을 통해 중국 시가 속의 인물 형상을 풍요롭게 했다.

　　항주 서호西湖의 산수와 전당강錢塘江의 조수는 시를 짓는 소식에

---

6) 이 두 개의 구에는 검게 빛나는 두 갈래 머리를 은비녀를 꽂아 걷어 올리고 비바람 속을 달리는 모습을 형용했다. 鬖沙(다사): 들어 올리거나 펼친 모양. 蓬沓(봉답): 소식이 이와 같은 주를 달았다. "오잠의 부녀들은 모두 큰 은비녀를 꽂는데, 길이가 1척쯤 된다. 그것을 봉답이라고 불렀다."

7) 老潯(노비): 한漢나라 초에 유비劉濞는 오왕吳王에 봉해졌다. 여기와 아래 구의 옛 임금(故主)은 모두 5대五代의 오월왕吳越王을 지칭한다.

8) 不信姬姜有齊魯(불신희강유제노): 서주西周 때 강상姜尙은 제齊에 봉해지고, 주공희단周公姬旦의 아들은 노魯에 봉해졌다. 강씨姜氏와 희씨姬氏는 드디어 각기 제나라와 노나라의 대족大族이 되었다.

9) 「오잠의 아낙네」(於潛女), 『소식시집』, 448쪽.

게 풍부한 소재를 제공해 주었다.

전당錢塘의 호숫가 산을 두루 유람하고서
돌아와 쓴 시어는 신선한 꽃향기 머금고 있네.

遊遍錢塘湖上山, 歸來文字帶芳鮮.[10]

「6월 27일 망호루에서 취해 쓰다 절구 5수」(六月二十七日望湖樓醉書五絶), 「망해루 저녁 경치 절구 5수」(望海樓晚景五絶), 「유미당의 폭우」(有美堂暴雨), 「8월 15일 조수를 보며 절구 5수」(八月十五日看潮五絶) 등은 모두 절찬되는 명작이다. 그중 2수를 예로 들어 보자.

먹물을 뒤엎은 듯한 검은 구름 산허리에 걸쳤는데
흰 구슬처럼 튀는 빗발 어지러이 배 안으로 들이친다.
땅을 휘감는 바람이 문득 비구름 불어 흩뜨리자
망호루 아래의 물이 금세 하늘빛처럼 맑게 변하였다.

黑雲翻墨未遮山, 白雨跳珠亂入船.
捲地風來忽吹散, 望湖樓下水如天.[11]

---

10) 「정 호조를 보내며」(送鄭戶曹), 『소식시집』, 791쪽.
11) 「6월 27일 망호루에서 취해 쓰다 절구 5수, 제1수」(六月二十七日望湖樓醉書五絶, 其一), 『소식시집』, 340쪽. 항주통판으로 재직할 때인 희녕 5년(1072년, 37세), 항주에서 지음.

유람객 발 밑 우르릉 천둥소리 요란하고

가득 덮인 먹구름은 걷히지 않는다.

하늘 저쪽에서 검은 폭풍 일자 해일 같은 파도 우뚝 서서 달려오더니

절강浙江 동쪽 날리는 빗줄기가 강을 질러 뿌옇게 몰려오네.

신나게 쏟아져 내리는 비는 술잔 위에 철철 넘치는 술 같고

많은 작대기로 장고 두드리듯 빗방울이 소리치며 내리 퍼붓는다.

술 취한 적선謫仙 불러 하늘 샘물로 얼굴 씻어 술 깨우듯

바다를 뒤집어 보배 같은 시구를 쏟아 뿌린다.

游人脚底一聲雷, 滿座頑雲撥不開.

天外黑風吹海立, 浙東[12]飛雨過江來.

十分激灎金樽凸, 千杖敲鏗羯鼓催.

喚起謫仙泉灑面,[13] 倒傾鮫室瀉瓊瑰.[14] [15]

---

12) 浙東(절동): 항주가 절강(전당강)의 서쪽에 있기 때문에 이와 같이 불렀다.

13) 喚起謫仙泉灑面(환기적선천쇄면): 적선謫仙은 이백을 지칭한다. 당 현종이 이백을 불러 시를 짓게 했는데, 마침 이백이 술에 취해 있었다. 이에 현종이 그의 얼굴에다 맑은 물을 뿌려서 깨어나게 하였다는 이야기가 전한다(『구당서』舊唐書,「이백전」李白傳). 이 구의 대의는 천제天帝가 적선 이백을 술에서 깨우려고 폭우를 내렸다는 의미이다.

14) 倒傾鮫室瀉瓊瑰(도경교실석경괴):『술이기』述異記 권상과 장화張華의 『박물지』博物志에 모두 남해南海에 교인鮫人(일종의 인어)이 있다고 기재했다. 그 인어가 눈물을 흘리면 구슬이 되고 비단을 짜면 아주 기이하다. 즉, 교실鮫室은 바다를 말한다. 경괴(瓊瑰)는 진귀한 옥석인데, 훌륭한 시를 비유한다. 소식의 「또 정 호조를 보내며」(又送鄭戶曹)의 "늦게서야 그대 좌객이 되었는데,/새로운 시가 구슬처럼 나오네"(遲君爲座客, 新詩出瓊瑰)와 「임사중과 가한공의 시에 화답하여」(答任師中家漢公)의 "취중에 홀연히 나를 생각하여,/구슬처럼 맑은 시를 지어 보냈네"(醉中忽思我, 清詩綴瓊琚)를 들

두 시는 모두 항주의 비 오는 경관을 묘사했다. 앞 시는 여름날 망호루望湖樓에서 서호를 본 것을 묘사한 것으로 계절은 여름이다. 뒷 시는 초가을 시점에서 오산吳山 유미당有美堂에서 전당강을 내려다본 경관을 묘사한 것이다. 앞 시는 구름에서 비로 되고 또 홀연 맑아지는 서호의 날씨 변화를 묘사했다. 신속하게 쏴 비 내리고 곧바로 비가 신속하게 걷힌다. 또한 비가 걷힌 후 호수 위는 물과 하늘이 한 빛깔이 되어 유난히 청신하다. 남방의 여름날 소나기 내리는 특징을 정확하게 묘사하고 있다.

뒤의 시는 가을에 폭우가 내리는 경치를 묘사한 것이다. 먹구름이 빽빽한데 파도를 곧장 '서서'(立) 몰려오게 할 만한 큰바람도 검은 빛깔을 띠고 있는 것같이 생각된다. 바람이 불자 비가 따라 몰려들어 강을 건너온다. 강물은 용솟음쳐 마치 가득 찬 술잔의 술이 잔을 흘러넘치는 것과 같다. 빗소리는 하늘을 진동하여 천 개의 막대기가 급히 북을 치는 것 같다. 이 비는 하느님(天帝)이 술에 취한 이태백李太白에게 물을 뿌려 그로 하여금 술에서 깨어 구슬같이 영롱한 좋은 시를 쏟아붓게 하는 것 같다. 시 전체가 웅장하고 기발하여 앞의 시와는 또 다른 정취를 보여 준다.

서호를 묘사한 소식의 시는 항상 사람들이 애송하는 명구가 되었다. 그는 동動적인 가운데서 경물景物의 특징을 포착하는 데 뛰어났다. 예를 들어 보자.

수 있다.
15) 「유미당의 폭우」(有美堂暴雨), 『소식시집』, 482쪽. 항주통판에 재직할 때인 희녕 6년 (1073년, 38세), 항주에서 지음.

하늘엔 눈이 내리려는 듯 호수 가득 구름 덮였고

누대는 드러났다 사라졌다, 산도 보일 듯 말 듯.

물 맑아 바닥 돌까지 드러나니 노니는 고기의 수 셀 수 있고

깊은 숲엔 인적도 없고 새들만 지저귄다.

天欲雪, 雲滿湖, 樓臺明滅山有無.

水淸石出魚可數, 林深無人鳥自呼.[16) 17)]

　　겨울에 눈이 내릴 듯하다가 내리지 않는 호숫가의 경관을 묘사했
다. 누대는 홀연 밝아졌다가 어두워지고 산봉우리는 있는 듯 없는 듯
하다.

아침에 본 오산吳山은 띠처럼 가로섰더니

저녁에 보니 오산이 벌떡 일어섰구나.

오산은 본디 여러 자태라

형태가 변하여 그대 위해 용모를 꾸민다.

朝見吳山橫, 暮見吳山縱.

吳山故多態, 轉折爲君容.[18)]

---

16) 鳥自呼(조자호): 새가 지저귀는 소리는 마치 스스로 그 이름을 부르는 것과 같다. '조
상호'鳥相呼라 하기도 한다.

17) 「납일에 고산을 유람하고 혜근, 혜사 두 스님을 방문하다」(臘日遊孤山訪惠勤惠思二僧),
『소식시집』, 316쪽. 희녕 4년(1071년, 36세) 겨울, 12월 24일 항주통판 시절에 지음.

18) 「법혜사의 횡취각」(法惠寺橫翠閣), 『소식시집』, 426쪽. 희녕 6년(1073년, 38세), 항주

오산의 변화무쌍한 상태를 묘사했다. 아침에 본 오산은 뚜렷하여 띠처럼 가로서 있더니, 저녁에는 흐릿하여 단지 높이 우뚝 솟은 것만 보인다. 이는 오산의 다채롭고 다양한 모습을 표현한 것이다.

서호를 묘사한 시 가운데 가장 폭넓게 애송되는 것은 다음의 칠언 절구이다.

> 호수 물빛 반짝반짝 날이 개면 아름답다 싶다가
> 금시 산색이 안개 끼어 빗줄기 흩뿌리니 또한 기이하구나.
> 서호를 가져다가 서시西施에게 견준다면
> 엷은 단장 짙은 단장 모두 어울리렷다.

> 水光瀲灩晴方好, 山色空濛雨亦奇.
> 欲把西湖比西子, 淡粧濃抹總相宜.[19]

서시의 짙은 화장으로써 서호의 맑은 경치를 비유하고, 옅은 화장으로써 비오는 경치를 비유했다. 맑은 날씨든 비오는 날씨든 서호의 부드러운 풍광은 마음을 틔우고 기분을 상쾌하게 한다. 이 신선하고 적절한 비유는 서호를 읊은 모든 시 가운데 가장 적절한 평어가 되어, '서자호'西子湖가 서호의 별칭이 될 정도에 이르렀다. 훗날 어느 시인이 이 때문에 붓을 놓고 "이 '담장농말'淡粧濃抹 구를 없애 버린다면, 다시

통판 시절에 지음.
19) 「호숫가에서 술을 마시는데 처음에는 날이 쾌청하다가 나중에 비가 내리다, 제2수」(飮 湖上初晴後雨, 其二), 『소식시집』, 430쪽. 희녕 6년(1073년, 38세), 항주에서 지음.

어떤 시어로 서호를 비유할까?"(송나라 사람 무연武衍, 「정월 2일 호수에 배를 띄우고」正月二日泛舟湖上)라고 한 것도 수긍이 가는 말이다.

현존하는 소식의 사집詞集에는 그가 항주통판 시절에 비로소 '사詞의 창작'(塡詞)을 시작한 것으로 되어 있다.[20] 이것은 그의 이 시기 문학 창작의 새로운 내용이자 새로운 특징이기도 하다. 그 이전의 북송 사단北宋詞壇에서는 완약파婉約派가 주도적 위치를 차지했는데, 그 주된 내용은 남녀의 애정이나 이별의 슬픔, 세월의 흐름에 대한 안타까움 등이다. 그 풍격은 완곡婉曲하고 멋들어져서, '염과'艶科 즉 '남녀 사이의 애정'이라는 테두리를 벗어나지 못했다. 그러나 범중엄의 「소막차」蘇幕遮(碧雲天), 「어가오」漁家傲(塞下秋來風景異)와 구양수의 「조중조」朝中措(平山欄檻倚晴空), 「어가오」漁家傲(十二月嚴凝天地閉)는 제재를 확장했고 필치가 웅장하며 깊은 감개를 부쳐, 이미 호방사파豪放詞派의 선구가 되었다.

이 시기 소식의 사詞 작품은 비록 아직 호방사풍豪放詞風은 형성되지 않았지만, 이미 명백하게 '시로써 사를 짓는다'(以詩爲詞)[21]는 경향을 드러내어, 어느 정도 '시는 장중하고 사는 아름답다'(詩莊詞媚)[22]는 전통적 한계성을 타파했다.

유람을 기록한 작품인 「행향자」行香子(一葉舟輕)는 절강浙江 동려桐

---

20) 주효장朱孝臧, 『강촌총서본』彊村叢書本, 『동파악부』東坡樂府에 의거하면, 소식의 첫 번째 편년사編年詞는 「낭도사」浪淘詞(昨日出東城)이다. 이 사는 희녕 5년에 씌었는데, 이때 작자는 항주에 있었다.

21) '사詞의 시화詩化'라고도 할 수 있는데, 대체로 시의 작법 및 시적인 의경意境과 언어를 사용하여 사詞를 창작하는 것이다. —옮긴이 주

22) 청淸 왕우화王又華, 『고금사론』古今詞論에서는 이동기李東琪의 말을 인용하여 "시는 장중하고 사는 아름다워, 그 체제가 원래 구분된다"(詩莊詞媚, 其體元別)라고 하였다.

廬에 있는 칠리뢰七里瀨의 "겹겹이 그림 같고 굽이굽이 병풍 같다"(重重似畫, 曲曲如屛)는 경관을 묘사하고 있다. 또 조수潮水를 구경하는 내용인 「서자고」瑞鷓鴣(碧山影裏小紅旗)에서는 전당강의 파도 타는 아이가 강의 조수를 치는 풍속을 묘사하고 있다. 그리고 사향思鄕의 정을 노래한 「복산자」卜算子(蜀客至江南)와 신세에 대한 감개를 읊은 「남가자」南歌子(苒苒中秋過)가 있다. 소식의 이 작품들은 모두 시적인 경지와 언어를 사용하여 사를 창작한 것이다. 사패詞牌 아래마다 거의 모두 제재나 주제를 설명하는 부제가 있는데, 이것도 완약사파에서는 적게 사용한 작법이다. 당시의 항주지주 진양陳襄은 정치적 실적이 훌륭한 관리였다. 소식과 사이가 좋아, 두 사람의 우의를 묘사하는 사가 적지 않다.

호수와 산은 실로 동남 지방의 아름다운 풍경
일망무제로 천 리에 퍼져 있다.
태수는 몇 번이나 여기 다시 올 수 있으리?
술자리에 맘껏 취하여 여기저기 배회한들 어떠랴.

사하당沙河塘 안에 등불 막 켜지는데
어느 집에서 「수조가두」水調歌頭를 부르는가?
밤 깊어 바람 잘 때 돌아가려 하는데
밝은 달빛 강에 가득 차고 강 수면은 푸른 유리거울 같구나.

湖山信是東南美,[23] 一望彌千里. 使君能得幾回來?

---

23) 湖山句(호산구): 매지梅摯는 가우嘉祐 초에 항주지주杭州知州로 부임했다. 송 인종仁

便使樽前醉倒更徘徊.

沙河塘裏燈初上, 水調誰家唱. 夜闌風靜欲歸時,

惟有一江明月碧琉璃.[24]

돌아보니 어지러이 솟은 산들 가로놓여

사람은 보이지 않고 다만 성만 보인다.

누가 임평산臨平山 위의 탑과 같이

우뚝 솟아

서쪽에서 오는 손님을 맞이하고 떠나는 손님 전송하려나.

돌아오는 길 어둑어둑, 바람은 싸늘하여

외로이 잠을 청하나 추위 때문에 잠 못 이루네.

오늘 밤 기울어 가는 등불 비추는 곳에

어슴푸레한 불빛

가을비 그쳤으나 흐르는 눈물 하염없어라.

回首亂山橫, 不見居人只見城.

誰似臨平山上塔, 亭亭,

迎客西來送客行.

宗은 그에게 시를 써서 보내, "지유오산미, 동남제일주"(地有吳山美, 東南第一州)라고
하여, 항주를 찬미했다. 매지는 항주에 부임한 후, 오산吳山에 당을 짓고 '유미당'有美
堂이라고 이름지었다.

24) 「우미인·유미당에서 술고에게 주다」(虞美人·有美堂贈述古)

歸路晚風淸, 一枕初寒夢不成.

今夜殘燈斜照處, 熒熒,

秋雨晴時淚不晴.[25]

앞의 사詞는 진양이 항주를 떠날 때 소식이 송별연에서 그를 위해 지은 것이고, 뒤의 사는 항주 동북쪽 임평臨平의 배 안에서 그를 송별한 것을 묘사한 것이다.

앞의 사는 유미당有美堂의 호수와 산의 경치는 동남 지방에서 그 경치가 최고인데, '태수는 어느 때나 다시 와 감상할 수 있을까'라고 말한다. 석별의 한에 미친 듯이 술을 마시고 취한다. 부근 전당錢塘의 번화한 지역인 사하당沙河塘의 가루歌樓에서 「수조가두」 노랫소리가 들린다. 밤 깊어 돌아가려는데 전당강 위의 물에 비친 달빛은 휘영청 푸른색의 유리와 같다. 이러한 노랫소리와 강물 빛은 곳곳마다 사람을 떠나보내는 서글픔을 더해 준다.

뒤의 사는 태수를 전송하려 임평에 도착하여 항주와는 점차 멀어졌는데, 임평산 위에 우뚝 솟은 고탑古塔은 마치 깊은 정을 머금고 손님을 보내고 맞이하는 듯하다. '생각건대, 그대는 오늘 밤 잠 못 이룬 채로 외로운 등불 아래 하염없이 눈물 흘리는데, 깜빡깜빡 반짝이는 등잔불이 그대의 눈물을 영롱히 비추고 있겠지.' 상대가 자신을 그리워하고 있음을 묘사했는데, 기실 이는 자신이 상대방을 그리워하고 있음을 더욱 절실하게 묘사한 것이다.

전통적인 완약사婉約詞는 이별의 한을 묘사하는 데 있어, 항상 꾸

---

25) 「남향자·술고를 보내며」(南鄕子·送述古)

밈이 화려하고 서정이 섬세하다. 또 대부분이 미인을 읊거나 거나하게 취해 콧노래를 불러 남녀간의 이별의 정을 그린다. 소식의 사도 정의情意가 의미심장하고 감동적이며, 또한 언어가 맑고 의경意境이 선명하다. 그리고 진지한 우정을 부각하여 기존의 완약사와는 다른 경향을 드러냈다. 당시에 지은 진양과의 송별의 사가 몇 수 있는데 모두 이러한 특색을 구비하고 있다. 그 예로 「행향자」行香子(攜手江村), 「소충정」訴衷情(錢塘風景古今奇), 「강성자」江城子(翠蛾羞黛怯人看), 「보살만」菩薩蠻(秋風湖上蕭蕭雨), 「청평악」清平樂(清淮濁汴) 등이 있다.

39세(신종 희녕 7년)부터 41세(희녕 9년)까지 소식은 밀주密州에 있었다. 그는 부임하자마자 서설을 만났다. "올해는 서설이 내렸으니/때마침 보리 천 무더기를 보게 되리라"(今年好風雪, 會見麥千堆)라는 시구를 흥겹게 써서 풍년을 바랐다.(「성을 나가 손님을 전송하려 했으나 따라잡지 못하고, 걸어서 시내가에 이르러」出城送客, 不及, 步至溪上) 그러나 오래되지 않아 심각한 메뚜기 재해가 발생하자 그는 조정에 추세秋稅의 면제를 요청했다. 그는 경건히 재계하고 소식素食을 하고는 민중을 위해 복을 빌었다.

"나는 채소를 먹고 막 재계하여/꽃을 대하고도 술 마시지 않으니 꽃이 응당 시기하겠지"(而我食菜方清齋, 對我不飲花應猜)(「꽃이 진 것이 안타까워」惜花)라 하였다. 해마다 기근이 든 탓으로, "아이를 버리는 백성이 많아졌다." 그는 그 아이들을 양육할 방법을 강구하여 관청에서 쌀 6말(斗)을 보조받아 수천 명을 구했다.(「악주지주 주수창朱壽昌에게 보내는 편지」與朱鄂州書) 그는 손수 성城 근처에 버려진 아이들을 거둬들이고, 고통스레 "눈물을 뿌리며 성 주위의 버려진 아이들을 거두네"(灑涕循城拾棄孩)라는 시구를 썼다. 이어서 밀주에서는 공무가 번거롭고 생활도 빈궁하지만, 수도 변경에서 당쟁 속에 있을 때에 비하면 훨씬 낫다고 썼다. "군郡을 다스리는데 기쁨이 적다고 탄식하지 마소. 그래도 먼지 날리는 서울 길 달리는 것보다는 낫다오."(爲郡鮮歡君莫嘆, 猶勝塵土走章臺.[26] 「유공보와 이공택이 나에게 부쳐 온 시에 차운하여 2수, 제2수」次韻劉貢父, 李公擇見寄二首, 其二)

소식은 백성들의 고통스러운 생활을 보며 마음속 깊이 부끄러웠다. 소식은 유가 경전을 그리 많이 읽었음에도 끝내 흉년을 구제할 수 없음을 자탄했다.

가을 벼는 흉년 들어 얼마 없고
가을 보리는 종자조차 부족하다.
이 지방 사람들에게 늘 부끄럽구나.
그들의 피부에는 까끄라기가 박혔는데,
내가 평생 읽은 5천 권의 책은
한 글자도 굶주림을 구제하지 못한다니.

秋禾不滿眼, 宿麥種亦稀.
永愧此邦人, 芒刺在膚肌.
平生五千卷, 一字不救飢.[27]

---

26) 章臺(장대): 원래 한나라 장안長安의 거리 명칭이다. 『한서』漢書「장창전」張敞傳에서 장창張敞이 "당시 조회朝會가 파하면 말을 타고 장대가章臺街를 지났다"라는 이야기가 나온다. 여기서는 북송의 수도 변경을 지칭한다.

27) 「공낭중이 말을 타고 오는 도중 형림에서 부친 시에 화답하여」(和孔郎中荊林馬上見寄), 『소식시집』, 700쪽.

이는 옛날 신성시했던 유가 경전에 대한 신랄한 풍자만은 아닐 것이다.

소식은 비록 항주를 떠나 밀주로 왔으나 항주에 대해서는 여전히 애틋한 감정을 가지고 있었다. 조단언晁端彦(자 미숙美叔)은 그와 동년同年(과거 합격 동기생)인데, 이때 항주에서 양절제점형옥兩浙提點刑獄으로 재직하고 있었다. 소식은 그에게 몇 수의 시를 적어 보냈다. 「서호를 그리며 과거 합격 동기생 조미숙에게 부치다」(懷西湖寄晁美叔同年)에서 다음과 같이 표현했다.

> 서호의 경치는 천하의 으뜸이라.
> 현자와 우자愚者 가릴 것 없이 모두 와서 노닌다.
> 얕게든 깊게든 각기 자신이 구하는 것에 따라 감상하나
> 뉘라서 항주의 전경全景을 다 알리오?

> 西湖天下景, 游者無愚賢.
> 淺深隨所得, 誰能識其全.[28]

이어서 "오로지 산수를 즐기는 즐거움을 독차지한다"(獨專山水樂)라고 하였다. 그리고 "삼백육십 개의 절을 헤매고 다니며/그윽한 경치를 찾으니 드디어 한 해가 저무네"(三百六十寺, 幽尋遂窮年)라고 하여, 항주의 묘한 경치를 표현했다. 이어서 "지금껏 맑은 밤 꿈속에서도/매혹적인

---

28) 「서호를 그리며 과거 합격 동기생 조미숙에게 부치다」(懷西湖寄晁美叔同年), 『소식시집』, 644쪽. 희녕 8년(1075년, 40세)에 밀주에서 지음.

그 경치 내 눈과 귀에 생생하네"(至今淸夜夢, 耳目餘芳鮮)라고 하였다. 이 시의 1구인 '서호천하경'西湖天下景은 오늘날 항저우 고산孤山의 중산공원中山公園에 있는 정자의 현판에 씌어 있어, 소식의 서호에 대한 이 평가가 사람들에게 찬미되고 있음을 알 수 있다.

후에 조단언은 어떤 사건으로 인해 파직되어 심리를 받았는데, 소식은 「과거 합격 동기생 조단언이 9월 9일에 보내 준 시에 화답하여」(和晁同年九日見寄)라는 시에서 그를 위로하여 "그대에게 곤궁과 시름을 주는 것은 하늘의 뜻/오중吳中의 산수는 그대의 맑은 시를 요구하네"(遣子窮愁天有意, 吳中山水要淸詩)[29]라고 하였다. 이것은 중국 고대 문예이론 가운데 '평정을 얻지 못하면 운다'(不平則鳴. 한유韓愈, 「맹동야를 보내는 서문」送孟東野序)라는 견해를 계승한 것이다. 소식 자신의 시에서 말한 "시인은 으레 곤궁한 것/아름다운 시구는 추위와 배고픔에서 나온다"(詩人例窮蹇, 秀句出寒餓)라는 의미의 연장이다. 이는 억압과 배척을 받은 사람만이 절실한 체험을 통해 생명력 있는 작품을 써 낼 수 있다는 것이다.

소식의 사詞는 밀주 시기(39세~41세)에 큰 발전을 이루어, 초보적이나마 호방사풍을 형성하고 있다. 아래의 두 수가 당시의 대표작이다.

> 늙은이가 잠시 젊은이의 광기狂氣를 부려
> 왼손에는 누런 사냥개를 끌고
> 오른 어깨에는 푸른 매를 올려 놓고

---

29) 「과거 합격 동기생 조단언이 9월 9일에 보내 준 시에 화답하여」(和晁同年九日見寄), 『소식시집』, 696쪽.

비단 모자 눌러쓰고 모피 옷 걸친 채

1천 기마대 내몰아 언덕을 포위한다.

온 성안 백성이 태수인 나를 따름에 보답하기 위해

내 손수 호랑이를 쏘아

손권 같은 기개를 보여 주리라.

술이 얼큰하니 마음 더욱 트인다.

귀밑 털 희끗희끗해지나

또 무슨 상관이랴.

사면을 알리는 부절을 가지고 운중雲中으로

어느 날에 풍당馮唐을 보내려는가?[30]

활을 만월滿月같이 힘껏 잡아당겨

서북쪽을 바라보며

천랑성天狼星을 쏘리라.

老夫聊發少年狂, 左牽黃, 右擎蒼.

錦帽貂裘, 千騎捲平崗.

爲報傾城隨太守, 親射虎, 看孫郎.

---

30) 『사기』史記 「장석지풍당열전」張釋之馮唐列傳의 기록에 의거하면, 위상魏尙은 한 문제
때 운중雲中의 태수가 되었다. 연고가 있어 관작이 깎이고 고역을 치렀다. 풍당은 그러
한 처사가 타당하지 못하다고 여겨 대신 호소했다. 한 문제는 곧 풍당을 파견하여 명령
을 전달하는 부절符節을 가지고 가게 하여 위상을 사면하도록 했다. 또한 위상의 관직을
원래대로 복귀시켰다.

酒酣胸膽尙開張, 鬢微霜, 又何妨.

持節雲中, 何日遣馮唐.

會挽雕弓如滿月, 西北望, 射天狼.[31) 32)]

이 사는 40세 되던 해(희녕 8년, 1075년) 겨울에 지은 것이다. 전반부
는 소식이 자신을 삼국시대 손권孫權에 비유하여, 사냥 나갈 때의 장관
을 묘사한 것이다. 후반부는 한漢나라 문제文帝 때의 위상魏尙에 자신
을 비유하여(일설에는 풍당馮唐을 자신에 비유한다고 함), 조정에 다
시 중용되어 변방을 지키러 가 송宋을 침략하는 적을 무찌르겠다는 희
망을 피력했다. 소식은 이 사에 "동주東州의 장사로 하여금 흉금을 털
고 발을 구르며 노래하고, 피리를 불고 북을 치며 장단을 맞추게 했으
니, 자못 장관이다"(「선우자준에게 주는 편지」與鮮于子駿書)라고 자평했다.

이 이전에도 범중엄의 「어가오」漁家傲(塞下秋來風景異) 등 변새邊塞를
제재로 한 사가 있었지만, 이처럼 낙관적이고 기세가 높으며 적개심에
충만한 정서를 보인 작품은 이것이 첫 번째이다. 소식은 「선우자준에
게 주는 편지」에서 또 "근래에 자못 소사小詞를 많이 지었는데, 비록 유
영柳永의 풍미는 없으나, 또한 일가一家를 이루었다"라고 하였다. 이는
소식 자신이 의식적으로 완약파의 대표적 사 작가인 유영 이후로 일가
를 이루기를 바랐고, 또 이러한 종파를 연 것에 대해 자못 긍지를 가지
고 있었음을 설명한다.

이듬해 중추절 휘영청 밝은 보름달이 하늘에 걸려 은빛이 내려 쏟

---

31) 天狼(천랑): 별 이름으로, 침략을 상징한다. 여기서는 서하(일설에는 요)를 지칭한다.
32) 「강성자·밀주에서 사냥하며」(江城子·密州出獵)

아질 때, 소식은 이별한 지 7년이나 되는 아우 소철을 그리워하며, 제
남濟南에 있는 아우가 함께 이 밝은 달 아래 모일 수 없게 되자, 마음에
파문이 일어남을 금할 수 없어 아래의 명작을 지었다.

밝은 달은 언제부터 있었는가?
술잔 들고 푸른 하늘에게 물어본다.
모르겠다, 천상의 궁궐에는
오늘 밤이 어느 해인지를.
나는 바람 타고 돌아가고 싶지만
오직 두려운 것은, 옥玉으로 만든 월궁月宮에서는
높은 곳이라 추위에 못 견딜까 봐.
일어나 춤추며 맑은 그림자 희롱하니
어찌 인간 세상에 있는 것 같으리?

달빛은 붉은 누각을 돌아
비단 창문에 낮게 드리우며
잠 못 이루는 나를 비춘다.
달에게 그 무슨 이별의 한 있으랴만
어이하여 늘 이별한 때에만 둥근가?
사람에겐 슬픔, 기쁨, 이별, 만남이 있고
달에겐 흐리고 맑고 차고 이지러짐 있는 것
이는 옛날부터 온전하기 어려워라.
다만 바라는 것은 사람 오래 살아
천 리 먼 곳에나마 함께 이 달을 감상할 수 있기를.

明月幾時有? 把酒問靑天.

不知天上宮闕, 今夕是何年?

我欲乘風歸去, 唯恐瓊樓玉宇, 高處不勝寒.

起舞弄淸影, 何似在人間?

轉朱閣, 低綺戶, 照無眠.

不應有恨, 何事長向別時圓?

人有悲歡離合, 月有陰晴圓缺, 此事古難全.

但願人長久, 千里共嬋娟.[33]

　이 사에서는 하늘과 달에게 물음으로써 인생의 철리를 탐색하고 형제간의 정을 토로했다. 전반의 "밝은 달은 언제부터 있었는가?"(明月幾時有), "오늘 밤이 어느 해인지를"(今夕是何年) 두 구는 우문愚問이자 탐색으로, 이는 현실 생활에 대한 깊은 고민과 울적한 심리를 표현한 것이다. 이어서 현실에 만족하지 못해 천상의 순결함을 추구하나 끝내 인간세계를 떠나지 못함을 묘사하여, 인생에 대한 미련을 표현했다. 후반의 "어이하여 늘 이별할 때에만 둥근가?"(何事長向別時圓) 구도 우문이자 탐색이다.

　원래 인생의 만남과 헤어짐은 마치 밝은 달의 차고 기울어짐과 같아 결코 변할 수 없고 영원히 채울 수 없는 부족한 느낌이 있다. 그러

---

33)「수조가두·병진년 중추절에 즐겁게 술을 마셔 아침에 이르렀다. 크게 취해 이 사를 짓고 겸하여 아우 자유를 그리워한다」(水調歌頭·丙辰中秋, 歡飲達旦, 大醉作此篇, 兼懷子由)

나 시인은 여기서 의기소침하지 않고 낙관적이고 광달曠達적인 축원으로 끝을 맺었다. 사람이 오래 살아야만 천 리 먼 곳에서도 함께 밝은 달을 감상할 수 있는 것이다. 이는 위안의 어조가 아닌가!

전반적으로 아득하고 서글픈 분위기가 휩싸고 있으나, 사詞의 경지가 광대하고 명랑하다. 이 점은 완약파 작가의 가을 주제 사 작품에는 없는 것이다. 호자胡仔는 "중추절에 관계된 사(中秋詞)의 경우 동파의 「수조가두」水調歌頭가 나옴으로써 나머지 사는 모두 없어졌다"[34]라고 했는데, 이 작품이 사詞의 새 국면을 열었다는 점에서 보면 이 말은 결코 지나친 것이 아니다.

밀주 시기 소식의 사는 호방사풍에서 초보적인 성숙을 나타냄과 동시에 사의 발전에 새로운 길을 열었다.

42세(신종 희녕 10년, 1077년)부터 44세(원풍元豐 2년, 1079년)까지 소식은 서주지주徐州知州로 재직했다. 소식이 부임한 지 3개월도 되지 않았을 때, 단주澶州(지금의 허난 칭펑 서쪽) 조촌曹村의 황하 제방이 무너져 45개 주현州縣 30만 경頃에 달하는 전답이 물에 잠겼다. 서주성 아래에도 물이 2장丈 8척丈 높이까지 도달했다. 소식은 훗날 당시의 위급했던 상황을 시로 묘사했다.

> 황하 물 서쪽에서 흘러옴을 애당초 느끼지 못하고
> 청하淸河가 분주히 달려오다 보니 흐렸으리라고만 생각했네.
> 밤에는 강가에서 웅웅 우는 듯한 홍수 물소리 들리더니
> 새벽에 보니 흰 물결에 붕새와 곤새가 떠 있더라.

---

34) 『초계어은총화·후집』苕溪漁隱叢話·後集 권39.

......

앉아서 보니 물이 저자에 들어와 마을을 삼키자

관리와 백성들은 다 달아나고 태수인 나만 남아 있다.

黃河西來初不覺, 但訝淸泗奔流渾.

夜聞沙岸鳴甕盎, 曉看雪浪浮鵬鯤.

......

坐觀入市捲闤井, 吏民走盡餘王尊.[35]

큰물이 도도히 몰려와 저자에까지 침입했다. 옛날 한대漢代의 동군
태수東郡太守 왕준王尊은 자기 몸으로 제방을 삼을 정도로 황하의 수재
를 힘껏 막아 결국 제방이 안전하게 되었다. 소식은 일개 주州의 지주
가 되어 그와 같이 하겠다고 다짐했다. 소식은 위험을 막고자 군민軍民
을 조직해 제방을 막고는, 집에도 들어가지 않고 성 위에다 여막을 짓
고 잠을 자며, "내가 여기에 있으면, 물이 결코 성을 무너뜨리지 못하
리라"라고 하여 목숨을 성의 안위와 같이하리라고 생각했다.

두 달 이상이나 분투한 결과 서주 성안 백성의 생명과 재산을 보존
할 수 있었다.(「동파선생 묘지명」) 수재가 물러간 후 그는 또 손수 성벽 수
리 공사에 참여할 준비를 하며 "내년에는 노고가 응당 더욱 심할 터이
니/죄수 노동자보다 앞장서서 삽질을 하리라"(明年勞苦應更甚, 我當畚鍤
先黥髡)[36] 하여, 다시 황하 물의 범람에 대비했다. 또한 농민들이 더 이

---

35) 「여랑에 사는 중둔전의 시에 화답하여」(答呂梁仲屯田), 『소식시집』, 774쪽.
36) 畚鍤(분삽): 삼태기와 삽. 黥髡(경곤): 얼굴에 글자를 새기거나 삭발을 시키는 것, 옛

상 홍수를 우려하지 않고 가을 수확을 교외의 산과 같이 쌓아 올린 것을 보고 싶다고 말한다. "농부는 팔을 휘두르며 걱정 없이 자유롭게 거닐고/들판에는 가을 곡식 구름이 모인 것처럼 많으리라."(農夫掉臂免狼顧,[37] 秋穀布野如雲屯.「여랑에 사는 중둔전의 시에 화답하여」)

소식은 이번 치수治水의 경과를 기술한 시를 적지 않게 지었는데, 「하복」河復, 「중양절에 황루에서 짓다」(九日黃樓作) 등에서는 수재를 이겨 낸 후의 기쁜 심정을 집중적으로 묘사했다.

작년 중양절 홍수는 기가 막혀 말할 수도 없었다.
밤중에 서주 남성南城에는 천 군데나 물꼬가 터져
홍수로 성 아래가 뚫려 벼락같은 소리를 내고
진흙이 성 꼭대기까지 가득 차서 흩뿌리는 비에 미끄러웠지.

명절인데도 국화주 가져다주는 사람 없이
해 저물어 돌아와 진흙 묻은 가죽신을 씻었지.
어찌 알았으리오? 올해 다시금 중양절을 만나
국화꽃 마주하고 술잔 들고 마실줄을.

술맛이 좋지 못하고 예쁜 기생 아니라도 싫다 말게.
아무래도 진흙 속에서 삽질하던 작년보다 낫다네.

날의 두 가지 형벌. 여기서는 노역을 하는 노예를 지칭한다.
37) 掉臂(도비): 길 가는 데 자유로운 모양. 狼顧(낭고): 이리가 돌아본다. 이리는 의심이 많아, 걸어갈 때 항상 뒤를 돌아보면서 습격에 방비하는 성향이 있다. 免狼顧(면낭고): 사람이 뒤를 돌아보는 근심이 없음을 말한다.

황루가 새로 낙성되어 벽이 마르지 않았지만

청하의 수위 낮아지고 서리 하얗게 내린 시절이라.

去年重陽不可說, 南城夜半千漚發.

水穿城下作雷鳴, 泥滿城頭飛雨滑.

黃花白酒無人問, 日暮歸來洗靴襪.

豈知還復有今年, 把盞對花容一呷.

莫嫌酒薄紅粉陋, 終勝泥中千柄鍤.

黃樓新成壁未乾, 淸河已落霜初殺.[38]

　　물난리가 지나가고 황루黃樓를 새로 낙성하자, 중양절重陽節이 되
었다. 비록 간소한 주연이지만 지난해의 오늘 겪은 홍수 난리에 비하
면, 그 어찌 즐겁지 않으랴! 시의 가락도 흥겹다. 후에 소식이 서주를
떠날 때 백성들은 헤어지기 섭섭해하며 모여들어, "술잔을 씻고 말 앞
에 절하며 말했지./'태수께서 오래 사시길 기원합니다./전년에 우리
고을 태수님 안 계셨더라면/저희 아이들은 모두 물고기가 되었을 것
입니다'"(洗盞拜馬前, 請壽使君公. 前年無使君, 魚鼈化兒童)라고 말했다.(「서주지
주를 마치고 남경으로 갈 때, 말 위에서 붓을 달려 자유에게 부치다 5수, 제2수」罷徐州,
往南京, 馬上走筆寄子由五首, 其二) 감격한 백성들의 심정과 작자의 흥겨운
정취가 시어 밖에 약동하고 있다.

　　이 밖에도 그는 서주 부근에 사람을 파견해 석탄 산지를 조사하고
개발하도록 하여 백성들이 추위에 시달리는 것을 해결해 주었다. 그는

---

38) 「중양절에 황루에서 짓다」(九日黃樓作), 『소식시집』, 868쪽.

시 「석탄」石炭을 지어 그 일을 기록했다.

> 그대는 보지 못했던가?
> 전년에 진눈깨비 내려 행인의 왕래 끊어졌음을.
> 성안의 주민 매서운 바람에 정강이뼈 찢어질 정도로 추웠지.
> 이불로 젖은 땔나무 반 묶음을 바꾸려고
> 해 저물자 남의 집 문을 두드려도 아무 데서도 바꿀 수 없었지.
>
> 어찌 알았으리오? 산중에 내버린 보배가 있음을.
> 검은 돌 같은 것이 수두룩하니 바로 만 대 수레에 실을 석탄이라.
> 기름이 줄줄 흐르고 액이 나오는 것을 아는 사람 하나 없구나.
> 비린 가스냄새 휙 바람 부니 제멋대로 불려 흩어진다.
>
> 땅 표면에 돌출한 것 발견되었는데 그 양이 무한정하여
> 만 사람이 덩실덩실 춤추고 천 사람이 보고 있다.
> 석탄에다 진흙 넣고 물 뿌리면 더욱 반질반질 빛나는데
> 그것은 옥玉과 금을 녹일 정도로 화력이 강하더라.
>
> 남산의 밤나무 숲이 땔나무 벌목으로 고갈되려 하고
> 북산의 딱딱한 쇳돌은 제련하는 데 얼마나 수고로운가?
> 이 석탄을 이용해 그대 위해 백 번 단련한 칼을 주조하면
> 반드시 큰고래 잘라 만 조각 낼 수 있으리라.
>
> 君不見

前年雨雪行人斷, 城中居民風裂骭.

濕薪半束抱衾裯, 日暮敲門無處換.

豈料山中有遺寶, 磊落如磐萬車炭.

流膏迸液無人知, 陣陣腥風自吹散.

根苗一發浩無際, 萬人鼓舞千人看.

投泥潑水愈光明, 爍玉流金見精悍.

南山栗林漸可息, 北山頑鑛何勞鍛.

爲君鑄作百鍊刀, 要斬長鯨爲萬段.[39]

이 시에서는 백성의 생활적 측면에서 석탄을 찬미했다. 소식은 재작년 진눈깨비가 내릴 때 성안에 사는 주민들이 겪은 매서운 추위와, 석탄을 개발할 때 "만 사람이 덩실덩실 춤추고 천 사람이 보"는 기쁨을 대비했다. 지난날에는 이불로 반 다발의 젖은 땔나무를 바꾸려 해도 바꿀 곳이 없었다. 이제는 첫째, 석탄의 매장량이 풍부하고, 둘째, 제련한 석탄의 질이 좋아 옥과 금을 녹일 정도여서 백성의 추위 문제는 완전히 해결되었다. 끝 2구에서는 석탄으로 쇠를 녹여서 병기를 제작할 수 있다고 했는데, 그 묘사한 기세가 웅장하고 생동적이다.

소식은 서주에서 또한 얼마간의 제화시題畫詩와 기유시記遊詩를 지었다. 제화시 가운데 「서한간목마도」書韓幹牧馬圖에서는 예술은 '자연'스러워야 한다고 주장했고, 「한간의 말 14필」(韓幹馬十四匹)에서는 "한간이 그린 말은 진짜 말이다"(韓生畫馬眞是馬)라고 찬양했다.

그리고 「지난번 장안의 진한경 집에서 오도자의 불화를 보고……」

---

39) 「석탄」石炭, 『소식시집』, 902쪽.

(仆嘗於長安陳漢卿家見吳道子畫佛……)에서 다음과 같이 표현했다.

오도자의 불화佛畫는 본래 신품神品이라

꿈속에서 허공을 나는 신선이 되었는데

깨고 나서 붓만 대면 뜻을 거치지 않고도

신묘한 그림 가을 털로 만든 붓끝에 이른다.

吳生畫佛本神授, 夢中化作飛空仙.

覺來落筆不經意, 神妙獨到秋毫顚.

기실 '신수'神授(신이 내려준 것)란 것은 객관 사물이 마음에서 무르익은 것을 말한다. 그리하여 뜻을 거치지 않은 사이에 신적인 경지에 이른 묘사를 해내는 것이다. 이 시들은 모두 회화와 결합하여, 소식의 고귀한 예술적 견해를 표현한 것이다. 다른 일련의 제화시인, 「건주팔경도」虔州八境圖, 「속여인행」續麗人行, 「이사훈이 그린 '장강절도도'」(李思訓畫長江絶島圖) 등에서는 그림의 생동적인 형상 묘사에 치중하여 표현했다. 「이사훈이 그린 '장강절도도'」에서는, 이사훈李思訓이 〈장강절도도〉長江絶島圖에 그린 높고 낮은 두 고산孤山에 대해 소식이 다음과 같이 묘사했다.

높고 낮은 고산孤山은 쪽진 처녀처럼 안개 속에 솟아올라

새벽 강물 거울 삼아 새로 말끔히 단장했네.

배 탄 장사꾼아, 부질없이 허튼소리 마소.

소고小姑가 전년에 강가의 돌바위 팽랑에게 시집갔다고.

峨峨兩烟鬟, 曉鏡開新粧.

舟中賈客莫漫狂, 小姑前年嫁彭郎.[40]

크고 작은 두 '고산'孤山을 두 미녀로 의인화했다. 아득하고 몽롱한 산봉우리는 그녀들의 머리 쪽[41]이고, 맑고 잔잔한 강물은 이른 아침에 머리를 단장하는 거울이다. 뒤 2구는 민간에서 자주 사용하는 해음諧音 수법을 사용하여 '고'孤와 '고'姑, '팽랑기'澎浪磯[42]와 '팽랑'彭郎을 연계해서 이 지방 고유의 색채를 분명히 드러냈다. 이는 그림 가운데의 산색의 미를 부각한 것이다.

소식의 기유시記遊詩도 독특한 특색을 구비하고 있다. 한번은 그가 친구와 함께 서주 부근의 백보홍百步洪[43]으로 유람 갔다가, 그 아찔한 급류를 시로 읊었다.

긴 여울물 뚝 떨어져 용솟음쳐 물결 이는데

경쾌한 배 남쪽으로 달려감이 베틀 북 던지는 듯.

뱃사공이 절규하고 오리와 기러기 위로 나는데

좁은 물길에 널려 있는 돌 한 줄로 서로 부대낀다.

토끼가 뛰는 것 보고 매가 하늘에서 덮치듯

---

40)「이사훈이 그린 '장강절도도'」(李思訓畫長江絶島圖),『소식시집』, 872쪽. 원풍 원년 (1078년, 43세), 서주에서 지음.

41) 땋아서 뒤통수 아래에 틀어 올려 비녀를 꽂은 부인네의 머리털.─옮긴이 주

42) 기磯는 강변에서 강으로 뻗어 들어간 바위를 말한다.─옮긴이 주

43) '홍'洪은 강이 갑자기 좁아져 물살이 급한 곳을 말한다.─옮긴이 주

준마가 천길 벼랑에서 뛰어내리듯

거문고 줄 끊어져 기러기발 떠나듯 쏜살이 궁수의 손 벗어나듯

번개가 문틈을 지나고 구슬이 연잎에서 구르듯.

사방의 산이 빙빙 돌고 바람이 귀를 할퀸다.

흐르는 물거품에 수천의 소용돌이가 생기는 것만 보인다.

……

長洪斗落生跳波, 輕舟南下如投梭.

水師絶叫鳧雁起, 亂石一線爭磋磨.

有如兎走鷹隼落, 駿馬下注千丈坡.

斷絃離柱箭脱手, 飛電過隙珠飜荷.

四山眩轉風掠耳, 但見流沫生千渦.

……[44]

    앞의 4구에서는 문장의 기세가 분등奔騰한다. 물이 높은 곳에서 급류가 되어 내려오고, 작은 배는 베틀의 북이 달리듯 하며, 양 언덕의 어지러운 돌들이 울퉁불퉁하여 단지 한 선의 물길만 남긴다. 뱃사공은 큰 소리를 지르고, 놀란 오리와 기러기는 달아난다.

    이어서 단숨에 여섯 가지 형상을 빌려 빠르게 흘러가는 배와 세찬 물살을 돌출시키고 있다. 이러한 비유법을 '박유'博喩라고 부르는데, 사물의 상태나 특성을 다양한 형상으로 형용하여 기세가 웅장한 예술

---

44) 「백보홍 2수, 제1수」(百步洪二首, 其一), 『소식시집』, 891쪽. 원풍 원년(1078년, 43세)에 서주에서 지음.

적 효과를 거둘 수 있다. 이러한 수법은 이전에는 주로 산문에서 사용했고, 시에서는 드물게 보던 것이다.

소식은 독창성이 풍부한 작가로, 서주 시기의 사에서 창신적創新的인 개척의 면모를 보였다. 사는 애당초 민간에서 생긴 것으로 제재의 범위가 넓다. 현존하는 돈황敦煌 곡자사曲子詞에는 농촌 생활을 묘사한 것도 적지 않다. 그러나 이 같은 제재는 문인사文人詞에 이르러 거의 중단되었다. 소식은 이를 회복, 발전시켜 문인사에서 농촌의 제재를 읊은 최초의 사詞 작가가 되었다.

43세 되던 해(신종 원풍 원년, 1078년)에 서주에서는 봄 가뭄이 엄청 났는데, 소식은 태수로서 상례에 따라 석담石潭에 가서 기우제를 지냈다. 그리고 얼마 후 드디어 비가 내리자 그는 또 예에 따라 가서, 비에 감사드리는 제사를 올렸다. 돌아오는 도중에 비가 와 즐거워하는 농촌 사람들의 모습을 목도하고, 「완계사」浣溪沙 5수를 창작했다. 그중에 제 3, 4수를 보기로 하자.

삼 잎은 겹겹이 우거지고 모시풀 잎은 윤기 넘쳐 반짝반짝
어느 집에서 고치를 삶는지 온 마을에 향기가 가득한데
고치 켜는 아가씨의 얘기 소리는 울타리 너머서 간드러진다.

지팡이 짚은 백발노인 취한 눈을 치켜뜨고
날보리 미숫가루로 주린 배를 채우며
콩잎이 언제 노랗게 되는지 묻는다.

麻葉層層檾葉光, 誰家煮繭一村香,

隔籬嬌語絡絲娘.

垂白杖藜擡醉眼, 捋靑搗麨軟饑腸.

問言豆葉幾時黃.

대추 꽃 펄펄 옷과 두건 위에 흩날리고

마을 남쪽이건 북쪽이건 누에고치 켜는 물레소리

도롱이 걸친 오이 파는 장사꾼은 버드나무 밑에 앉았다.

술 취하고 길은 먼데 졸음이 몰려들어

한낮의 목마름에 차 마시고픈 생각 간절하여

여염집 문 두드려 차 한 그릇 청해 본다.

簌簌衣巾落棗花, 村南村北響繰車,

牛衣古柳賣黃瓜.⁴⁵⁾

酒困路長惟欲睡, 日高人渴謾思茶,

敲門試問野人家.⁴⁶⁾

---

45) 牛衣(우의): 소의 등에 걸치는 베 조각이나 풀 거적. 여기에서는 대강 남루한 옷을 입
고 있음을 뜻한다. 그러나 송宋 습이정襲頤正의 『개은필기』芥隱筆記 「동파진적」東坡
眞迹 조條와 증계리曾季狸의 『정재시화』綎齋詩話에서는 모두 일찍이 소식묵적蘇軾墨
迹에서는 '반의'牛依라고 쓴 것이 보이며, 의미가 더 낫다고 하였다.
46) 「완계사」浣溪沙

초여름 비가 온 후 보리 수확 철의 농촌 풍광을 묘사했는데, 생동감 넘치는 풍속화 같다. 그 가운데 시인의 정취가 스며들어 있어 마치 소식 자신이 말한 "태수는 원래 이 안의 사람이다"(使君元是此中人)와 같지만, 묘사가 순박하고 절절하여 그 흥취가 무궁하다.

소식 이전의 문인사文人詞 가운데도 농촌을 제재로 한 작품이 있긴 하였다. 그러나 그들이 묘사한 어부나 빨래하는 여인, 연밥 따는 아낙네 등은 실제로는 은사隱士의 화신化身이거나 문인적 정취가 투영된 민간인들이다. 이처럼 농촌을 제재로 한 소식의 사에서는 흙냄새가 물씬 나는 시골의 풍치가 드러난다. 이는 그가 창시한 호방사파의 중요한 성과이다.

소식은 걸출한 문학적 성과로 지식계층 사이에서 점차 높은 명망을 지니게 되었다. 그리하여 적지 않은 문인과 학사學士들이 그에게 가르침을 구했다. 멀리 북경北京 대명부大名府(지금의 허베이 다밍의 동북)의 황정견은 편지와 「고풍」古風 2수를 보내와 가르침을 구하면서, 소식의 문하생이 되겠다는 의사를 표시했다. 소식은 겸허하게 상대방을 칭송했다.

> 그대는 뜻이 초탈하고 세속을 초월하여 만물의 위에 우뚝 서 있으며, 바람을 몰고 기운을 타고서 조물주와 함께 노닐고 있소. 그러니 지금 세상의 군자가 그대를 쓰지 못할 것이오. 비록 나처럼 방랑하여 스스로를 버리고 세상사에 어두운 사람이라 해도, 친구가 되기 어려울 것이오. …… (그대가 보내온) 「고풍」古風 2수는 동류를 끌어 비유하여 진정으로 옛 시인의 풍도를 체득했다고 할 것이오. 그러나 나는 그러한 사람이 못 되오.

其超逸絶塵, 獨立萬物之表, 馭風騎氣, 以與造物者遊, 非獨今世之君
子所不能用, 雖如軾之放浪自棄, 與世闊疎者, 亦莫得而友也. ……
「古風」二首, 託物引類, 眞得古詩人之風, 而軾非其人也.[47]

그러고는 「고풍」에 차운한 시 2수를 지어 황정견에게 보냈다.

다른 저명한 작가인 진관秦觀도 과거에 응시하러 경사京師에 가다
가 특별히 서주로 가서 소식을 만났다. 그는 또 시를 써서, "나는 유독
만호후萬戶侯가 되기를 바라지 않고 / 오직 서주지주 소식을 한번 알기
를 바랄 뿐이다"(我獨不願萬戶侯, 惟願一識蘇徐州)라 하고는 소식의 제자가
되려고 하였다. 소식은 즉시 시를 주어 진관의 "홀연 한 번 우니 사람
을 놀라게 하는"(忽然一鳴驚倒人) 재주를 칭찬하고 "야광夜光의 구슬(璧)
과 명월明月의 구슬(珠)은 내가 던져 준 것이 아니고 자연히 밝게 비친
다"(夜光明月非所投)라고 겸허한 태도를 표시했다. 이것은 후배를 이끄는
따뜻한 생각을 표현한 것이다.(「진관 수재가 나에게 지어 준 시에 차운하여, 진관
은 손신로·이공택과 매우 가까운 사이로 장차 서울에 가서 과거에 응시하려고 한다」次韻
秦觀秀才見贈, 秦與孫莘老李公擇甚熟將入京應擧)

황정견과 진관을 전후하여 조보지晁補之, 장뇌張耒, 진사도陳師道,
이치李廌도 소식의 문하생이 되었다. 황정견, 진관, 조보지, 장뇌를 '소
문사학사'蘇門四學士라 부르고, 이에 진사도와 이치를 더하여 '소문육군
자'蘇門六君子라 불렀다.

소식은 매우 진지하게 후진을 발탁하고 육성했다. 그는 「이소기에

---

47) 「황노직에게 답하다 5수, 제1수」(答黃魯直五首, 其一). 공범례孔凡禮 점교點校, 『소식
문집』, 1531쪽.

게 답하는 편지」(答李昭玘書)에서, "저는 몽매하여 매양 생각할 때마다 처세가 곤궁하고 만나는 곳마다 장벽에 부닥쳐 하나도 이룬 것이 없습니다. 그러나 유독 문인과 선비에게서만은 하고자 하는 것을 얻었습니다. 황정견(자 노직魯直), 조보지(자 무구無咎), 진관(자 태허太虛), 장뇌(자 문잠文潛) 등은 모두 세상에서 아직 알아주지 않았는데 제가 홀로 먼저 그들을 알아주었습니다"라고 하였다. 그는 일생 동안 도처에서 장벽에 부딪쳐 생각대로 된 것이 별로 없었는데, 다만 후진을 알아보고 발탁한 것만은 평생의 쾌거였다고 말하고 있다.

소식은 문하생들에게 다음과 같이 말한 적이 있다.

"문장의 임무는 또한 이름난 선비들과 주맹主盟을 맺는 데 있다. 그리하면 그 도道가 없어지지 않는다. 지금은 태평시대라 문사가 배출되어 한 시대의 문장이 종주宗主하는 바가 있다. 예전에 구양문충공歐陽文忠公(구양수)께서 항상 이 임무를 나에게 부탁하였다. 그러므로 감히 힘쓰지 않을 수 없다. 다음 세대 문장에서 맹주盟主의 책임은 그대들에게 달려 있으니, 이것은 구양공께서 나에게 임무를 주신 것과 같다."[48]

원래 소식이 후진을 식별하여 발탁한 것은 제3세대 문단의 맹주를 양성하여 일대一代 문학의 순조로운 발전을 도모하려는 것이었다. 이것이 또한 그가 후진을 발탁하는 것을 유쾌한 일로 여긴 까닭이다.

더욱 가치 있는 것은 소식이 자신의 문학적 기호를 억지로 문하생들에게 강요하지 않고, 그들 각자의 예술 풍격을 존중한 것이다.

소식과 황정견은 '소황'蘇黃이라 병칭되나 그 시풍은 같지 않다. 조익趙翼이 평했다.

---

48) 이치, 『사우담기』師友談記.

동파는 사물에 따라 형태를 이루고, 붓을 따라 휘둘러 하나의 격
식에 구애되지 않았다. 그러므로 비록 파란과 번복이 무궁하지만
의도적으로 뽐내는 곳이 없다. 산곡山谷(황정견)은 오로지 엄격하
고 가파르며 속됨을 피하여 일상적인 언어를 사용하려 하지 않아
조용히 유영游泳하는 멋이 없다.

東坡隨物賦形, 信筆揮灑, 不拘一格, 故雖瀾翻不窮, 而不見有矜心
作意之處. 山谷則專以拗峭避俗, 不肯作一尋常語, 而無從容游泳之
趣.[49]

    소식은 황정견의 시를 높인 적도 있고 깎아내린 적도 있다. 어떤
때 '산곡체'山谷體를 본뜬 시를 짓자, 황정견은 이를 감당할 수 없어 다
음 시를 썼다.

나의 시는 조曹나 회鄶와 같은 작은 제후국이라
누추하여 한 나라를 이루지 못하는데
공公(소식)의 시는 대국 초楚나라 같아
오호五湖와 삼강三江을 다 삼킨다.

我詩如曹鄶, 淺陋不成邦.
公如大國楚, 呑五湖三江.[50]

---

49) 조익,『구북시화』甌北詩話 권11.
50)「자첨의 시구는 한 시대에 묘하여, ('송양맹용'送揚孟容 시는) 황정견의 시체를 본떠

만년에 이르기까지 황정견은 "동파의 초상화를 방 안에 걸어 놓고" 깊이 공경했다. 어떤 이가 '소황'蘇黃의 "명성이 오르락내리락한다"라고 하자, 황정견은 놀라며 말했다. "저는 동파를 우러러보는 문하의 제자에 불과합니다. 어찌 감히 그 차례를 잃겠습니까!"[51] 이 두 인물의 예술적 취미는 서로 다르나, 이토록 서로 존중했다.

진관은 완약파의 대표적 사인詞人으로, 그에 대한 소식의 평가는 아주 높다. 소식은 진관의 「만정방」滿庭芳을 칭찬하고 또한 그 첫 구인 "산은 옅은 구름을 바르고"(山抹微雲)를 취해, 장난삼아 진관을 '산말미운군'山抹微雲君[52]이라고 불렀던 적도 있다. 진관이 죽은 후, 소식은 특별히 진관의 「답사행」踏莎行에 나오는 "침강은 본래 침산을 끼고 돌았거늘/누구 때문에 소상강으로 흘러가는가?"(郴江幸自繞郴山, 爲誰流下瀟湘去)라는 두 구를 부채 위에 써 놓고는, "소유少游(진관秦觀의 호)는 이미 갔다. 비록 만인이라도 어찌 속바칠 수 있겠는가?"[53]라고 탄식했다.

조보지와 장뇌가 소식과 진관의 작품을 비교할 때, 면전에서 소식에게 "소유少游의 시는 소사小詞와 같고, 선생의 소사는 시와 같다"라고 하여, 소식의 사를 호평하지 않았다. 그러나 소식은 이 말을 듣고서도 어긋난다고 여기지 않았다.[54] 전해 오는 말에, 진사도는 소식의 사가 "비록 천하의 공교로움을 다했건만 요컨대 사詞의 본색本色은 아니

지었다고 한다. ……」(子瞻詩句妙一世, 乃云效庭堅體……)

51) 『문견후록』聞見後錄 권21.
52) 『초계어은총화, 후집』 권33. 『예원자황』藝苑雌黃을 인용.
53) 『초계어은총화, 전집』苕溪漁隱叢話, 前集 권50. 『냉재야화』冷齋夜話를 인용.
54) 같은 책, 권42. 『왕직방시화』王直方詩話를 인용.

다"라고 말하고, 진관과 황정견을 "이 시대 사詞의 명수"(今代詞手)[55]라고 높이 평가하여, 감히 제자가 스승을 능가한다고 말했다. 이러한 사실은 모두 소식이 예술 풍격의 다양화를 견지하여, '소문'蘇門을 획일화된 유파로 만들지 않고 후배들이 예술 재능을 자유로이 발휘하도록 하였다는 것을 반증해 준다. 이러한 풍도는 진정 고귀한 것이다.

이상에서 본 황정견 등만이 아니고 그런 정도로 가깝지 않은 후배들도 소식은 마찬가지 열정으로 대했다. 서주감주정자徐州監酒正字 오언률吳彦律은 과거 응시차 경사로 가는 길에 소식에게 와서 학문의 도道에 대해 가르침을 구했다. 소식은 그를 위해 「해의 비유」(日喩)를 썼다.

태어나면서부터 장님인 사람은 (하늘의) '해'(日)를 알지 못했다. 그리하여 눈이 보이는 사람에게 물으니, 어떤 사람이 장님에게 일러, "해의 모양은 구리 쟁반과 같아요"라고 하자, 장님은 쟁반을 두드려 그 소리를 들었다. 훗날 종소리를 듣고서 '해'라고 여겼다. 또 다른 어떤 사람이 장님에게, "해의 빛은 촛불과 같아요"라고 말해 주자, 장님은 초를 더듬어서 그 형태를 파악했다. 그리고 후일에 피리를 손으로 만져 보고 그것을 '해'라고 여겼다.

해는 종이나 피리와는 현격히 다른 것이지만, 장님이 그 차이를 알지 못한 것은, 일찍이 본 적도 없으면서 다른 사람에게서 물어 알려고 했기 때문이다. 도를 알기 어려운 것은 이 '해'를 아는 것보다 심하다. 사람이 도를 알지 못하는 것은 장님과 별로 다를 바가 없다. 통달한 사람이 알려주는 데 있어, 비록 교묘한 비유로 잘

---

55) 『후산시화』後山詩話

인도해 가르쳐 준다고 할지라도, 또한 구리 쟁반과 촛불의 예처럼 애매하게 가르쳐 줌에 지나지 않는다. 구리 쟁반에서부터 종에 이르기까지, 촛불에서부터 피리에 이르기까지, 그것을 다른 비유로 바꾸어 형용해 볼 것 같으면, 어찌 다함이 있겠는가?

그러므로 세상에서 도道를 논하는 자가 혹은 그가 본 바로서 그것을 도라 얘기하고, 혹은 보지도 않고서 도라고 억측하는데, 이것은 모두 도를 구하는 것이 잘못된 것이다.[56] 그렇다면 도는 끝내 구할 수 없는 것인가?

소자蘇子(나, 소동파)는 말한다. 도는 스스로 이르게 할 수는 있어도 억지로 구할 수는 없다. 무엇을 스스로 이른다(致)고 하겠는가? 손무孫武는 "전쟁을 잘하는 자는 적을 자기 쪽으로 끌어들이지 적에 의해 끌려가지 않는다"라고 하였다. 자하子夏는 "기술자들은 자신의 공장에 거하며 일을 잘 완성하고, 군자는 부단히 학문을 함으로써 (자연히) '도'에 이른다"라고 하였다. 억지로 구하지 않아도 저절로 이르는 것, 이것을 '이른다'(致)고 하는 것이다.

남쪽 지방에는 잠수부가 많다. 그들은 날마다 물과 함께 지내며, 일곱 살이 되면 얕은 물을 걸어서 건널 수가 있고, 열 살이 되면 물 속에서 뜰 수 있으며, 열다섯 살이 되면 잠수할 수 있다. 잠수하는 것이 어찌 그렇게 쉽게 되겠는가? 반드시 물의 도를 깨우쳐 얻었기 때문이다. 날마다 물과 더불어 살다가 보면 열다섯이 되면

---

56) 이 구의 의미는 다음과 같다: 일반적으로 '도道'를 논하는 사람은 혹은 단지 그가 본 일부분으로 그것을 칭해 '도'라 하고, 혹은 근본적으로 '도'를 보지 못하고 단지 주관적 억측에 의거한다. 이것은 모두 억지로 '도'를 추구하기에 생기는 폐단이다.

물의 이치를 깨우치게 될 것이다. 그런데 태어나면서 물을 알지
못할 경우에는, 비록 장년이 되더라도 배만 보면 두려워할 것이
다. 그러므로 북방에 사는 용감한 사람이 잠수부에게 잠수하는 방
법을 물어 그 말대로 강물에서 시험해 보았지만, 물에 빠지지 않
는 자가 없었다. 그러므로 무릇 배우지 않고서 도를 구하고자 힘
쓰는 사람은 모두 북방의 용자勇者가 잠수하는 법을 배우는 것과
같은 경우이다.

예전에는 성률聲律(시부詩賦)로써 관리를 선발했기 때문에, 선비들
은 잡학雜學을 하여 도에는 뜻을 두지 않았다. 오늘날에는 경술經
術로써 관리를 선발하게 되자, 선비들이 도를 구해야 함을 알면서
도 배우기를 힘쓰지 않는다.

발해渤海 지방의 오언률은 학문에 뜻을 둔 사람인데, 바야흐로 예
부禮部에서 시행하는 과거 시험에 응시하려고 하니, 이에 이「해
의 비유」(日喩)를 지어 알려 준다.

生而眇者不識日, 問之有目者. 或告之曰, "日之狀如銅槃." 扣槃而得
其聲. 他日聞鐘, 以爲日也. 或告之曰, "日之光如燭." 捫燭而得其形.
他日揣籥, 以爲日也.

日之與鐘籥亦遠矣, 而眇者不知其異, 以其未嘗見而求之人也. 道之難
見也甚於日, 而人之未達也, 無以異於眇. 達者告之, 雖有巧譬善導,
亦無以過於槃與燭也. 自槃而之鐘, 自燭而之籥, 轉而相之,[57] 豈有

---

57) 轉而相之(전이상지): 하나의 비유에 연이어 또 하나의 비유를 하여 돌려가며 비유함.
相(상): 형용하다.

旣⁵⁸⁾乎! 故世之言道者, 或卽其所見而名之, 或莫之見而意之, 皆求道
之過也. 然則道卒不可求歟? 蘇子曰, "道可致而不可求." 何謂致? 孫
武曰, "善戰者致人, 不致於人." 子夏曰, "百工居肆以成其事, 君子-學
以致其道." 莫之求而自至, 斯以爲致也歟?

南方多沒人, 日與水居也, 七歲而能涉,⁵⁹⁾ 十歲而能浮, 十五而能浮沒
矣. 夫沒者, 豈苟然哉, 必將有得於水之道者. 日與水居, 則十五而得
其道. 生不識水, 則雖壯, 見舟而畏之. 故北方之勇者, 問於沒人, 而求
其所以沒, 以其言試之河, 未有不溺者也. 故凡不學而務求道, 皆北方
之學沒者也.

昔者以聲律取士,⁶⁰⁾ 士雜學而不志於道. 今也以經術取士, 士知求道而
不務學. 渤海⁶¹⁾吳君彦律, 有志於學者也, 方求擧於禮部, 作「日喩」以
告之.⁶²⁾

이 문장은 두 개의 비유를 통해 '도'를 구하는 방법을 천명한다. 첫
번째 비유는 장님이 '해'를 파악하는 것이다. 여기서 소식은 사람들이
도를 구하는 데서 반드시 실제 자신의 접촉을 통해야지, 단지 다른 사
람의 말만 듣고 어느 한 부분만 구하여 그 나머지는 미치지 못하는 단
편적인 특성을 구해서는 안 된다고 주장했다. 이것이 곧 "'도道는 스스

---

58) 旣(기): 完(마치다)의 뜻.
59) 涉(섭): 걸어서 강을 건너가다.
60) 以聲律取士(이성률취사): 시부詩賦를 시험하여 선비를 등용하는 것.
61) 渤海(발해): 당대唐代의 군郡 이름. 지금의 산동 양신陽信. 우리 역사 속의 발해와는
   다르다.─옮긴이 주석 보충.
62) 「해의 비유」(日喩), 『소식문집』, 1980쪽.

로 이르게 할 수는 있어도 억지로 구할 수는 없다"(道可致而不可求)라고 하는 것으로, 도는 자신의 체험에서 자연히 획득되는 것이지 억지로 구해서는 안 된다는 것이다. 두 번째 비유는 북방의 사람이 잠수를 배우는 경우이다. 여기서 소식은 실천의 중요성을 생동적으로 설명했다. 만일 얼마간의 도리만 알고 경솔히 일을 한다면 반드시 장애물을 만날 것이다. 사람들이 도를 구함에는 반드시 어려운 고통을 수반하는 학습과 반복적인 실천을 통해야 한다. 이것을 "배움으로써 도에 이른다"(學以致其道)라고 부른다.

소식이 말한 '도'는 자연과 사회의 발전 변화에 대한 인간의 총체적 인식이자 최고의 개괄이다. 그의 철학 사상이 기본적으로 유심주의적이기 때문에, 그가 제기한 바 "'도'는 억지로 구할 수는 없다"(道不可求)와 "억지로 구하지 않고도 저절로 이른다"(莫之求而自至)라는 명제는 어느 정도 신비적인 색채를 띠고 있다. "학문을 함으로써 도에 이른다"(學以致其道)의 논점은 또한 왕안석의 과거제도 개혁에 대한 적대감을 내포하고 있다. 그러나 이 단편적 글에는 또 소박한 유물주의와 변증법의 요소도 있어서 인식론과 방법론에서 우리에게 커다란 계시를 준다. 소식이 후배를 차근차근 인도하는 정신과 진지하게 가르치는 정신은 취할 만한 것이다.

44세 되던 해(신종 원풍 2년, 1079년)에 소식은 호주지주湖州知州로 있었다. 이해 7월 7일 소식은 호주에 재직한 지 3개월 가까이 되었을 때 자신이 소장한 서화書畫를 볕에 말리다가 내외종형인 문동文同이 그려 준 '운당곡의 누운 대나무를 그린 한 폭의 그림'인 〈운당곡언죽〉篔簹谷偃竹을 발견했다. 이때는 문동이 서거한 지 이미 반년이 지난 때인데, 소식은 그림을 보자 그가 생각나 두루말이 그림을 덮고 통곡하며, 「문여가가 그린 운당곡의 바람에 누운 대나무 그림에 대한 기록」(文與可畫賞篔谷偃竹記)을 썼다. 그리하여 이 가까운 친척이자 좋은 친구이기도 했던 문동에 대한 추념을 서술했다. 그 글의 제1단은 다음과 같다.

대나무(竹)가 막 움터 나올 때는 한 치에 불과한 싹이지만 그 속에 마디나 잎을 고루 갖추고 있다. 매미의 배나 뱀의 비늘같이 생긴 죽순竹筍에서부터[63] 칼을 뽑은 듯한 열 길의 큰 대나무에 이르기까지 모두 자연적으로 생장하면서 가지고 있는 것이다. 그러나 요즘 대나무를 그리는 화가들은 마디마디를 모두 다 그리고 잎들을 겹겹이 포개 놓은 듯 더하여 그리고 있으니, 어찌 참다운 대가 그려질 수 있겠는가?

그러므로 대나무를 그리려는 사람은 먼저 완성된 대나무를 가슴속에 얻고서, 붓을 들고 그리려는 실물을 응시하고서는 급히 일어나 손으로 붓을 휘둘러 곧장 이루어서 자기가 본 바를 묘사해야한다. 이는 빨리 달아나는 토끼를 매가 쏜살같이 내려와 덮치는 것 같아서 조금이라도 방심하면 사라져 버리기 때문이다.

여가與可(문동文同의 자字)가 내게 이렇게 가르쳐 주었으나, 나는 그렇게 할 수가 없었다. 그러나 마음속에는 그렇게 해야 하는 까닭을 이해할 수 있었다. 마음속으로 그렇게 해야 하는 까닭을 이해하면서도 그렇게 할 수 없는 것은, 안과 밖이 일치되고 마음과 손이 서로 응하도록 배우지 않은 소치이다. 그래서 대개 마음속에서 본 바가 있으나 운필運筆이 익숙하지 않은 사람은 평소에는 명

---

63) 죽순 껍질이 점차 매미의 날개나 뱀의 껍질같이 벗겨져 나가는 것이다.

확하던 것을 그 일을 당해서는 갑자기 잊어버리곤 하는데, 이러한 것이 어찌 대 그리는 것에만 그럴 뿐이겠는가?

竹之始生, 一寸之萌耳, 而節葉具焉. 自蜩腹蛇蚹以至于劍拔十尋者, 生而有之也. 今畫者乃節節而爲之, 葉葉而累之, 豈復有竹乎! 故畫竹必先得成竹於胸中, 執筆熟視, 乃見其所欲畫者, 急起從之, 振筆直遂, 以追其所見, 如免起鶻落, 少縱則逝矣. 與可之敎予如此. 予不能然也, 而心識其所以然. 夫旣心識其所以然而不能然者. 內外不一, 心手不相應,[64] 不學之過也. 故凡有見於中而操之不熟者, 平居自視了然, 而臨事忽焉喪之, 豈獨竹乎![65]

전해 오는 성어인 "가슴속에 대나무를 완성함"(成竹在胸: 가슴속에 대의 완전한 형상과 신운神韻을 구체화함)의 어원이 바로 이 글에 있다. 여기서 중국 회화 이론 가운데 '신사'神似와 '형사'形似에 관한 저명한 논점을 제기했다. 곧 예술가는 객관 사물을 지엽적으로 가지 하나로 잎 하나로 간단하게 모사해서는 안 되고, 마땅히 전체적으로 사물의 정신을 부각해야 한다는 것이다. 이 때문에 대를 그리는 데는 반드시 먼저 가슴속에 완전한 대나무의 신운과 형태를 성숙시켜야 그다음에 붓을 휘두를 수 있고, 또 형形과 신神이 겸비된 예술적 조예를 이룰 수 있는 것이다. 문동은 북송의 저명한 화가로 묵죽墨竹이 뛰어나며, 또한 호주지주

---

64) '내외불일'內外不一은 곧 '심수불상응'心手不相應이다. 곧 마음속으로는 이미 알았지만 손에는 아직 익숙하지 못한 것이다.

65) 「문여가가 그린 운당곡의 바람에 누운 대나무 그림에 대한 기록」(文與可畫篔簹谷偃竹記), 『소식문집』, 365쪽.

湖州知州를 지냈기 때문에, 그가 개창한 묵파墨派를 '문호주죽파'文湖州竹派라고 칭한다. 상술한 견해는 바로 이 화파畵派의 예술 경험을 총결한 것으로, 중국 회화사에 커다란 영향을 끼쳤다.

소식은 이 화파의 중요한 구성원이다. 비록 그 자신이 "마음으로는 그렇게 해야 하는 까닭을 알면서도 그렇게 할 수 없었다"(心識其所以然而不能然)라고 겸손해했지만, 실제로 소식의 죽석고목화竹石枯木畵는 매우 수준이 높다. 지금까지 전해 오는 그의 그림에는 〈죽석도〉竹石圖, 〈고목괴석도〉枯木怪石圖 등이 있다. 황정견은 「자첨의 고목에 제題하다」(題子瞻枯木)에서 다음과 같이 표현했다.

유가와 묵가를 절충하니 그 진영 당당하고
붓글씨는 안진경과 양응식의 경지에 들어 그들과 비견된다.
가슴속에는 원래 언덕과 골짜기의 많은 화경畵境이 있어
짐짓 풍상이 서려 있는 늙은 나무를 그려 내었다.

折衝儒墨陣堂堂, 書入顔楊鴻雁行.
胸中元自有丘壑, 故作老木蟠風霜.

소식은 학술적으로는 유가儒家와 묵가墨家 양가를 조정하여 스스로 당당한 진영을 세웠고, 서법에서는 안진경顔眞卿, 양응식楊凝式과 어깨를 나란히 하였다. 그의 가슴속에는 원래 많은 그림의 경지(畵境)가 있어 붓을 한번 휘두르면 그 자리에서 풍상風霜이 서린 고목을 그려 낼 수 있었다. 소식이 죽석竹石이나 고목枯木을 그리기 좋아한 까닭은 주로 그것으로써 자신의 고결하며 굴하지 않는 개성을 표현하고자 했기 때문이다. 그는 항주통판 재직 시절에 다음 시를 지었다.

> 식사에 고기가 없는 것은 괜찮지만
> 거처에 대나무가 없어서는 안 된다.
> 고기가 없으면 사람이 마르지만
> 대나무가 없으면 사람이 속되어진다.
> 사람이 마른 것은 그래도 살찌게 할 수 있지만
> 선비의 속된 것은 고칠 수 없다.

> 可使食無肉, 不可居無竹.
> 無肉令人瘦, 無竹令人俗.
> 人瘦尙可肥, 士俗不可醫.[66]

소식은 남을 따라 휩쓸리거나 절조 없고 저속한 기풍을 매우 혐오
했다. 그는 훗날 술 취한 후 곽상정郭祥正의 집 돌벽에다 죽석화竹石畫
한 폭을 그리고는, 시 한 수를 썼다.

> 빈속에 술을 마시니 날카로운 붓 기운이 싹트듯 생겨나서
> 간과 폐에서 솟아나는 내면의 힘으로 대나무와 돌을 그린다.
> 엄숙히 그 기운으로 그림을 그리고자 하니 돌이킬 수 없어

---

66) 「오잠 스님의 녹균헌」(於潛僧綠筠軒), 『소식시집』, 448쪽. '於'는 '어'로 읽어도 될 것
   같으나, 여기서는 우리나라 한학자들의 전통적 표기에 따라 '오'로 읽겠다.—옮긴이 주
   석 보충

정기를 토해 내듯 그대 집의 눈처럼 흰 벽에 그린다.

空腸得酒芒角出, 肝肺槎牙生竹石.
森然欲作不可回, 吐向君家雪色壁.[67]

　소식의 죽석竹石 그림은 토해 내지 않으면 유쾌해지지 않는 가슴속의 울분이며 날카로운 칼날이자 불평이고 그의 화신이었다.
　문학 창작은 작가의 생활 실천과 관계가 매우 밀접하다. 상술한 것을 종합해 보면, 항주·밀주·서주 등지에서 소식은 중앙 조정 내부의 끊임없는 당쟁의 소용돌이에서 떨어져 있었기 때문에, 정치적으로 괄목할 만한 성적을 남겼고, 문학적으로도 주목할 만한 풍작을 거두었다. 살펴보건대 조정에서 벗어남으로 해서 그는 경세제민의 포부를 실현할 수 있는 장소를 얻었을 뿐만 아니라, 또한 더욱 광범하게 생활과 접촉하고 그로 인해 자신의 예술적 창작력을 충분히 발휘할 기회도 주어졌다. 호주湖州에 재직한 지 3개월 만에 그는 번다한 공무에 쫓겨 피곤했다. 그리하여 그는 남의 조롱에 대해 다음과 같이 변명했다. "오흥 태수인 나는 늙고 병들어/책상 앞에 가득 처리할 안건 있어도 오래도록 졸고만 싶어라."(吳興太守老且病, 堆案滿前長渴睡.「왕공의 청허당」王鞏淸盧堂) 이처럼 그는 창작 활동에 자신의 정력을 다 쏟아부을 수가 없었다. 그러나 소식은 여전히 호주의 산수를 노래하고 싶어했다.

---

67)「곽상정의 집에서 술에 취해 석벽 위에 대나무를 그리니 곽상정이 시를 지어 사례하고, 또 오래된 동검 두 자루를 주다」(郭祥正家, 醉畫竹石壁上, 郭作詩爲謝, 且遺二古銅劍),『소식시집』, 1234쪽.

내 자신 돌아봐도 그리워할 가치 없는데

이곳 맑은 산수를 그리워한다.

새로 지은 시는 탄환과 같아

손을 벗어나자 잠시도 쉬지 않는다.

顧我無足戀, 戀此山水淸.

新詩如彈丸, 脫手不暫停.[68]

그러나 한바탕의 정치적 타격으로 그는 이러한 창작의 희망을 무너뜨려야 했다.

기실 소식은 중앙 조정의 투쟁 바깥에서 완전히 초연하게 있을 수는 없었다. 뚜렷한 것은 희녕 2년(1069년, 34세)부터 원풍 8년(1085년, 50세)까지 16년간 왕안석이 추진한 변법變法 진행 시기와, 또 희녕 9년 (1076년, 41세) 왕안석의 제2차 재상 파직 이후를 표지로 하여, 점차로 부호·권력층과 기득권 세력에 타격을 주는 신법의 추세는 사라졌다. 그리고 단지 관제 개혁과 군대와 보갑保甲의 강화에 치중했으며, 신법 파變法派와 수구파守舊派 간의 투쟁은 부분적으로 봉건 종파宗派의 알력과 보복으로 변질되었고, 그 성격이 이미 변모되었다. 또한 신법은 부패한 봉건 관료 기구에 의해 추진되었다. 이 때문에 왕안석 자신의 주관으로 본 '좋은 법과 훌륭한 정치'는 실천 과정에서 또한 부분적으로 '백성을 교란시키는' 도구로 변질되는 것을 피할 수 없었다.

---

68) 「왕공의 시에 차운하여 답하다」(次韻答王鞏). 이와타레 노리요시岩垂憲德 등, 『소동파 전시집』蘇東坡全詩集, 제3권(일본 도서, 소화昭和 53년), 185쪽.

지방에서 재직하던 기간에 소식은 신법에 유리한 측면이 없지 않다고 인식했다. 예를 들면 항주통판 시절에 "사방에서 청묘법靑苗法, 면역법免役法, 시역법市易法을 시행하고, 절서浙西에서는 수리水利와 염법鹽法을 겸해 시행할" 때, 소식은 "항상 법을 통해 백성에게 편리하게 하니, 백성들은 이에 힘입어 조금 편안해졌다"(「동파선생 묘지명」)라고 하였다. 밀주에서 면역법을 시행할 때는 지방 관리가 "면역법을 명목으로 삼고서 실제로는 과중하게 세금을 긁어 거두어들이는 상황"에 반대하였다. 그러나 또한 관잉전寬剩錢[69]을 이용하여 민전民田을 구매해서 역인役人을 모집했으므로, "백성이 이를 아주 편하게 여겼다"(「농지를 보수로 주어 노역자를 모집하는 방안을 토론한 상주문」論給田募役狀)라고 하였다.

　그러나 소식은 다른 방면에서 신법 시행 과정상의 폐해를 수없이 목격했는데, 이것이 그가 신법을 반대하는 주요 요인이 되었다. 예를 들어 밀주에서 쓴 「재해의 결과 및 수실법을 논하여 한강 승상께 올리는 편지」(上韓丞相[韓絳]論災傷手實書)에서는 "방전균세方田均稅의 폐단은 길 가는 사람이 모두 안다"라고 지적하고, 불균등한 세금은 그 내력이 오래되어 "지금 일체의 법을 시행함이 1년 안에 이루어지고, 갑에게서 빼앗아 을에게 주는 형국이니, 그 불균형은 예전보다 더욱 심하다"라고 평했다. 이는 정확한 비난이다. 본래 전국의 토지를 측량하여 세금을 균등히 부담하게 하는 것, 이것은 봉건 관료제도하에서는 진정코 실현될 수 없는 환상이다. 그리고 신법의 이러한 폐단은 결코 우연한

---

69) 왕안석의 면역법 규정에 따르면, 민호가 면역전을 납부하는 외에도, 따로 정액의 10분의 2인 '면역관잉전' 免役寬剩錢을 낸다. 그리하여 각 지방의 재해 적립 자금이나 세금 체납에 대비하여 남겨둔다.

개별 사건이라 볼 수 없다. 이것은 봉건 관료제도의 부패성과 상호 연계되는 것이다.

이에 대해 소식은 상서上書를 올려 비판을 말할 수밖에 없고, "시인의 뜻에 따라 일에 의탁해 풍자하여, 나라에 도움이 되기를 바랐다"(緣詩人之義, 托事以諷, 庶幾有補於國. 「동파선생 묘지명」)라고 하여, 신법을 풍자한 일련의 시문을 썼다. 이러한 시문들 때문에 소식은 하마터면 목숨을 잃을 뻔했다.

6장

인생의 전환점
—필화 사건 '오대시안'烏臺詩案

44세 되던 해(신종 원풍 2년, 1079년) 7월 28일, 어사대御史臺의 관리
황보준皇甫遵[1]은 명을 받고 변경汴京으로부터 호주湖州의 아문衙門으로
달려와 즉시 소식을 체포했다. 당시 그 광경을 목격한 사람은 "경각지
간에 태수인 소식을 개나 닭을 몰 듯 하였다"[2]라고 하였다. 참으로 뜻
밖의 재난이었다.

이것은 어떻게 된 사건인가? 원래 6월 이래로 권감찰어사이행權監
察御史里行('권'權은 대리, '이행'里行은 견습을 뜻함)인 하정신何正臣, 서단舒亶
과 국자박사國子博士(교육 관리 기관과 최고학부의 관리)인 이의李宜, 권어사
중승權御史中丞(어사대 대리장관) 이정李定 등이 전후 4차에 걸쳐 소식을 탄

---

1) 일명 황보선皇甫僎.
2) 공평중孔平仲,『공씨담원』孔氏談苑 권1,「소식이 시를 읊어 관리에게 주다」(蘇軾以吟詩
下吏) 조條.

핵했다. 그들은 소식의 일부 시문이 "문자로 현실을 풍자했고"(譏諷文字), "조정을 우롱했으며"(愚弄朝廷), "황제를 비난했고"(指斥乘輿: '승여'乘輿는 황제), "임금을 존중하지 않았으며 충절을 잃었다"(無尊君之義, 虧大忠之節)라고 탄핵했다. 이에 신종은 즉시 어사대에서 심리하라는 명령을 내렸다. 이것이 저 유명한 '오대시안'烏臺[3]詩案이다.[4]

당시 어사御史들이 죄증罪證의 주요 자료로 삼았던 『소자첨학사전당집』蘇子瞻學士錢塘集 3권은 전해지지 않는다. 그러나 현존하는 송대

---

3) 烏臺(오대): 『한서』 「주박전」朱博傳에 어사대에 잣나무가 있는데, 수천 마리 까막까치가 그 위에 서식했으므로 어사대를 '오대'라고 칭했다고 기재되어 있다.

4) 원풍 2년(1079년, 44세) 오대시안으로 소식의 시 20여 수가 문책 대상으로 오르고, 소철蘇轍·이청신李清臣·왕선王詵·장방평張方平·사마광司馬光·범진范鎭 등 22인이 연루되었다.(송사권편찬위원회宋史卷編纂委員會 편, 『중국역사대사전』中國歷史大辭典, 송사권宋史卷, 60쪽 참조)

소식은 44세 때 호주지주로 옮겼다. 당시 왕안석의 신법은 그 참신한 개혁의 의도와는 달리 지나치게 급속한 시행, 기반 조성의 미흡함, 그리고 시행상의 착오로 인해 적지 않은 혼란을 불러일으켜 기존 체제의 균형을 파괴했다. 젊은 시절 소식은 온건하고 점진적인 개혁의 필요성을 인식하고 있었지만 지방관을 역임하면서 급속한 혁신에서 유발된 민중의 고통과 그 시행착오를 목도하고 시문詩文을 통해 시정과 철폐를 주장했다. 소식은 44세 때 신법 풍자, 조정 우롱, 황제 지탄 등의 구실로 탄핵되어 어사대에 구금되었다. 그것은 황제에게 올린 「호주사표」湖州謝表가 직접적 원인이 되고, 항주통판杭州通判 이래 희소노매嬉笑怒罵하는 시정 풍자의 시들이 구실이 되어, 하정신·서단·이의·이정 등의 모함으로 탄핵된 것이다.

이 사건으로 소식은 죽음에 이르기 직전에 장방평·사마광·범진·장돈 등의 구명운동과 아우 소철이 관직으로 형의 죄를 대속하고자 하는 탄원, 인종태후仁宗太后의 유언, 소식에 대한 신종의 아낌, 왕안석의 배려 등으로 130일 간의 투옥 생활 끝에 석방되어 황주단련부사黃州團練副使로 폄적貶謫되었다. 이 사건으로 신법을 반대한 구법당 세력 중의 다수가 폄적되거나 벌금형을 받게 된다. 이것을 '오대시안'烏臺詩案이라 하는데 신법당과 구법당 간의 정치권력 투쟁의 산물로서 소식 개인의 생애에 커다란 명암을 드리운 유명한 필화사건筆禍事件이다(조규백, 『소식시연구』蘇軾詩研究, 성균관대 중어중문학과 박사논문, 1996, 25쪽 참조).─옮긴이 주

붕구만朋九萬의 『동파오대시안』東坡烏臺詩案과 주자지周紫芝의 『시헌』詩
讞, 청대 장감張鑒의 『미산시안광증』眉山詩案廣證 등에는 신법을 공격했
던 소식의 시문 수십 수가 채록되어 있다. 이 작품들은 세 가지 종류로
나눌 수 있다.

(1) 원작原作이 신법과 관계가 없는데, 완전히 천착穿鑿하고 견강
부회하여 모함한 경우이다. 다음 시를 보자.

오吳 지방 아이들은 자라면서 파도와 깊은 물에 익숙해
이익을 구하는 데 생명을 무릅쓰며 몸을 아끼지 않네.
동해 용왕이 (백성을 불쌍히 여기는) 황제의 뜻을 안다면
응당 갯벌을 뽕나무밭으로 만들어 경작하게 하리라.

吳兒生長狎濤淵, 冒利輕生不自憐.
東海若知明主意, 應敎斥鹵5)變桑田.6)

서단舒亶은 우선 이 시가 "신종神宗의 수리水利 정책을 공격하는
것"이라 비난하고, 결국 단죄하기로 결정했다. 기실 이 절구絶句가 말
하는 본뜻은 명백한 것이다. 소식이 감옥에서 쓴 공술서에는 "파도놀
이(해산물 채취)를 하는 사람은 관중官中의 이물利物을 탐내(바다에서 해산
물을 채취하다가) 익사溺死하는 자가 있기에 이르렀다"라고 적혀 있다. 또
"이때 새로 어지御旨가 내려 파도놀이를 금했다"라고 주를 달았다. 이

---

5) 斥鹵(척로): 갯벌. 여기서는 바다를 지칭.
6) 「8월 15일 조수를 보다 절구 5수, 제4수」(八月十五日看潮五絶, 其四), 『소식시집』, 485쪽.

것은 모두 신빙성이 있는 것이다.

3, 4구에서, 동해 용왕이 만일 '신종이 파도놀이를 금하는 취지'를 이해했다면, 창해滄海를 뽕나무밭으로 바꾸어, 파도놀이하는 소년들이 스스로 농경지를 경작하여 먹고살게 하여, 그들이 "이익을 추구하느라 생명을 가볍게" 하지 못하게 해야 한다고 말하고 있다. 서단 등이 이 부분을 일방적으로 끄집어내어, 농전수리법農田水利法을 공격한 것으로, 또 공격의 칼끝이 황제를 향했다고 한 것은 완전히 의도적인 모함이다.

(2) 시문에는 신법을 반대한 내용이 있고, 그와 동시에 생활의 진실을 담아 신법의 폐단을 반영했다. 아래의 예를 보자.

> 올해엔 메벼 익는 게 정말로 늦으니
> 서릿바람 부는 가을 얼마 안 되어 오리라.
> 서릿바람 불어올 수확기에 비가 쏟아지니
> 쇠스랑에 곰팡이 나고 낫에도 녹이 슬었다.
>
> 눈물 마르도록 울어도 비는 그치지 않으니
> 누런 이삭이 논바닥에 누운 것을 어찌 차마 눈 뜨고 보랴!
> 띠풀 움막에서 한 달간 논두렁에 머물다가
> 날이 개자 벼를 베어 수레에 싣고 돌아왔다.
>
> 땀 흘리며 어깨가 벌게지도록 짐 지고 시장으로 가면
> 값은 너무 싸서 애걸해도 겨우 겨 싸라기 값만 받았다.
> 소를 팔아 세금 내고 집 헐어 밥 지으니
> 생각 얕아 내년에 굶을 것 미처 생각 못한다.

관청에서는 요즘 돈을 달라지 쌀은 마다하는데

(이유인즉) 서북 만리의 강족羌族을 불러오기 위함이라.[7]

공수龔遂, 황패黃霸 같은 좋은 신하 조정 가득해도 백성 더욱 고달파

차라리 강물에 몸을 던져 물귀신 마누라 되느니만 못하리.

今年粳稻熟苦遲, 庶[8]見霜風來幾時.

霜風來時雨如瀉, 杷頭出菌鎌生衣.

眼枯淚盡雨不盡, 忍見[9]黃穗臥靑泥.

茅苫一月隴上宿, 天晴穫稻隨車歸.

汗流肩頳載入市, 價賤乞與如糠粃.

賣牛納稅拆屋炊, 慮淺不及明年飢.

官今要錢不要米, 西北萬里招羌兒.

龔黃[10]滿朝人更苦, 不如却作河伯婦.[11] [12]

---

7) 관청에서는~위함이라:『송사』宋史「병지」兵志 5 번병蕃兵 조條에 의거하면, 당시 서북
    번부西北蕃部(강족羌族)는 서하西夏와 북송北宋 사이에 유리되었다. 송조宋朝는 그들
    을 취하여 서하의 세력을 약화시키려고 그들의 수령에게 찬전餐錢을 주고, '번관'에게는
    월급을 주어 회유하는 방법을 채택했다. 소식은 이 일이 타당하지 않다고 반대했다.
8) 庶(서): 추측을 표시한다. 이 구에서는 아마 며칠 되지 않으면 가을이 올 것이라고 한다.
9) 忍見(인견): 차마 볼 수 없다. 어찌 차마 보겠는가?
10) 龔黃(공황): 한대漢代의 두 청빈한 관리 공수와 황패를 말한다. 여기서는 신법을 추진
    하는 관리를 가리키는데, 풍자의 의미가 담겨 있다.
11) 河伯婦(하백부): 전국시대 위 문후魏文侯 때 업鄴 땅의 무녀가 "하백河伯이 부인을 얻
    는다"라는 말로 백성을 우롱하여, 매년 여자 한 사람을 황하에 던져 하신河神의 처로 삼
    아 평안을 기원했다. 이 일은『사기』「골계열전」滑稽列傳, '서문표치업'西門豹治鄴의
    고사에 나온다. 여기서는 황하에 몸을 던져 자살하느니만 못하다는 의미로 쓰였다.
12)「오중의 농부 아낙네의 탄식」(吳中田婦歎),『소식시집』, 404쪽.

이 시의 전반부는 강남 지방 농사꾼 아낙네의 입을 빌려 수확기에 내리는 장맛비의 피해를 하소연하고 있다. "눈물 마르도록 울어도 비는 그치지 않으니/누런 이삭이 논바닥에 누운 것을 어찌 차마 눈 뜨고 보랴!"의 두 구에는 장맛비에 벼를 근심하는 농민의 심리가 남김없이 표현되어 있다. 당연히 전반부의 장맛비와 농사의 괴로움을 묘사한 것은 후반부의 '통화通貨 부족'에 대한 비난을 돌출시키고 있다. 통화 부족의 문제는 확실히 신법이 초래한 사회경제적 결과에 지나지 않는다. 청묘법은 금전으로 결제할 것을 요구하며, 면역법은 면역전免役錢·조역전助役錢·면역관잉전免役寬剩錢을 징수하며, 농전수리법도 금전의 대부를 행했다. 그리하여 "서북 만리의 강족羌族을 불러오기 위함이라"라는 것도 금전으로 불러다 회유한 것이다.

'소 팔아 세금 내고 집을 헐어 밥을 짓는 것', '관청은 돈을 요구하지 쌀을 요구하지 않는다'고 말한 것은 분명히 당시의 사회적 현실이었다. 그것을 반영한 것은 문학작품으로서 일정한 긍정적인 평가를 할 수 있을지언정, 소송의 대상으로서 죄를 물을 것은 아니다.

(3) 신법을 반대한 시 작품에는 그의 정치사상의 보수적 측면을 반영한 것도 있다.

그는 관청의 '공사전'公使錢이 삭감된 것에 불만을 표시하고, "관청 부엌에 열흘이나 연기가 나지 않는"(「유효숙에게 부치다」寄劉孝叔) 사태에 이른 것을 분개했다. 그러나 이러한 작품들은 작품의 중심 부분을 점유하고 있다고 말할 수는 없고, 또한 법률의 제재를 받아야 한다고 할 수도 없다.

서단 등은 이상과 같은 시문을 재료로 하여 소식을 모함했다. 그들은 소식을 사지死地로 쫓아내지 않으면 만족하지 못했다. 이때 소식 자신도 살아날 수 없으리라고 짐작해, 아래와 같은 절명시絶命詩 2수를 써서 옥졸에게 부탁해 아우 소철에게 전했다. 「나는 사건으로 어사대에 붙들려 갔는데, 옥리에게 조금 욕을 보았다. 스스로 헤아려보니, 감당할 수 없어, 옥중에서 죽는다면 아우 자유子由와 한번 작별인사를 할 수가 없었다. 그러므로 두 수의 시를 지어 옥졸 양성에게 주어 자유에게 남긴다 2수」(予以事繫御史臺獄, 獄吏稍見侵, 自度不能堪, 死獄中, 不得一別子由, 故作二詩授獄卒梁成, 以遺子由, 二首) 제1수에서 이렇게 말했다.

……

이곳 청산에 내 뼈야 묻을 수 있을 것이나
내 죽은 훗날 비 오는 밤에 아우만 홀로 가슴 아파하리.
그대와 더불어 이 세상에서 형제가 되었으니
또 내생에 이 세상에서 맺지 못한 인연을 맺자꾸나.

……

是處靑山可埋骨, 他時夜雨獨傷神.
與君今世[13]爲兄弟, 又結來生未了因.[14]

시제詩題에 의하면, 옥리獄吏가 그를 학대하고 박해한 것은 정적政敵들이 시켜서 한 것 같다. 시구는 소식 형제의 결별을 절절하게 묘사

---

13) 今世(금세): 원서에는 '세세'世世라고 되어 있으나, 왕문고王文誥 집주輯注, 『소식시집』, 998쪽에 따라 '금세' 今世로 한다.
14) 시 제목은 줄여서 「옥중에서 자유에게 부치다」(獄中寄子由)라고도 한다.—옮긴이 주

하여 사람의 마음을 감동시킨다. 이때 인종仁宗의 처인 조 태후曹太后와 원임元任(전관前官) 재상 장방평 및 범진 등 원로 중신들이 소식을 구원하기 위해 분주했다. 변법파變法派의 장돈조차도 그를 위해 변호했고, 마지막에는 퇴직해 있던 왕안석까지도 "어찌 성세聖世에 재사才士를 죽이는 일이 있으리오?"라고 말했다. 세상을 소란하게 했던 이 필화사건筆禍事件은 왕안석의 이 한마디로 결판이 났다. 소식은 죽음을 면하여[15] 황주黃州(지금의 후베이 성 황깡黃岡)로 유배되었다. 소식의 시를 받은 사람도 유배나 벌금형의 처벌을 받았다. 소식은 출옥에 즈음하여 다음 시를 지었다.

백여 일 만에 감옥에서 나오니 마침 봄이라
남은 생애의 즐거운 일 모두 이 몸과 관계된 일이리.
문을 나서니 경쾌한 바람이 내 얼굴에 불어오고
말 달려 가는 길에 까치 날며 깍깍 지저귀네.

문득 술잔을 대하니 모두가 아득한 꿈만 같고
시험 삼아 붓 잡아 시 지으니 이미 신들린 것 같아라.
이번 재앙에 하필 허물을 캘 필요 있겠는가?
벼슬살이하다 그런 것이지 어찌 다른 까닭 있으리오?

百日歸期恰及春, 餘年樂事最關身.

---

15) 주자지周紫芝, 『시얼·발』詩讞·跋.

出門便旋¹⁶⁾風吹面, 走馬聯翩鵲噪人.

却對酒杯渾似夢, 試拈詩筆已如神.

此災何必深追咎, 竊祿¹⁷⁾從來豈有因.¹⁸⁾

소식은 8월 18일에 수감되고 12월 28일에 출옥했으니, 모두 130일 동안 구금되었다. 시에서 '백 일'이라고 한 것은 단수를 뺀 대략의 수를 말한 것이다. 소식은 7, 8구에서 이번 재앙은 다시 허물을 캘 필요가 없으며, 이런 사건이 벼슬살이 세계에서 드문 일은 아니라고 하였다.

소식은 이 시의 '제2수'(其二)에서 "평생 문자가 나의 누累가 되었다"(平生文字爲吾累)라고 명확히 기술했다. 그러나 그는 여전히 시필詩筆을 버리지 않았고, 변함없이 인생을 읊거나 시대의 폐단을 지적했다. 이것이 터무니없는 억울한 죄로 130일 동안 옥중에서 지낸 일에 대한 소식의 대답이었다. 청대의 기윤紀昀은 이 시를 평하여, "도리어 자성自省한 뜻이 적어 주자朱子가 비웃은 것은 옳다"라고 말했으나, 그들의 조롱은 결코 옳은 것이 아니고, 자성의 뜻이 적은 것이야말로 도리어 이 시의 주지主旨이다.

---

16) 便旋(편선): 신속. 일설에는 '배회'徘徊의 의미라 한다.

17) 竊祿(절록): 관직을 의거해 공 없이 녹을 먹음, 벼슬살이의 겸칭.

18) 「12월 28일, 황제의 은혜를 입고 검교수부원외랑 황주단련부사를 책수받아, 다시 앞 시의 운을 쓰다 2수, 제1수」(十二月二十八日, 蒙恩責授檢校水部員外郎黃州團練副使, 復用前韻二首, 其一), 『소식시집』, 1005쪽.

7장
황주 유배지에서 보낸 나날

45세 되던 해(신종 원풍 3년, 1080년) 2월, 소식은 황주 유배지에 도착했다. 그의 정식 관명은 '책수검교상서수부원외랑, 충황주단련부사, 본주안치'責授檢校尙書水部員外郎, 充黃州團練副使, 本州安置이다. '수부원외랑'水部員外郎은 본래 수부水部(공부工部의 제4사第四司)의 부장관副長官이나, '검교'檢校는 대리 또는 명목뿐인 관위官位를 의미하며, 정식의 임관은 아니었다. '단련부사'團練副使도 명의상으로는 지방의 군사 보좌관이지만 실제로는 이름만의 한직에 지나지 않는다. 게다가 '본주안치'本州安置가 더해지면 공무에 참여할 수 없다는 것을 의미하며 차라리 유배에 가까웠다. 소식은 당시 이처럼 불행한 일을 겪었으니 그 심정이 오죽했겠는가? 그는 당시의 심경을 다음과 같이 묘사했다.

스스로 우습구나. 내 한평생 입을 위해 바빴으니.
늘그막에 하는 일이 갈수록 황당하기만 하여라.

장강은 황주 성곽을 끼고 돌아 물고기 맛도 좋으리라.

연이은 산에 아름다운 대나무라 죽순 향내 느껴 온다.

귀양살이 온 나그네라 원외員外 직책도 무방한 것

옛 시인들 의례적으로 수조랑水曹郎 되었다지.

다만 부끄럽네. 실오라기만 한 일도 보탬이 없이

오히려 관가의 술 자루만 허비하고 있음이.

自笑平生爲口忙,[1] 老來事業轉荒唐.

長江繞郭知魚美, 好竹連山覺筍香.

逐客不妨員外[2]置, 詩人例作水曹郎.[3]

只慚無補絲毫事, 尙費官家壓酒囊.[4][5]

이 시는 조롱으로 자신을 변호한다. 작자는 황주의 자연환경을 찬
미하며, 국사國事에 보탬이 되고자 하는 뜻을 버리지 않고 자신의 고난

---

1) 爲口忙(위구망): 시어가 쌍관雙關을 이루었다. 말과 시詩 때문에 죄를 얻었음을 가리
   킨다. 또한 생활에서 호구지책을 위해서 허물을 얻었음을 가리킨다. 이것은 또한 아래의
   '물고기 맛도 좋으리라'(魚美)와 '죽순 향내'(筍香)라는 시어와 호응하고 있다.

2) 員外(원외): 정원 이외의 관리. 여기서는 작자가 수부원외랑水部員外郎 직을 맡고 있음
   을 가리킨다.

3) 水曹郎(수조랑): 수조랑은 수부원외랑을 말한다. 양梁의 하손何遜과 당唐의 장적張籍
   은 모두 수부원외랑 직을 맡은 적이 있다.

4) 酒囊(주낭): 술 짜는 부대. 송대 관리의 봉급은 일부분이 현물로 지급되었다. 이것을 '절
   지'折支라 했다. 여기서는 관가에서 사용하고 난 술 짜는 부대를 절지折支로 삼아서 지급
   한 것을 가리킨다.

5) 「처음 황주에 도착하여」(初到黃州), 『소식시집』, 1031쪽.

스러운 벼슬살이에 담담한 태도로 임하고 있다.

그러나 소식은 곧 알게 되었지만 황주의 현실 생활은 그가 시에 묘사한 정도로 평온무사한 것은 아니었다. 수도(변경)에서는 멀리 떨어져 있어, 황주의 지주知州 서군유徐君猷도 그에게 호의적이었다고는 하지만, 그의 정치적 처지는 여전히 험악했다. 소식은 친구 이지의李之儀에게 보낸 아래 편지에서 참소와 조롱을 두려워하고 우려하는 심정을 드러냈다.

> (저는) 죄를 얻은 이래 스스로 깊이 밀폐된 생활을 하고 있습니다. 조각배를 타고 짚신을 신고서 산수 사이를 방랑하며 나무꾼과 어부들과 섞여, 가끔 술 취한 사람에게 욕지거리를 당합니다. 문득 점점 남이 알아주지 않음을 스스로 기뻐합니다.

> 得罪以來, 深自閉塞. 扁舟草屨, 放浪山水間, 與樵漁雜處, 往往爲醉人所推罵, 輒自喜漸不爲人識[6]

이 글에 의하면 그가 남에게 비난받는 것을 어느 정도 우려하고 있음을 알 수 있다. 또 다른 친구 진조陳慥가 무창武昌에 가자고 유혹하자 그는 완곡한 말로 사절했다. "남의 말을 하기 좋아하는 사람들이 과장해서 '제멋대로 안치安置[7] 장소를 떠나 다른 곳에 있더라'고 말할까봐 두렵습니다. 더구나 이런 말이 경사京師에 들어가면 작은 일이 아닙니

---

6) 「이단숙에게 답하는 편지」(答李端叔書), 『소식문집』, 1432쪽.

7) 안치는 귀양 간 죄인을 일정한 장소나 구역 안에서만 살게 하는 것을 말한다.—옮긴이 주

다."(「진계상에게」與陳季常)

이렇듯 그의 주변에는 평소에 유형무형의 정치적 함정이 있었다.

경제적으로도 그는 매우 옹색하게 지냈다. 진관秦觀에게 보낸 편지에는 곤란한 생활의 구체적 상황을 전하고 있다. 매월 초하루에 4500전을 구해다가 30등분하여 "대들보 위에 걸어 놓고 아침마다 기호를 표시해 한 덩어리씩 집어낸다"라고 하였다. 곧 하루의 지출을 150전 이하로 제한하여 계산하기 위한 것이다. 또 "쓰고 남은 것은 큰 대나무로 만든 통에 저축하여 손님을 접대하는 데 사용했다."(「진태허에게 답하는 편지」答秦太虛書)

황주의 빈한한 서생인 마정경馬正卿이 소식의 이러한 상황을 안타깝게 여겨 관청에다 수십 무畝[8]의 황무지를 요청했다. 소식은 이 땅을 손수 경작하여 "아래의 습한 곳에다가는 벼를 심고/동쪽 언덕에는 대추와 밤을 심고", 이것을 수확하여 바닥난 뒤주와 식량의 급한 것을 채워 약간이나마 도움을 얻을 수 있었다.(「동파8수 병서」東坡八首幷叙) 이 황무지는 옛 군영지의 동쪽에 있었기 때문에 '동파'東坡라는 이름이 붙었다. 그는 자신의 호號도 '동파거사' 東坡居士[9]라 지었다.

이 '동파거사'라는 호는 당대唐代의 문인 백거이白居易가 만년에 가졌던 "분수를 알아서 화和함을 보존한다"(知足保和)는 사상적 기풍을 그가 흠모한 것을 나타낸다.[10] 이것은 소식의 사상에서 중대한 변화를

---

8) 무畝는 대략 우리 나라의 '마지기' 개념과 비슷한 것 같다. 6척이 1보, 100보가 1무. 수십 무라면 수천 평에 해당한다.—옮긴이 주

9) 거사居士는 원래 집에 거주하며 도를 배우는 불교도에 대한 호칭이다. 여기서는 청고淸高함을 추구하여 세상일에 대해서는 담박한 사람을 가리킨다.

10) 홍매洪邁, 『용재3필』容齋三筆 권5, 「동파가 백락천을 사모하다」(東坡慕樂天) 조에 "소

의미한다. 불교와 노장老莊 사상이 정치적 역경에 있는 소식의 중심적인 처세 철학이 되었다.

불로佛老 사상은 원래 '청정무위'清淨無爲와 '초연물외'超然物外를 주지主旨로 삼는다. 그것은 소식에게는 지극히 복잡한 작용을 하고 있다. 한편으로 그는 생사生死·시비是非·귀천貴賤·훼예毀譽(기림과 헐뜯음)·득실得失(이해득실, 성공과 실패) 등에 조금도 구애됨이 없이 현실에서 도피하는 소극적 경향을 나타내게 되었다. 또 한편으로는 문제를 깊이 관찰하는 자세가 몸에 붙어, 사물에 사로잡히지 않는 활달한 태도의 이면으로 인생에 집착하고 사물의 아름다움을 추구하게 되었다. 이러한 예는 다음의 사詞에 나타나 있다.

> 수풀을 뚫고 잎새 부딪치는 빗소리 들을 것 없다.
> 읊조리며 빗속을 천천히 거닌들 어떠하랴.
> 죽장竹杖에 짚신 신고 걷는 게 말타기보다 경쾌한데
> 무엇이 두려우랴!
> 이슬비에 도롱이 쓰고 한평생 살아가리.[11]

> 莫聽穿林打葉聲, 何妨吟嘯且徐行,
> 竹杖芒鞵輕勝馬, 誰怕,

공蘇公(소식)은 황주에서 적거讁居할 때 비로소 동파거사東坡居士로 자칭했다. 그 뜻을 상세히 고찰해 보면, 대개 전적으로 백거이白居易를 사모한 것이다"라고 기록되어 있다. 백거이는 일찍이 충주忠州의 동파東坡에 땅을 개간하고 꽃을 심은 적이 있다.

11) 이 구의 의미는 풍우風雨 가운데 도롱이 옷을 입고 평생을 자연과 함께 살겠다는 것이다.

一蓑烟雨任平生.[12]

　　비바람 속을 읊조리며 천천히 거닌다고 함은 곤란한 경우를 만나
도 의연한 태도를 잃지 않고, 실의의 상황에 빠지더라도 신경 쓰지 않
는 정신의 표현이다. 그의 사상적 무기가 불로 사상에 있음은 분명하
다. 그러나 불로 사상을 흡수하면서 선택하고 보류했던 것도 지적하여
이해하지 않으면 안 된다. 그는 이 시기에 친구에게 보낸 편지에서 다
음과 같이 표현했다.

　　불전佛典은 예전에도 읽었습니다만 제가 우매하여 그 묘한 곳(妙
　　處)을 통할 수 없었습니다. 홀로 때때로 불교의 쉬운 가설假說을
　　취해서 스스로 심령心靈의 번뇌를 씻었습니다. …… 불로佛老를
　　배우는 것은 본래 '고요'(靜: 마음을 고요하게 함)하고 '달관'(達)함을
　　기대하는 것입니다. 고요(靜)한 것은 게으름(懶)과 유사하고 달관
　　(達)한 것은 방종(放)과 유사합니다. 그리하여 배우는 자는 간혹
　　미처 그 기대하는 바에 이르기도 전에 먼저 그 유사한 것(폐단)을
　　얻으니 그 해害가 없다고 할 수는 없습니다.

　　佛書舊亦嘗看, 但闇塞不能通其妙, 獨時取其粗淺假說以自洗濯. ……
　　學佛老者, 本期於靜而達, 靜似懶, 達似放, 學者或未至其所期, 而先
　　得其所似, 不爲無害.[13]

_____

12) 「정풍파」定風波, 상반결上半闋.
13) 「필중거에게 답하여 2수, 제1수」(答畢仲擧二首, 其一), 『소식문집』, 1671쪽.

'고요하고 달관한다' 함은 취할 수 있으나, 게으름과 방종에 흐른다는 것은 좋지 않다는 의미이다. 그는 심오한 불학佛學의 교의教義에 빠지지 않았고, 단지 인생에 달관한 태도를 유지하는 데 필요한 것을 취한 것에 지나지 않는다.

또한 그는 경세제민經世濟民의 유가 사상을 결코 버리려고 한 것이 아니었다. 그는 황주에서 『금강경』金剛經을 손수 베꼈으며, 『논어설』論語說 5권을 지어 공자의 정치 사상을 밝혔다. 그리하여 "조금이나마 세상에 유익한 바가 있다면, 죽어서 눈을 감아도 유감이 없고자" 했다.(「등달도에게」與滕達道)

더욱 중요한 것은 빈곤한 생활 속에서 "땅을 개간하는 수고로움에 근력이 다 허비되는"(「동파8수 병서」) 노동의 체험 가운데서, 그리고 주점을 연 반병潘丙·약을 파는 곽구郭遘·직업이 없는 유민游民 고경도古耕道 등 하층 백성들과 가깝게 어울리며, 백성에게 더욱 접근하며, 백성에게 더욱 깊은 관심을 갖게 된 것이다.

인간세상 행로 어려워라.
땅 밟는 사람은 모두 세금을 낸다네.

人間行路難, 踏地出賦租.[14]

그는 이러한 상황을 깊이 개탄했다.
또 친구 집에서 〈주진촌의 결혼 풍속도〉(朱陳村嫁娶圖)라는 그림 한

---

14) 「고기잡이 야만인」(魚蠻子), 『소식시집』, 1124쪽.

폭을 보고, 그는 서주徐州 시절을 생각해 냈다.

> 나는 주진朱陳(주씨와 진씨) 마을의 옛 지사였기에[15]
> 일찍이 농사를 장려하느라 살구꽃 피는 마을에 왔었지.
> 그런데 지금은 풍물을 어찌 그릴 수 있으리?
> 관리가 세금을 독촉하러 밤에 문을 두드린다오.

> 我是朱陳舊使君, 勸農曾入杏花村.
> 而今風物那堪畵, 縣吏催租夜打門.[16]

여기서도 소식이 당시의 폐단에 대해 "일에 의탁하여 풍자"(託事以諷)하는 작풍을 고치지 않았음을 보여 준다. 당시 이웃 고을 악주鄂州(치소는 지금의 후베이 우창武昌)에는 빈민이 아기를 낳으면 "의례적으로 다만 2남 1녀를 기르는데, 이를 넘으면 죽이며, 더욱이 딸을 기르기를 회피했다." 그는 아기를 물에 넣어 죽이는 참상을 자세히 듣고서, "그 얘기를 들으니, 가슴이 쓰라려 음식을 먹어도 내려가지 않는다"라고 했다. 이에 악주지주 주수창朱壽昌에게 편지를 써서 어떻게 해서라도 이 악습을 없애도록 건의했다.(「악주지주 주수창에게 보내는 편지」與朱鄂州書)

황주에도 이러한 풍속이 있었는데, 소식은 금전적인 원조를 주어서 이것을 고치게 하며, 또 "만약 1년에 100명의 아기를 살려 낼 수 있

---

15) 주진朱陳 마을은 서주에 속한 마을이다. 소식은 일찍이 서주지주를 지낸 적이 있다.
16) 「진계상이 소장한 '주진촌의 결혼 풍속도' 2수, 제2수」(陳季常所蓄'朱陳村嫁娶圖' 二首, 其二), 『소식시집』, 1030쪽.

다면 또한 한가로이 사는 한 가지 즐거움이다. 내가 비록 가난하지만 마땅히 만 냥을 내리라"라고 말했다.(『동파지림』東坡志林 권5) 이 모두가 그와 백성이 서로 통하는 점이다.

황주에서 보낸 4년 남짓한 유배 기간은 소식의 문학 창작 면에서도 큰 수확이 있었던 시기이다.

산문으로는 앞 시기에 주로 정론政論·사론史論·잡론雜論 등 의론적議論的인 문장을 썼으나, 이 시기가 되면 문학 산문과 문학성을 띤 산문에 주로 치중해 창작했다. 더욱이 수필, 인물소전人物小傳, 제발題跋, 서간문에서 큰 성과를 보였다.

'필기소품'筆記小品이라고도 하는 수필은 원래 인물이나 사건을 객관적으로 기록하는 것으로, 감회나 서정적인 작품은 극히 적었다. 후인이 편집한 『동파지림』東坡志林, 『동파필기』東坡筆記 등 소식의 수필은 대다수 일상생활의 단편적인 기술 가운데 봉건시대에도 대범하여 굴레에 매이지 않은 문인의 정취를 묘사했다. 명대 왕순유王舜兪의 『소장공소품』蘇長公小品에서 "문장이 동파에 이르러 진실로 의도적으로 짓지 않고, 다만 붓을 따라 기록하면 곧 문장이 되었다"(「천경관의 벽에 쓰다」書天慶觀壁 미비眉批)라고 한 것은, 이들 문체의 예술 특징을 잘 파악한 것이다. 그것은 곧 손 가는 대로 적을 뿐 고심하여 문장을 짓지 않으며, 짧은 문장으로 일종의 정조情調나 한 조각 심경을 기록하는 것이다. 「승천사의 밤놀이」(記承天寺夜遊)를 예로 보자.

원풍 6년 10월 12일 밤, 옷을 벗고 잠에 들려고 하는데 달빛이 창으로 들어왔다. 흔연히 일어나 서성거리다가 더불어 함께 달의 정취를 즐길 이가 없음을 생각하고, 드디어 승천사에 이르러 장회민

張懷民을 찾았다. 회민도 역시 잠 못 이루다가 서로 더불어 뜨락을 거닐었다.

뜰 아래는 물이 차 있는 듯 달빛이 환하게 밝았고, 물 가운데 마름 풀들이 서로 얽혔는데, 보이는 것이 바로 대나무와 측백나무 그림자였다.

어느 밤엔들 달빛이 없으랴마는, 어느 곳엔들 대나무와 측백나무가 없으랴마는, 우리 두 사람같이 한적한 이는 드물구나.

元豊六年十月十二日, 夜. 解衣欲睡, 月色入戶, 欣然起行, 念無與爲樂者. 遂至承天寺, 尋張懷民. 懷民亦未寢, 相與步於中庭.
庭下如積水空明, 水中藻荇交橫, 蓋竹柏影也.
何夜無月, 何處無竹柏, 但少閑人如吾兩人者耳.

간결하고 세련된 서사敍事, 교묘한 정경 묘사, 음미할 만한 서정과 의론議論이 80여 개 문자에 농축되어 있다. 운필도 자유 그것이어서 작자의 솔직한 개성이 잘 드러나 있다. 또 「사호 유람」(遊沙湖. 일명 「난계에서 노닐며」遊蘭溪)을 읽어 보자.

황주에서 동남쪽으로 30리 떨어진 곳에 사호沙湖가 있는데, 나사점螺師店이라고도 한다. 나는 그곳에 밭을 사려고 살펴보러 갔다가 수질手疾에 걸렸다. 그러다가 마교麻橋 사람 방안상龐安常이 귀머거리지만 병을 잘 고친다는 소문을 듣고서, 드디어 내 병을 고치러 갔다. 방안상은 비록 귀머거리이긴 하나 총명이 남달라 종이에다 글자를 써 주면 몇 자 적기도 전에 문득 남의 뜻을 깊이 이해했다.

나는 그에게 농담 삼아 "나는 손으로 입을 삼고, 그대는 눈으로 귀를 삼으니, 우리 둘 다 한 시대의 이인異人이구려"라고 말했다.

나의 병이 다 낫자 그와 함께 청천사淸泉寺로 유람을 갔다. 그 절은 기수蘄水(지금의 후베이 성 시수이浠水) 외성 성문 밖 2리쯤에 있었는데, 왕희지王羲之가 붓을 씻던 샘이 있었다. 물맛이 매우 단데, 밑으로 난계蘭溪에 임하여 그 냇물은 서쪽으로 흐른다. 나는 노래(詞)[17]를 지었다.

산기슭 냇가에 난초의 새 움이 터 계곡에 적시고,
솔밭 사이 모랫길은 진흙 하나 없이 씻은 듯 깨끗한데,
쏴아 내리는 저녁 빗속에 소쩍새 울어댄다.

누가 말했나. 인생에 젊음이 다시 오지 않는다고?
그대 보는가. 문 앞의 냇물은 오히려 서쪽으로 흐르거늘,
백발 두고 누런 닭이 새벽 재촉하여 운다고 말하지 마라.[18]

이날 통쾌하게 술을 마시고 돌아왔다.

---

17) 소식이 지은 이 노래는 곧 사詞 작품인 「완계사」浣溪沙이다.

18) 백거이의 시 「술취한 노래, 기생 상영롱에게 보여 주다」(醉歌示妓人商玲瓏)에 "누가 말하는가? 사군使君이 노래를 모른다고/금빛 닭(황계)과 흰 태양을 창唱하는 것을 들어 보게나./금빛 닭 새벽을 재촉하여 축시丑時에 울고/흰 태양은 세월을 재촉하여 유시酉時에 없어진다"(誰道使君不解歌, 聽唱黃鷄與白日. 黃鷄催曉丑時鳴, 白日催年酉時沒)라고 했다. 여기서 백거이는 세월이 빨리 흐르는 것을 얘기했으나, 본문에서 소식은 그 뜻을 반대로 사용했다. 소식에게는 별도로 "금빛 닭이 새벽을 재촉하더라도 근심할 것 없다"(黃鷄催曉不須愁)라는 시구가 있다.(「여임안령종인동년극음」與臨安令宗人同年劇飮)

黃州東南三十里爲沙湖, 亦曰螺師店. 予買田其間, 因往相田得疾. 聞
麻橋人龐安常善醫而聾, 遂往求療. 安常雖聾, 而穎惡絶人, 以紙畫字,
書不數字, 輒深了人意. 余戲之曰, "余以手爲口, 君以眼爲耳, 皆一時
異人也."

疾癒, 與之同遊淸泉寺. 寺在蘄水郭門外二里許. 有王逸少[19]洗筆泉,
水極甘, 下臨蘭溪, 溪水西流. 余作歌云,

"山下蘭芽短浸溪, 松間沙路淨無泥, 蕭蕭暮雨子規啼.

誰道人生無再少, 君見流水尙能西, 休將白髮唱黃鷄."

是日劇飮而歸.

　　방안상이라는 인물에 대한 묘사는 극히 간략하여, 귀는 먹었지만
남달리 총명하다고 특징을 기록했다. '한 사람(소식 자신)은 입 대신에 손
을 쓰고, 한 사람(방안상)은 귀 대신에 눈을 쓰고 있으니, 두 사람 모두
보통 사람과 다르다'라는 작자의 우스개 섞인 장난말에 풍취가 있다.

　　후반은 둘이 함께 난계蘭溪로 놀러 가서, 소식이 입에서 나오는 대
로 노래를 불러 지었다고 했다. 전반 3구는 고요하고 그윽하며 우아한
광경을 묘사했다. 후반 3구는 감개를 묘사했다. 중국의 냇물이나 강물
은 보통 동쪽이나 남쪽으로 흐르지만, 난계의 물만은 서쪽을 향하여
흐른다. 그렇다면 '인생에서도 백발의 노년이 청춘을 회복할 수도 있
지 않은가?', '금빛 닭이 새벽을 재촉하고'(黃鷄催曉), '흰 태양이 세월을
재촉한다'(白日催年)라고 말한 백거이의 시구는 사람의 용모가 늙기 쉬
운 것과 시간의 흐름이 빠름을 탄식한 것이다. 그러나 소식은 역경도

---

19) 王逸少(왕일소): 왕희지王羲之, 자가 일소逸少이다. 동진東晉의 유명한 서예가이다.

평탄한 길로 전환할 수 있음을 확신했다.

산문의 인물 묘사는 『사기』史記 등의 전기 문학과는 다르다. 산문에서는 완전한 줄거리와 고사故事를 통해 인물의 경력과 성격을 전부 묘사하는 것은 불가능하기 때문이다. 단지 한두 가지 전형적인 사례를 선택해, 그 인물의 특징을 부각하고, 혹은 인물의 어떤 그림자를 들춰내어, 독자에게 강렬한 인상을 주지 않으면 안 된다. 소식은 그와 같은 수법으로 방안상을 묘사했다. 「방산자전」方山子傳에서도 이러한 수법을 사용했다.

방산자方山子는 진조陳慥의 별호別號이다. 그는 귀공자 출신이면서도 산림에 은거했는데, 황주 시기 소식과 왕래한 가장 절친한 친구이다. 그는 황주에서 100여 리 떨어진 기정岐亭에 살면서도 소식을 일곱 차례 방문했고, 소식도 그를 세 차례 방문했다. 이 전기에는 진조가 황주 일대에 은거할 때의 모습 및 자신과 재회하던 상황을 간략히 기록했는데, 협기俠氣를 지닌 진조의 호방한 측면에 치중해 묘사했다.

> 홀로 회상해 보건대, 방산자는 젊었을 때 마음껏 술 마시고 칼 쓰기를 좋아했으며 돈을 물 쓰듯이 썼다. 19년 전 내가 기산岐山 아래에 있을 때, 방산자가 말 탄 시종 둘을 데리고 화살 두 촉을 끼고 서산에 사냥을 가는 것을 보았다. 마침 까치가 앞에서 날아가자 방산자는 말 탄 시종에게 '쫓아가서 그것을 쏘아 떨어뜨리라'고 명령했는데, 그 시종이 잡지 못했다. 그러자 방산자는 말을 채찍질하여 홀로 달려 나가 단 한 발로 그 까치를 명중시켰다. 이로 인해 나와 함께 말 위에서 용병用兵의 방법과 고금古今의 성공과 실패의

이치를 담론하며, 스스로 일세의 호걸지사라고 자부했다.

그런데 지금 세월이 얼마나 되었는가, 날래고 용맹한 기색이 아직도 미간에 나타나 있으니, 어찌 산중에 사는 사람이겠는가!

獨念方山子少時, 使酒好劍, 用財如糞土. 前十有九年, 余在岐下,[20] 見方山子從兩騎, 挾二矢, 遊西山. 鵲起於前, 使騎逐而射之, 不獲, 方山子怒馬獨出, 一發得之. 因與余馬上論用兵及古今成敗, 自謂一世豪士.

今幾日耳, 精悍之色, 猶見於眉間, 而豈山中之人哉!

기술한 내용은 19년 전의 일이다. 당시 소식은 봉상부鳳翔府의 판관判官이었고, 상관인 지부知府는 바로 진조의 부친 진희량陳希亮이었다. 진희량은 소식을 매우 중히 여겼으며, 진조도 소식과 사귀어 왕래했다. 위 산문에서는 명쾌한 필치로 진조가 까치를 쏜 경과를 묘사했는데, 마치 며칠 전의 일인 듯하다. 날래고 용맹한 기색이 아직도 그의 미간에 보인다고 했는데, 벌써 거의 20년 가까이 지난 일이다. 까치를 쏘았다고 하는 이 한 가지 사건으로 "일세一世의 호걸지사"라는 진조의 특징을 표현했고, 또한 "어찌 산중에 사는 사람이겠는가!"라는 추측에 근거를 제공한다.

소식은 큰 뜻을 품었으면서도 그것을 이루지 못한 한 호걸협객의 형상을 묘사했다. 재능은 있으나 불우한 신세라는 공통된 심정이 그들 두 사람의 우의를 더욱 깊게 했고, 이 별전別傳을 짧지만 내용이 깊고

---

20) 岐下(기하): 봉상부鳳翔府에 속하며 지금의 산시 성 치산岐山 현 성의 동북쪽에 있다. 여기에서의 기하는 곧 봉상을 가리킨다.

정열이 흘러 넘치게 하고 있다. 당시에 쓴 「유정식의 일을 쓰다」(書劉庭式事)도 이러한 인물의 소묘이다.

소식의 제발題跋에도 간략한 언어에 풍부한 내용을 담고 있어 음미해 볼 만하다. 「포영승의 물(水) 그림 뒤에 쓰다」(書蒲永昇畫後)를 보자.

> 당唐 광명廣明(희종僖宗의 연호) 연간에 처사處士 손위孫位[21]는 처음으로 신의新意를 내어 솟구치며 달려가는 여울물과 거대한 파도를 그려 냈다. (물 흐름은) 산석山石의 형세에 따라 굴곡을 이루며, 만나는 물체의 형상에 따라 다른 면모를 나타내어, 물 모양의 변화를 극진히 했다. 그리하여 당시 사람들에게 풍격이 '신일'神逸하다고 칭해졌다.
>
> 그 후 촉蜀 사람인 황전黃筌[22]과 손지미孫知微[23]가 모두 손위의 필법을 배워 터득했다. 처음에 손지미는 대자사大慈寺 수녕원壽寧院의 사방 벽 위에 호수와 여울의 돌과 물을 그리려고 했다. 1년이나 오래도록 깊이 헤아려 숙고하면서도 끝내 붓을 착수하려고 하지 않았다.
>
> 그러다가 하루는 손지미가 급히 절 안에 들어가 서둘러 붓을 찾아 소매를 떨치기를 바람과 같이 하니, 잠깐 사이에 그림이 이루어졌다. 그 그림의 물 형태는 콸콸 흘러 분등奔騰하고 격탕激盪하는 기세를 이루어, 세차게 용솟음치며 곧장 집채를 무너뜨릴 기세였다.

---

21) 손위는 당대唐代의 화가로, 인물·송석松石·묵죽墨竹·응견鷹犬의 그림에 뛰어났는데, 특히 물(水)을 그리는 솜씨는 입신의 경지에 올랐다.

22) 황전은 오대五代의 화가로 성도인成都人이다. 화조화花鳥畫를 잘 그렸다.

23) 손지미는 송대宋代의 화가로 미산인眉山人이다. 종교고사화宗敎故事畫에 뛰어났다.

손지미가 이미 죽어 그 필법이 단절된 지 50여 년이 되었다.

唐廣明中, 處士孫位始出新意, 畫奔湍巨浪, 與山石曲折, 隨物賦形,[24]
盡水之變, 號稱神逸.
其後蜀人黃筌, 孫知微皆得其筆法. 始, 知微欲於大慈寺壽寧院壁作湖
灘水石四堵, 營度經歲, 終不肯下筆.
一日, 倉皇入寺, 索筆墨甚急, 奮袂如風, 須臾而成, 作輪瀉跳蹙之
勢,[25] 洶洶欲崩屋也. 知微旣死, 筆法中絶五十餘年.

이 문장은 소식이 45세(원풍 3년, 1080년)에 지은 것이다. 화가 포영
승蒲永昇은 소식의 동향인으로 '콸콸 흐르는 물'(活水) 그림으로 저명한
사람이다. 그의 회화는 손위와 손지미의 정수를 깊이 터득했다. 위의
내용은 곧 두 손씨 회화의 특징을 서술한 것이다. 그중에 손지미의 충
동적인 창작 방법을 묘사한 단락은 몇 줄의 짧은 글임에도 구체적이고
박진감이 넘친다.
「문여가가 그린 운당곡의 바람에 누운 대나무 그림에 대한 기록」
에서도 문동文同이 대나무를 그릴 때의 재빠른 모습을 다음과 같이 묘
사했다.

급히 일어나 손으로 붓을 휘둘러 곧장 이루어서 자기가 본 바를

---

24) 隨物賦形(수물부형): 부딪치는 서로 다른 산석山石의 형상에 따라 상이한 형태를 이룬
다는 의미이다.
25) 輪瀉(수사): 수세水勢가 곧장 달리어 쏟아짐을 말한다. 跳蹙(도축): 수세가 급히 솟구
쳐 오름을 가리킨다.

묘사해야 한다. 이는 빨리 달아나는 토끼를 매가 쏜살같이 내려와 덮치는 것 같아서 조금이라도 방심하면 사라져 버리기 때문이다.

急起從之, 振筆直遂, 以追其所見, 如免起鶻落, 少縱則逝矣.

또 「납일에 고산을 유람하며 혜근, 혜사 두 스님을 방문하다」(臘日遊孤山訪惠勤惠思二僧)에서도 시 창작에 관해 다음과 같이 생각을 피력했다.

시를 지으매 감흥 흐려질까 봐 서둘러 뒤쫓으니
맑은 정경 한번 사라져 버리면 다시 그려 내기 어려워라.

作詩火急追亡逋, 淸景一失後難摹.

모두 창작의 영감이 격발할 때 형상을 포착하는 자세를 묘사했다. 위의 문장과 서로 참조해 볼 만하다. 이와 같은 제발題跋로는 이외에도 「서임고정」書臨皐亭, 「서사계」書四戒, 「서소획경명」書所獲鏡銘, 「제맹교시」題孟郊詩 등이 있다.

소식은 서간書簡에도 참된 정감을 감동적으로 토로했다. 예를 들어 보자.

보여 주신 새 시는 모두 저와 멀리 헤어져 있어 허전한 뜻을 담고 있더군요. 비록 형께서 저를 사랑함이 두텁다 해도, 저는 본래 쇠와 돌같이 무딘 심장으로 그대를 대하니, 어찌해서 이럴까요? 우리가 비록 늙고 곤궁한 처지이나 도리道理는 심장을 꿰뚫으며 충의忠義는 골수를 메우고 있어, 바로 모름지기 생사生死가 달린 위급한 순간에도 웃으며 이야기할 수 있어야 합니다. 만약 저의 곤궁함을 보고 곧 가여워한다면, 도道를 배우지 못한 자와 크게 다를 바가 없을 것입니다.

형은 도가 이미 깊어 마음의 중심이 이렇지 않고, 서로 좋아하는 독실한 마음에서 나왔을 것입니다. 그러나 친구간의 의리는 전적으로 바르게 충고하는 데 힘쓰는 것이니, 문득 미친 소리로 형의 뜻을 넓혀 줄 뿐입니다.

형께서는 비록 지금 때를 만나지 못해 불우한 처지에 있으나, 일을 만나 임금을 받들고 백성에게 은덕을 베풀 수 있는 것이 있다면, 곧 몸을 잊고 그것을 할 것이요, (그 결과 나타나는) 화복禍福과 득실得失은 조물주에게 맡길 것입니다. 형이 아니라면 제가 어찌 이런 말을 하겠습니까?

이 편지를 다 보시고 나면 곧 태워 버리십시오. 그러지 않으면 우리를 이해하지 못하는 자가 이에 대해 책망할 것입니다.

示及新詩, 皆有遠別惘然之意. 雖兄之愛我厚, 然僕本以鐵心石腸待公, 何乃爾耶. 吾儕雖老且窮, 而道理貫心肝, 忠義塡骨髓, 直須談笑於死生之際, 若見僕困窮便相於邑, 則與不學道者大不相遠矣.

兄造道深, 中必不爾, 出于相好之篤而已. 然朋友之義, 專務規諫, 輒以狂言廣兄之意爾.

兄雖懷坎壈於時, 遇事有可尊主澤民者, 便忘軀爲之, 禍福得喪, 付與造物. 非兄, 僕豈發此!

看訖, 便火之, 不知者以爲詬病也.[26]

작년 오흥吳興에서 갑작스레 이별한 후로 지금껏 늘 생각하고 있습니다. 저는 귀양살이로 곤궁하고 누추하게 살면서 친구들과 왕래가 끊어졌는데, 멀리서도 저를 잊지 않고 보내주신 편지를 읽으니 감사드리는 마음과 부끄러운 마음이 깊어집니다.

요즈음 스님께서는 강건하신지요? 편지글이 더욱 강건하시니 시도 마땅히 이처럼 정진하실 터인 데도, 보여 주지 않으심은 어째서인가요? 제 설재雪齋의 맑은 경지는 몽상 가운데서 나오지요. 이 사이에는 다만 황막한 산과 큰 강과 우거진 대나무, 고목만이 있습니다. 매양 시골 술을 마시고 취한 후에는 지팡이를 끌고서 먼 곳, 가까운 곳을 가리지 않고 발길 가는 대로 돌아다니니, 또한 활달하고 천진스러워 옛날 항주杭州에서의 놀이와 비교해도 우열을 가릴 수 없습니다. 어느 때나 다시 만나 함께 웃음을 나눌 수 있게 되는지요? 오직 건강에 주의하시길 빕니다.

去歲吳興倉卒爲別, 至今耿耿. 謫居窮陋, 往還斷盡, 遠辱不遺. 尺書見及, 感怍殊深.

比日法體佳勝, 札翰愈精健, 詩必稱是, 不蒙見示何也? 雪齋淸境, 發於夢想. 此間但有荒山大江, 修竹古木, 每飮村酒醉後, 曳杖放脚, 不

---

26) 「이공택에게 17수, 제11수」(與李公擇十七首, 其十一), 『소식문집』, 1500쪽. 참고: 원저와 왕수이자오王水照·왕이위엔王宜瑗 선주選注, 『소식산문선주』蘇軾散文選注, 98쪽에는 '형'兄 자가 없고, '오읍'於邑은 '연'憐으로 되어 있음. 여기서는 『소식문집』을 따랐음.—옮긴이 주석 보충

知遠近, 亦曠然天眞, 與武林舊游未見議優劣也.

何時會合一笑. 惟萬萬自愛.[27]

　　서로 마음이 통하는 성실함과 늠름한 기개, 큰 도량, 어떤 경우에
도 아취雅趣를 이루는 자세 등은 소식의 독특한 개성의 반영이다.

　　정치적으로 좌절한 후의 인생 감개, 이것이 황주 시기 소식 시가의
주된 내용을 형성하고 있다. 46세 되던 해(원풍 4년, 1081년)의 정월 20일,
소식은 기정岐亭으로 진조를 방문하러 갔는데, 황주에서 새로 사귄 반대
림潘大臨(일설에는 반언명潘彦明), 곽구郭遘, 고경도古耕道 등이 그를 여왕성女
王城 동쪽의 선장원禪莊院까지 바래다주었다. 아래 시는 그때 지은 것이다.

　　　꽃샘추위가 열흘이나 지속되어 문밖을 나서지 않았더니
　　　강가 버들이 이미 온 마을에 살랑거림을 몰랐네.
　　　골짜기 얼음장 밑으로 콸콸 흐르는 냇물 소리 들리고
　　　쥐불 태운 흔적 위에 파릇파릇 새싹 돋았네.

　　　몇 이랑 거친 동산에 내가 머물러 살며
　　　반병 막걸리로 그대들의 훈훈한 얼굴 대하네.
　　　작년 이날 관산關山 넘던 길에는
　　　이슬비 속에 그윽이 핀 매화에 정신을 빼앗겼었지.

　　　十日春寒不出門, 不知江柳已搖村.

---

27) 「언 스님에게 답하여」(答言上人)

稍聞決決流氷谷, 盡放青青沒燒痕.

數畝荒園留我住, 半瓶濁酒待君溫.

去年今日關山路, 細雨梅花正斷魂.[28]

　　이듬해 정월 20일 소식은 반대림, 곽구 두 사람과 봄놀이 하러 교외로 나갔다가 1년 전의 시가 생각나서 차운次韻했다.

　　봄바람 아직 황주성黃州城 동문으로 미처 불어 들지 않았는데[29]
　　말 타고 지난해 왔던 마을 다시 찾았다.
　　사람은 가을 기러기처럼 기별을 갖고 오지만
　　지난 일들 봄날의 꿈 같아 흔적 없이 사라진다.

　　강성江城의 허연 막걸리 텁텁한 석 잔에
　　농부의 늙은 얼굴엔 따뜻한 웃음이 감돈다.
　　이미 해마다 이 모임 갖고자 했으니
　　옛 친구들 날 부르는 초혼시招魂詩 지을 필요 없으리.[30]

　　東風未肯入東門, 走馬還尋去歲村.

---

28) 「정월 20일, 기정으로 가는데 마을 사람 반·고·곽씨 3인이 나를 여왕성 동쪽의 선장원까지 배웅하다」(正月二十日, 往岐亭, 郡人潘·古·郭三人送余於女王城東禪莊院), 『소식시집』, 1077쪽.

29) 봄바람~않았는데: 봄바람이 아직 성문에 들어오지 않았다는 것은, 성에는 아직 봄기운이 들지 않아 추울 때라는 의미이다.

30) 옛 친구들~필요 없으리: 옛 친구들은 내가 황주黃州 유배지를 떠날 수 있도록 주선할 필요가 없다는 의미이다.

人似秋鴻來有信, 事如春夢了無痕.

江城白酒三杯釅, 野老蒼顔一笑溫.

已約年年爲此會, 故人不用賦招魂.[31]

3년째 정월 20일, 소식은 또다시 황주성 동문을 나서서 앞 시에 차운했다.

산들은 어지러이 빙 둘러싸고 물은 합하여 동문에 넘실거리는데
이내 몸은 회남淮南의 끝 마을에 있다.
다섯 무畝 땅은 점차로 늘그막을 보낼 만하고
구중궁궐 조정에는 나의 옛 벼슬 흔적 이미 사라졌다.

내 어찌 모래사장 익숙한 갈매기만 바라보았겠는가?
자주 갔던 낚시터 바위도 내 체온에 이미 따뜻해졌음을 아는데.
오래도록 봄바람과 더불어 오늘 놀이 약속했으니
그윽한 향기 먼저 스미더니 흰 매화의 혼도 돌아왔어라.

亂山環合水侵門, 身在淮南盡處村.

五畝漸成終老計, 九重新埽舊巢痕.

豈惟見慣沙鷗熟, 已覺來多釣石溫.

---

31) 「정월 20일, 반·곽 두 서생과 교외에 나가 봄 구경 하다가 홀연히 작년 오늘에 함께 여왕성에 가서 시를 지은 것이 생각나, 그 시에 화운하다」(正月二十日, 與潘·郭二生出郊尋春, 忽記去年是日同至女王城作詩, 乃和前韻), 『소식시집』, 1105쪽. 원풍 5년 (1082년, 47세), 황주에서 지음.

長與東風約今日, 暗香先返玉梅魂.[32]

　　이상 3수에는 은일과 현실 참여라는 사상적 모순이 반영되어 있
다. 황주에서의 청빈한 생활을 미화하고, 이곳을 늙을 때까지 살 땅으
로 좋다고 생각할 정도였으며, 또 한편으로는 다시 출사出仕하여 현재
의 정치적 역경을 벗어나 공훈을 세우고 싶어했다.

　　소식은 당시 많은 영물시詠物詩를 썼는데, 이것도 자신의 정신적
상황에 대한 묘사가 아닐 수 없다. 일찍이 그는 황주로 유배 오는 도중
에 매화에 각별한 감정을 표현한 적이 있었다.

　　　　봄이 오니 그윽한 골짜기엔 냇물이 졸졸 흐르고
　　　　반짝반짝 선명한 매화는 가시풀 사이에 피었어라.
　　　　지난 밤새 봄바람 불어 돌을 깨뜨릴 듯하더니
　　　　매화꽃 절반은 날리는 눈 따라 관산關山을 넘었네.

　　　　春來幽谷水潺潺, 的皪梅花草棘間.
　　　　一夜東風吹石裂, 半隨飛雪度關山.[33]

　　　　누가 술잔을 잡고 깊고 그윽한 매화를 위로할까?
　　　　피어도 무료하더니 떨어지니 더욱 근심스럽네.

---

32) 「6년 정월 20일, 다시 동문을 나가, 여전히 앞의 운을 사용하다」(六年正月二十日, 復出
　　東門, 仍用前韻), 『소식시집』, 1154쪽.
33) 「매화 2수, 제1수」(梅花二首, 其一), 『소식시집』, 1026쪽.

다행히 삼백 구비 맑은 시내 있어

나를 황주까지 마다 않고 전송하네.

何人把酒慰深幽, 開自無聊落更愁.

幸有清溪三百曲, 不辭相送到黃州.[34]

이 두 수의 절구絕句에서 읊은 것은 '그윽한 골짜기'와 '가시풀 사이에 활짝 피어서 사람의 눈에 띄지 않는 매화꽃'이다. 바람이 불자 하룻밤 새 흩날리는 눈을 따라 길 위로 떨어진다. 절로 피고 절로 지는 매화는 피어도 무료하더니 떨어지니 더욱 근심스럽다. 매화의 운명은 곧 작자 자신의 운명이 아닌가? 황주에 도착한 후 소식은 또 여러 차례 매화꽃을 읊었다. 다음의 매화 시를 보자.

근심 생길까 두려워 잠을 많이 청하여 홀로 늦게 피더니

얼음같이 하얀 모습 드러냈건만 때맞지 않음을 두려워하네.

일부러 살짝 발그스레한 빛을 띠었는데

외롭고 마른 눈서리 맞은 자태 아직 남아 있네.

추위를 이기고 피는 마음은 봄 자태 따르려 하지 않고

옥玉처럼 맑은 모습에 까닭 없이 홍조(술기운)를 띠었네.

노시인은 매화의 격조가 따로 있음을 몰랐을까

거듭 초록 잎새와 파란가지만 보시다니.

---

34) 「매화 2수, 제2수」(梅花二首, 其二), 『소식시집』, 1026쪽.

怕愁貪睡獨開遲, 自恐氷容不入時.

故作小紅桃杏色, 尙餘孤瘦雪霜姿.

寒心未肯隨春態, 酒暈無端上玉肌.

詩老不知梅格在, 更看綠葉與靑枝.[35]

여기서 매화꽃을 인격화하고 있는데, 이는 소식 자아의 독백이기도 하다. 매화는 서리와 싸우고 눈(雪)을 업신여기는 격조가 있다. 꽃의 색이 불그레하지만 얼음 같은 얼굴과 옥 같은 자태는 시류에 영합하지 않는다. 석만경石曼卿의 시 「홍매」紅梅에서는 "복숭아로 보려니 초록색 잎이 없고/살구로 보려니 푸른 가지 있네"(認桃無綠葉, 辨杏有靑枝)라고 했다. 석만경은 단지 초록 잎이 없다거나 푸른 가지가 있다는 점만으로 매화를 식별하고 있으니, 그가 매화의 풍격을 알지 못했기 때문이다. 해당화 또한 그 굳고 절개 있는 격조 때문에 소식에게 읊어졌다.

봄바람이 산들 불어 해당화꽃 빛나는데

향기 물씬한 안개 속에서 달빛은 회랑을 감돈다.

다만 깊은 밤에 해당화가 잠에 들까(시들어 떨어질까) 두려워

일부러 긴 촛불을 켜서 붉은 꽃 비추네.

東風裊裊泛崇光, 香霧空濛月轉廊.

只恐夜深花睡去, 故燒高燭照紅妝.[36]

35) 「홍매 3수, 제1수」(紅梅三首, 其一), 『소식시집』, 1107쪽.
36) 「해당화」(海棠), 『소식시집』, 1186쪽.

사물에 감정을 이입하여 정감과 풍경의 융합을 이루는 정경교융情 景交融은 실제로는 사물 대상에 자아를 비유하여 물아합일物我合一(대상 과 자아의 합일)의 경지에 이르는 것이다. 소식의 다른 해당화 시는 더욱 선명하게 이 점을 표현했다. 다음 시는 '그윽하고 고독한'(幽獨) 꽃 해 당화 한 그루를 묘사하고 있다.

> 강을 낀 황주 땅 습기 많고 초목 무성한데
> 이름난 해당화만이 매우 쓸쓸히 보이더라.
> 대 울타리 사이에서 방긋 한번 웃으니
> 온 산 가득한 복숭아 오얏꽃이 모두 거칠고 촌스럽다.

> 분명히 알겠노라. 조물주가 깊은 뜻 있어
> 일부러 가인佳人을 이 텅 빈 골짜기에 보낸 것임을.
> 자연스럽고 부귀한 모습은 하늘이 낸 자태이니
> 금쟁반에 담아 화려한 집에 모셔 놓을 것도 없다.

> 붉은 입술 술 마신 듯 발그스레 두 볼 상기되고
> 푸른 소매 엷은 비단 말아 올리니 붉게 살이 비친다.
> 깊은 숲에 안개 자욱하여 새벽빛 더디고
> 날은 따뜻하고 바람은 살랑대어 봄잠 무르녹더라.

> 눈물 흘리며 빗속에 있으니 더욱 처량하고
> 보는 이 없이 달빛 아래 있으니 더욱 청초하다.
> 선생은 배불리 먹고 소일거리 없어

이리저리 거닐며 자기 배를 문지른다.

남의 집이건 절간이건 물어보지도 않고
지팡이 짚고 문 두드리며 길게 자란 대나무를 구경한다.
갑자기 절색가인絶色佳人(해당화)이 노쇠한 내 몸 비추자
탄식하며 말없이 어두운 눈만 씻는다.

누추한 고장 어디서 이 꽃이 났을까?
호사가가 서촉西蜀 땅에서 옮겨 온 게 아닐까?
한 치의 뿌리라도 천 리 길 옮겨 오기 쉽지 않으련만
씨를 물고 날아온 건 틀림없이 따오기일 게다.

하늘 먼 곳 흘러온 너나 나나 다 외로운 처지.
한 동이 술을 마시며 이 곡조를 노래하네.
내일 아침 술 깨어 홀로 다시 와
눈 내리듯 펄펄 떨어질 꽃잎을 차마 어찌 만지리.

江城地瘴蕃草木, 只有名花苦幽獨.

嫣然一笑竹籬間, 桃李漫山總麤俗.

也知造物有深意, 故遣佳人在空谷.

自然富貴出天姿, 不待金盤薦華屋.

朱脣得酒暈生臉, 翠袖捲紗紅暎肉.

林深霧暗曉光遲, 日暖風輕春睡足.

雨中有淚亦悽愴, 月下無人更淸淑.[37]

先生食飽無一事, 散步逍遙自捫腹.

不問人家與僧寺, 拄杖鼓門看修竹.

忽逢絶艶照衰朽, 歎息無言揩病目.

陋邦何處得此花, 無乃好事移西蜀.

寸根千里不易致, 銜子飛來定鴻鵠.

天涯流落俱可念, 爲飮一樽歌此曲.

明朝酒醒還獨來, 雪落紛紛那忍觸.[38]

　　무성한 초목과 촌스러운 복사꽃, 오얏꽃과 비교하면 해당화의 고결함과 비범함은 한층 돋보인다. 그런데 그 고결함은 자연에서 나온 것이다. 금쟁반에 담겨 화려한 궁전에 헌상되어 자태를 추어올리지도 않는다. 그 모습은 봄잠에서 깨어나지 않은 미인으로, 붉은 색은 술기운에 발그레한 얼굴빛이고, 초록잎은 비단소매이다. 그 미인이 한번 눈을 뜨면 눈물 가득한 달빛 아래의 고요한 자태는 한없이 우수를 품고 있는 듯하다.

　　이어서 작자가 해당화를 찾아 그 꽃의 요염함과 자신의 쇠하고 시든 모습을 대비하여 깊이 탄식한다. 소식은 또 이 해당화가 아마 자신의 고향인 서촉에서 옮겨 온 것이며, 황주 같은 누추한 고장에는 이러

---

37) 원서에는 이 부분까지 인용되었다. 아래 14구는 원서에는 없지만, 작품의 이해를 위해 전체 시를 인용·번역했다.—옮긴이 주

38) 「나그네살이 하는 정혜원의 동쪽에 여러 꽃들이 산에 가득한 가운데 해당화가 한 그루 있는데, 이 지방 사람들은 이 꽃의 귀함을 모른다」(寓居定惠院之東, 雜花滿山, 有海棠一株, 土人不知貴也), 『소식시집』, 1036쪽. 원풍 3년(1080년, 45세), 황주 귀양지에서 지음.

한 명화名花가 있을 리 없다고 추측했다. 이렇게 우리 모두는 하늘가에 떠도는 사람들인 것이다.

내일 아침에 술이 깨면 꽃잎은 분분히 날려 떨어질 텐데 그때 또 어찌 참을 수 있으리? 소식은 해당화의 품격과 운명에서 자신의 모습을 보고 있다.

이 시기에 쓴 짤막한 소시小詩들도 정교하고 유려하다. 「동파」東坡를 보자.

비가 동쪽 언덕(東坡)을 씻으니 달빛이 맑은데
장삿군 발 끊어지고 돌아가는 것은 시골사람뿐.
울퉁불퉁한 험한 언덕길 싫어하지 말지니
스스로 뚜걱거리며 지팡이 끄는 소리를 사랑하노라.

雨洗東坡月色淸, 市人行盡野人行.
莫嫌犖确坡頭路, 自愛鏗然曳杖聲.[39]

시에 묘사된 비 내린 후의 정취는 다른 사람에게는 이해되지 않는 것이다. 오직 작자만이 즐기면서 솔직하게 자신의 시원하고 소탈한 가슴을 열어 보이고 있다.

황주 시기의 사詞 작품 또한 유배 후의 인생 감개를 서술한 것이 중심이고, 시詩와 사詞의 내용이 일치하는 경향을 한층 강화하고 있다. 「임강선·밤에 임고정으로 돌아가며」(臨江仙·夜歸臨皐)는 그 한 예이다.

---

39) 「동파」東坡, 『소식시집』, 1183쪽.

동파에서 밤술 마셔 깨고 또 취해

돌아오니 아마 삼경이 가까운 듯

집 아이들은 이미 깊이 잠들어 천둥 울리듯 드렁드렁 코를 곤다.

문을 두드려도 대답이 없어

지팡이에 기대어 강물소리 듣는다.

이 몸이 내 소유 아님을 항상 한탄하거니와

아등바등 사는 속세 생활 언제나 잊으려나?

밤 깊어 바람 자니 물결도 잠잠하다.

작은 배를 타고 이곳을 떠나

강해江海에다 여생을 맡겨 볼까나.

夜飮東坡醒復醉, 歸來彷髴三更.

家童鼻息已雷鳴.

敲門都不應, 倚丈聽江聲.

長恨此身非我有, 何時忘却營營.

夜闌風靜縠紋平.

小舟從此逝, 江海寄餘生.

　　전반부는 소식이 동파東坡로부터 술에 취해 돌아오는 모습을 묘사
했고, 후반부는 강물 출렁이는 소리에 촉발된 감개를 말했다. 자신은
세속의 명리에 매여 본래의 자아를 잃고 있는 것은 아닐까. 밤은 깊고
바람은 고요한데 파도도 잔잔하면 문득 생각이 난다. 일엽편주를 타고

강해江海를 유람하며 여생을 마치는 것이 좋지 않을까. 작자는 은자隱者가 되어 정치적인 고민에서 해탈하고 싶어한다.

끝 2구는 원래 가상적인 말인데, 이것이 뜻하지 않게 한바탕 오해를 불러일으켰다. 전하는 말에 의하면, 그다음 날 소식이 정말로 "관복을 강변에 걸어 두고 조각배를 타고 길게 휘파람을 불며 갔다"라는 소문이 전해졌다. 황주지주는 이 소식을 듣고 크게 놀랐다. 소식은 지주知州의 감시하에 있는 '죄인'이기 때문이다. 급히 소식의 거주지로 달려왔을 때, 지주는 소식이 "천둥처럼 코를 골며 아직도 잠이 깨지 않은 것"을 발견했다.[40]

소식은 시에서 매화와 해당화를 자신에게 비유했듯이, 사에서도 사물에 의탁하여 감개를 부쳤다. 다음 사를 보자.

성긴 오동나무엔 조각달 걸려 있고
물시계 소리 끊어져 인적도 잠잠하다.
누가 보리오, 왔다 갔다 거니는 외로운 내 모습.
아득히 먼 곳에 외기러기 그림자여.

깜짝 놀라 일어나 고개를 돌려도
내 신세 알아주는 이 없어 한스러워라.
찬 가지 다 골라 보고는 깃들이려 않고
적막한 모래톱만 썰렁하구나.

---

40) 섭몽득葉夢得, 『피서녹화』避暑錄話 권상.

缺月掛疏桐, 漏斷人初靜.

誰見幽人獨往來, 縹緲孤鴻影.

驚起却回頭, 有恨無人省.

揀盡寒枝不肯棲, 寂寞沙洲冷.[41]

　이 외로운 기러기는 바로 소식의 화신이다. 그는 비탄과 한스러움이 있어도 이해해 주는 사람도 없고, 고상한 품격을 지니고 있으므로 세상을 따라 부침浮沈하지도 않는다.

　상술한 소식의 사 작품은 활달하고 시원스럽지만, 그의 호방함을 더욱 강하게 표현하고 있는 사는 따로 있다. 악주지주 주수창에게 부친 사「만강홍」滿江紅의 앞부분에 장강長江과 한수漢水를 묘사했는데, 그 풍격이 웅건하고 장활壯闊하다.

　　장강과 한수는 서쪽에서 흘러와

　　높은 누각 아래에서 포도빛 짙은 푸른빛을 이루었다.

　　아직도 민산岷山과 아미산峨嵋山의 눈 녹은 물과

　　금강의 봄빛을 지니고 있구나.

　　江漢西來, 高樓下, 葡萄深碧.

　　猶自帶, 岷峨雪浪, 錦江春色.

---

41)「복산자·황주 정혜원에 깃들여 살면서 짓다」(卜算子·黃州定惠院寓居作)

뒷부분에서는 역사적 인물을 추도한다.

서생인 예형이 무슨 일로 다퉜는지 그것만 두고 웃을 일 아니라오.
조조와 황조도 모두 훌쩍 세상을 떠났다오.

不獨笑書生爭底事, 曹公黃祖俱飄忽.

삼국시대의 서생書生 예형禰衡은 조조曹操에게 용납되지 못하다가,
후에 강하태수江夏太守 황조黃祖에게 살해되었다. 그러나 그들은 모두
과거로 사라지고 단지 후인들의 탄식거리가 되었을 뿐이다.「수룡음」
水龍吟에서는 소식이 꿈에 장강長江을 건너다가 고개를 돌려 황주 서하
루棲霞樓에서 노래하고 춤추던 정경을 본 것을 기록했다.

작은 배 타고 봄 강을 가로질러 건너다가
배에 누워 푸른 벽의 붉은 누각 높게 드리운 모양 바라본다.
높은 구름 안개 사이로 웃음소리 들리니
아마도 지주知州의 성대한 모임에
아름다운 여인은 절반쯤 취한 것 같다.
높은 음조에 처량한 거문고 소리
아리따운 노래의 여운이
아련히 귀에 쟁쟁하여 구름과 강물을 휩싸고 도는구나.

小舟橫截春江, 臥看翠壁紅樓起.
雲間笑語, 使君高會, 佳人半醉.

危柱哀絃, 艷歌餘響, 遠雲縈水.

아름다운 필치로 높은 누각에서 화려한 노래와 춤이 벌어진 연회를 묘사했다. 또 사 작품 「수조가두·황주의 쾌재정에서 장악전에게 주다」(水調歌頭·黃州快哉亭贈張偓佺)를 보자. 쾌재정快哉亭은 장악전張偓佺(자 몽득夢得)이 지은 정자로, 소식이 전국시대 송옥宋玉의 작품 「풍부」風賦의 "상쾌하구나. 이 바람이여"(快哉, 此風) 구에서 따다가 이름 지은 것이다. 이 정자에 대해서는 소철도 「황주의 쾌재정에 대한 기문」(黃州快哉亭記)을 지었다. 이 사의 전반부에는 새로 지은 정자의 낙성식과 그 주위의 경관을 묘사했다. 그 후반부를 보자.

천 이랑의 넓디넓은 강물
온통 거울처럼 맑기만 한데
푸른 봉우리 그림자는 거꾸로 잠겨 있네.
갑자기 파도가 이니
일엽편주의 백발의 사공
풍랑과 함께 춤을 추는구나.
우습도다. 난대령蘭臺令 송옥은
장자莊子가 말한 자연의 음향(天籟)을 알지 못하고서
바람에 암바람과 숫바람이 있다고 우겼었지.
한 점의 호연지기
천 리의 상쾌한 바람이여.

一千頃, 都鏡淨, 倒碧峯.

忽然浪起掀舞, 一葉白頭翁.

堪笑蘭臺公子, 未解莊生天籟, 剛道有雌雄.

一點浩然氣, 千里快哉風.

여기서는 '바람'부터 의론을 제기했다. 송옥은 굳이 바람을 '대왕의 숫바람'(大王之雄風)과 '서민의 암바람'(庶人之雌風)으로 나누었으나, 기실 바람은 장자가 말한 바와 같이 '천뢰'天籟, 곧 자연의 신묘한 음악이다. 송옥은 이 점을 이해하지 못했다. 다만 가슴에 호연지기만 가지고 있으면, 이 '상쾌한 바람'을 즐길 수 있는 것이다. 이것을 '대왕의 숫바람'으로 지칭하여 서민들은 즐길 수 없는 것같이 말할 필요가 있겠는가? 이 단락은 '쾌재정'快哉亭의 제의題意를 설명한 것이지만 그 취지는 송옥이 「풍부」에서 드러낸 견해와는 반대된다.

소식은 '대왕'과 '서민'이라는 귀천의 구별을 부정하고 '호연지기'라는 숭고한 지위를 강조했다. 이것이 바로 소식의 사상이 송옥보다 뛰어난 점이다. 이 작품들도 호방사豪放詞에 속하나, 대표적인 호방사는 「염노교 · 적벽회고」念奴嬌 · 赤壁懷古이다. 이 작품은 다음 장에서 상세히 소개하기로 하겠다.

이 시기 소식의 사 작품에는 완약사婉約詞도 있다. 「수룡음 · 장질부의 '양화사'에 차운하여」(水龍吟 · 次韻章質夫楊花詞)는 아주 유명한 작품이다.[42]

---

42) 『동파집』東坡集 권52의 「장질부에게」(與章質夫)라는 편지에 의거하면, 이 사가 황주 시기에 지어졌음을 알 수 있다.

꽃인 듯한데 다시 보면 꽃 아닌 듯

아까워하는 사람 없어 땅에 떨어지게 내버려두니

집에 날아들거나 길가에서 나부끼네.

생각해 보면 그래도

문득 무정하기도 하고 애틋한 정을 품고 있기도 하다네.

연약한 애간장은 뒤틀리어 찢어지고

어여쁜 두 눈은 곤하게 취해서

뜨려고 하다가는 다시 감기네.

꿈결에 바람 따라 만 리 길 달려

임 가신 곳을 찾아다니다가

꾀꼬리 소리에 또다시 잠이 깨었네.

이 꽃이야 다 날아가도 아까울 게 없지만

서쪽 정원에 떨어진 붉은 꽃을

다시 옛 가지에 붙일 수 없어 안타깝구나.

새벽 되어 한바탕 비가 지나면

떨어진 꽃의 자취를 어디서 찾을까?

버들꽃은 연못에 가득히 가녀린 부평으로 변하여 떠다니리라.

봄빛을 셋으로 나누어 본다면

그중의 둘은 흙에 떨어져 티끌 되고

그중의 하나는 물결 위에 떨어져 떠다닌다.

자세히 보니

그것은 버들꽃이 아니라

방울방울 떨어지는

이별한 사람의 눈물이거늘.

似花還似非花, 也無人惜從敎墜.

抛家傍路, 思量却是, 無情有思.

縈損柔腸, 困酣嬌眼, 欲開還閉.

夢隨風萬里, 尋郎去處, 又還被, 鶯呼起.

不恨此花飛盡, 恨西園落紅難綴.

曉來雨過, 遺踪何在? 一池萍碎.[43]

春色三分, 二分塵土, 一分流水.

細看來不是楊花, 點點是, 離人淚.

　　장질부章質夫는 「수룡음·양화사」水龍吟·楊花詞를 지었다. 소식은
그의 원운原韻에 차운하여 이 사를 지었다. 왕국유王國維는 『인간사화』
人間詞話 권상卷上에서 "동파의 버들꽃을 읊은 「수룡음」은 차운하였는
데도 원작 같고, 장질부의 사는 원작인데도 차운한 것 같으니, 그 재질
을 억지로 할 수 없음이 이와 같다"라고 했다. 이 말은 장질부의 양화

---

43) 一池萍碎(일지평쇄): 옛날에 버들꽃이 물에 떨어지면 부평초로 변한다는 말이 있다.
　　육전陸佃의 『비아』埤雅 「석초」釋草에 "세상에서는 버들꽃이 물에 떨어지면 부평초로
　　변한다고 말한다"라 하였다. 소식의 「재차운증중석협지」再次韻曾仲錫荔枝에도 "버들
　　꽃이 물에 닿으면 수많은 부평초가 된다"(柳花着水萬浮萍)라 하였고, 또 이 시에, "버
　　들은 지극히 쉽게 산다. 날리는 버들잎이 물 위에 떨어지면 하룻밤이 지나 곧 부평초가
　　된다"라는 주석을 달았다. 소식은 이 구절의 주석에 "버들꽃이 물 위에 떨어지면 부평
　　초가 된다. 시험해 보니 진실로 그러하더라"라고 했다.

사가 버들의 정감을 핍진하게 묘사했지만, 소식의 이 사는 확실히 일반적인 차운 작품같이 운에 맞추려고 견강부회한 결점이 없다는 의미이다.

이 사의 전체 내용은 버들꽃으로 임을 그리는 여인을 비유한 것이다. 글자마다 버들꽃의 정감을 묘사하고, 또 곳곳마다 임 그리는 여인의 정을 곡진하게 묘사했다. 사물과 사람 두 가지가 가까워질 듯 멀어질 듯하고, 가까워지지도 않고 멀어지지도 않아, 임 그리는 여인네의 가슴속 애원哀怨을 버들꽃을 빌려 멋들어지게 묘사했다. 사물을 묘사하는 것은 또한 감정을 표출하기 위함이다. 소식의 이 사는 서정 예술의 수준 높은 성과를 거두었다. 이 사가 비록 이별한 임을 그리는 여인네를 묘사한 전통적인 제재에 대한 모의模擬 작품이며 차운의 성격을 띠고 있긴 하지만, 또한 유배 생활에서 작자 자신의 고달프고 서글픈 일면을 곡진하게 반영한 작품이다.

8장
적벽赤壁에서의 감회

　　황주성 서북쪽 장강長江 가에 검붉은 암벽이 있는데 그 형상이 사람의 코와 비슷하여 적비산赤鼻山 혹은 적비기赤鼻磯[1]로 불린다. 또 암벽이 우뚝 솟아 있으므로 적벽赤壁이라고도 불린다. 적벽 아래에는 강물이 넓게 흐르고 있어, 소철은 「황주의 쾌재정에 대한 기문」(黃州快哉亭記)에서 "각처의 물이 많이 흘러들어서 마치 바다와 같아진다"(波流浸灌, 與海相若)라고 했다.

　　적벽 위에는 또 서하루棲霞樓, 죽루竹樓, 월파루月波樓, 함휘루涵輝樓 등의 건축물이 있다. 이 덕분에 이곳은 강 풍경을 감상하기 좋은 곳으로 이름이 나 있다. 적벽은 당나라 이래의 시문詩文에서 의식적이든 무의식적이든 옛 삼국시대 적벽대전赤壁大戰의 전쟁터와 결부하여 옛날을 회고하는 사적史蹟으로 유명하다.

---

1) 磯(기): 물가에 돌출한 암벽.

황주 유배 시절, 소식은 자주 적벽에 놀러 가서, 누각에 올라 장강을 조망하거나 혹은 강 위에 배를 띄우기도 했다. 「남향자」(강가엔 서리 내려 강물이 줄어든 흔적이 가려지고)南鄉子(霜降水痕收), 「취봉래」(우스워라 아등바등 사는 인생 한바탕 꿈인 것을)醉蓬萊(笑勞生一夢), 「서강월」(서하루 앞에 방울방울 내리는 가랑비)西江月(點點樓頭細雨) 및 앞에서 언급했던 「수룡음」(작은 배 타고 봄 강을 가로질러 건너가다)水龍吟(小舟橫截春江) 등은 모두 적벽과 관련 있는 사 작품이다. 이외에도 적벽을 언급한 시문이 적지 않다.

47세(원풍 5년, 1082년)에 소식은 다시 적벽에 갔다. 이때 쉰 살을 바라보는 소식은 적벽에 올라 동쪽으로 도도히 흘러가는 강물을 바라보면서 나라를 위해 공을 세우고자 했던 원대한 포부도 물과 함께 흘러가 버렸음을 느꼈다. 고금을 부앙하며 상념의 날개를 펴고 명작 「염노교·적벽회고」念奴嬌·赤壁懷古를 지었다.

> 큰 강은 도도하게 동으로 흘러가며
> 천고의 풍류 인물들을 다 씻어 버렸네.
> 옛날 보루의 서쪽
> 사람들은 말하네,
> 삼국시대 주유의 적벽이라고.
> 삐죽한 바윗돌은 구름을 무너뜨리고
> 놀란 파도는 강 언덕을 두들기며
> 천 무더기 눈 더미를 말아 올린다.
> 그림 같은 이 강산
> 한때 그 많던 호걸들이여!

멀리 주유의 그때 일을 생각하니

소교小喬[2]가 갓 시집왔고

웅장한 자태에 재기가 번득였지.

깃 부채 들고 관건을 쓰고[3]

담소하는 사이에

적의 배는 불에 타서 재가 되고 말았지.

옛 전쟁터로 내 마음 달리나니

그들은 날 보고 틀림없이 웃을 테지

내가 정이 많아 흰머리가 일찍도 났다고 말일세.

인생은 꿈같은 것

한 잔의 술을 강 속의 달에 붓는다.

大江東去, 浪淘盡千古風流人物.

故壘西邊, 人道是三國周郞赤壁.

亂石崩雲, 驚濤拍岸, 捲起千堆雪.

江山如畵, 一時多少豪傑.

遙想公瑾當年, 小喬初嫁了, 雄姿英發.

羽扇綸巾, 談笑間, 檣櫓灰飛烟滅.

故國神遊, 多情應笑我, 早生華髮.

---

2) 소교는 주유周瑜의 아내이다. 그의 언니 대교大喬는 오吳나라 국왕 손책孫策의 처이다.

3) 깃 부채 들고 관건을 썼다는 것은 전투복이 아닌 평상복 차림이라는 의미로 멋들어진 풍채를 형용한 것이다. 관건綸巾은 명주실로 짠 두건이다.

人間如夢, 一樽還酹[4]江月.

　　동한東漢 건안建安 13년(208년) 조조曹操는 북방을 통일하고 20여
만의 군대를 이끌고 남하하여 동오東吳를 공격했다. 동오의 손권孫權은
촉한蜀漢의 유비劉備와 연합하여 5만의 병력을 가지고 적벽에서 화공火
攻으로 조조 군대를 대파하여, 위魏·촉蜀·오吳 삼국이 정립하는 상황
을 만들었다. 이것은 약한 군대로 강한 군대를 이긴 예로서 중국의 역
사상 유명한 전쟁이다. 이때 오나라의 총사령관은 겨우 34세의 주유周
瑜(자 공근公瑾)이다.
　　그러나 싸움이 있었던 적벽은 황주가 아니고 황주보다도 서쪽이었
다.[5] 황주의 적벽이 삼국시대의 적벽인가의 여부에 대해서는 소식 자
신도 여러 차례 의문을 나타냈다.[6] 이 사에서도 "사람들은 말하네"(人道
是)라고 하여 제3자를 더하여 단정을 피했다. 「적벽부」赤壁賦에서도 '이
곳이 조맹덕이 주유에게 곤란을 당한 곳이 아니던가?'라고 하여 회의
적인 어투를 썼다. 당시 풍운을 질타하여 지휘를 하던 선비풍의 장군

---

4) 酹(뢰): 술을 땅에 부어 신에게 제사드리는 것을 말한다.

5) 삼국시대 적벽대전이 벌어졌던 곳은 지금까지도 주장이 다르다. 후베이 성에 적어도 다
　섯 군데가 있는데, 황저우黃州, 자위嘉魚, 장사江夏, 한양漢陽, 한촨漢川 등이다. 현재
　일반적으로 자위嘉魚라고 인정하고 있는데, 지금의 푸치蒲圻 시 서북쪽에 있다.

6) 『동파지림』東坡志林 권4 「적벽의 동굴」(赤壁洞穴) 조條: "황주黃州에서 수백 보 되는
　지점에 적벽이 있는데, 혹자는 주유가 조조를 격파한 곳이라고 한다. 과연 그러한지의
　여부는 모르겠다."(黃州守居之數百步爲赤壁, 或言卽周瑜破曹公處, 不知果是否?)
　『동파지림』 권4 「범자풍에게 주는 편지」(與范子豊書) 조: "황주에서 서쪽으로 조금 가면
　산록이 갑자기 강으로 빠지는데 석실石室이 붉다. 전설에 조조가 패한 곳인 적벽이라 하
　기도 하고, 아니라고 하기도 한다."(黃州少西, 山麓陡入江中, 石室如丹. 傳云曹公敗所,
　所謂赤壁者, 或曰非也.)

주유를 추억하며, 자신의 실의의 생애와 심적인 우울을 연계시켜 고민을 폈다.

서두 2구에서는 역사 속의 영웅은 과거의 일이 되어 모래와 같이 강물에 씻겨 흘러가 버리고 말았음을 묘사했다. 경치를 묘사하고 또 인물을 추모하여 사 전체가 강산과 인물의 묘사를 겸하면서도 인물이 위주가 되는 기본 실마리를 펼쳤다. 이어서 '그림 같은 강산'을 묘사하는데, 산은 높이 솟은 산이요 물은 세차게 솟구치는 물이다. 강산의 경치는 천고에 새로운데 역사적 인물은 사람들의 가슴속에서 사라지고 말았는가? 그렇지 않다. 그들의 영웅적 업적은 영원히 남아 있다.

후반부에서는 주유의 형상을 집중적으로 묘사했다. 아름다운 부인과의 만족스러운 결혼 생활, 영웅의 자태, 더욱이 적벽대전의 와중에도 우아함을 잃지 않는 복장, 담소하는 가운데 드러나는 가슴속의 전략. "적의 배는 불에 타서 재가 되고 말았지"(檣櫓灰飛烟滅)라는 구절은 격렬한 싸움을 지휘하여, 작전이 성공해 빛나는 전과를 올렸음을 말한다.

"옛 전쟁터로 내 마음 달리나니"(故國神遊) 이하는 자신의 감개를 묘사한 것이다. 그는 지금 고적을 방문하여 옛일을 회고하며 마음 설레이고 있다. 마땅히 내가 정이 많다고 웃으리라. 이 머리에 가득한 백발은 다정의 증거이다. 인생은 한바탕 꿈과 같은 것이니, 술을 빌려 강물에 제사지내 잠시 고민과 수심을 잊는 것이 좋다.

이 사의 내용은 모순으로 가득 차 있다. 장엄하고 수려한 산하를 열정적으로 예찬하고, 공훈을 세운 영웅적 인물을 충심으로 경모하고, 또한 인생은 꿈과 같다고 소극적으로 탄식한다. 그러나 사의 기조는 적극적이다. 이상을 추구하려는 정신이 소극적인 사상을 제압하고 있다. 왜냐하면 전체 사의 의경意境을 구성하는 주요 형상이 웅대한 장강과 주유의 영웅스러운 자태이기 때문이다. 이 사가 수백 년에 걸쳐 사람을 감동시킬 수 있었던 까닭은 바로 이 때문이다. 예술적 매력도 여기서 비롯하고 있다.

이 해 음력 7월 16일과 10월 15일 두 차례에 걸쳐 소식은 또 적벽 아래의 장강長江에서 뱃놀이를 했다. 이때에 쓴 것이 저명한 「적벽부」赤壁賦와 「후적벽부」後赤壁賦이다.

부賦는 초사楚辭에서 발전한 전통적인 시체의 하나이다. '한부'漢賦를 거쳐 위진魏晉 때의 '서정소부'抒情小賦로부터 당唐의 '율부'律賦에 이르기까지 부는 곡절을 겪으면서 발전했다. 그러나 그 창작은 결코 융성했다고는 할 수 없다. 송宋에 이르러서는 점차 산문화했으나 여전히 전통적인 부의 수법은 의연하게 사용되어 대구對句를 배치하고 자구字句를 단련하며 대우對偶와 운어韻語를 섞어 쓰는 등 일종의 산문시와 같은 부가 선보이게 되었다. 소식의 「적벽부」를 보자.

임술년[7] 가을
음력 7월 16일에
소자蘇子가 손님과 더불어 배 띄우고
적벽 아래에서 노닐었네.

맑은 바람은 솔솔 불어오고
물결은 일지 않는다.

---

7) 임술년은 원풍 5년(1082년), 소식의 나이 47세 때이다.

술잔 들어 손님에게 권하며

명월明月의 시를 외고

요조窈窕의 장을 노래했네.[8]

이윽고 동산에 둥근 달이 떠올라

북두성과 견우성 사이를 배회하니

흰 이슬 안개는 강을 가로질러 덮었고

물 위에 비친 달빛은 하늘과 맞닿았네.

일엽편주를 제 가는 대로 띄워 놓고

만경창파 망망한 수면에 맡겨 두었다.

어찌나 넓은지 마치 허공에서 바람 타고 가다가

어디에서 멈출지 모르겠고

훨훨 나부끼니 마치 속세 떠나 홀로 서서

날개 돋쳐 신선 되는 듯했네.

壬戌之秋, 七月旣望, 蘇子與客泛舟遊於赤壁之下. 淸風徐來, 水波不
興. 擧酒屬客, 誦明月之詩, 歌窈窕之章. 少焉, 月出於東山之上, 徘徊
於斗牛[9]之間. 白露橫江, 水光接天. 縱一葦之所如, 凌萬頃之茫然. 浩
浩乎如憑虛御風, 而不知其所止, 飄飄乎如遺世獨立, 羽化而登仙.

---

8) 명월明月의 시와 요조窈窕의 장은 『시경』詩經 진풍陳風의 「월출」月出을 가리킨다.

9) 斗牛(두우): 북두성北斗星과 견우성牽牛星을 말한다.

이상은 첫째 단락으로 밤에 장강에서 놀이할 때 보고 느낀 것을 묘사한 것이다. 시간과 장소와 인물을 소개한 후 강 위의 아름다운 경치를 묘사했는데, 청풍과 명월이 어우러지고 서리 방울과 물빛이 서로 빛난다. 이 아름다운 경관에서 하늘로 오를 듯한 쾌감을 기록했다. 작자는 마치 신선이 되어 바람을 타고 날아가 선경仙境에 오른 것 같다.

> 그리하여 술을 마시매 대단히 즐거워
> 뱃전을 두드리며 장단 맞춰 노래 부르니
> 그 노래 가사는 이러하다.

> "계수나무 노와 모란 삿대 들어 저으면서
> 달빛 어린 강물 헤쳐 흐름을 거슬러 오르니
> 끝없이 펼쳐지는 내 마음
> 하늘 저쪽 미인[10]을 바라본다네."

> 손님 가운데 퉁소 부는 이 있어
> 노랫가락에 맞추어 반주하니
> 그 소리 우우하여 구슬픈데
> 원망하듯 그리워하듯
> 흐느끼듯 하소연하듯,
> 간드러진 여음餘音이 실 가닥처럼 끊이지 않아,

---

10) 옛 사람들은 미인을 현군賢君, 성주聖主나 이상理想의 상징으로 자주 사용했다. 하늘 저쪽(天一方)은 미인이 먼 곳에 있음을 가리킨다.

깊은 골 물 속에 숨은 교룡을 춤추게 하고
외로운 배 안의 과부를 흐느끼게 하네.

於是飮酒樂甚, 扣舷而歌之. 歌曰, "桂棹兮蘭槳, 擊空明兮泝流光. 渺
渺兮予懷, 望美人兮天一方." 客有吹洞簫者, 倚歌而和之. 其聲嗚嗚
然, 如怨, 如慕, 如泣, 如訴, 餘音嫋嫋, 不絶如縷, 舞幽壑之潛蛟, 泣
孤舟之嫠婦.

　이는 둘째 단락으로 앞부분에서는 첫째 단락을 이어 음주와 노래
의 흥겨움을 묘사했다. 뒷부분에서는 손님이 부는 퉁소 소리가 어찌나
처량한지 분위기가 '즐거움'(樂)에서 갑자기 '비애'(悲)로 전환된다. 이
로써 제1단락과 제3단락의 교량 역할을 한다.

　　소자蘇子는 수심에 잠겨
　　옷깃 바로 하고 단정히 앉으며
　　손님에게 묻기를
　　"어찌하여 그리도 슬프게 부는가?"

　　손님이 말했다.
　　"'달 밝아 별 드문데
　　까마귀와 까치는 남쪽으로 날아가네.'[11]
　　이는 조조의 시구가 아닌가?

---

11) 이 인용문은 조조曹操의 「단가행」短歌行에 나오는 시구이다.

서쪽으로 하구夏口[12]를 바라보고

동쪽으로 무창武昌[13]을 바라보니

산천은 서로 얽혀서

짙푸르게 우거졌는데

이는 조조가 주유에게 욕본 곳이 아닌가?

바야흐로 형주荊州를 격파하고

강릉江陵으로 내려와서

강 흐름 따라 동쪽으로 내려올 때

군선軍船은 연이어 천 리이고

깃발들이 하늘을 가리웠었소.

술을 걸러 강에 임해

긴 창을 가로놓고 시를 읊었으니

진실로 일세의 영웅인데

지금은 어디 가고 없는가?

하물며 나와 그대는

강가에서 고기 잡고 땔나무 하며

물고기 새우와 벗하고 고라니 사슴과 친구 삼아

일엽편주에 몸을 싣고

표주박 술잔 들어 서로 권하니

하루살이 짧은 인생 천지간에 부쳐 두고

---

12) 하구는 성城의 이름이다. 그 옛터가 지금의 우한武漢 시 황곡산黃鵠山 위에 있다.

13) 무창은 지금의 후베이 성 어청鄂城이다. 지금의 우창武昌 시가 아니다.

끝없는 대해의 한 알 좁쌀인즉

내 삶이 한순간임을 슬퍼하고

장강 끝없이 흘러감을 부러워한다오.

공중을 나는 신선을 옆에 끼고

즐거이 노닐면서

밝은 달을 품에 안고 영원히 살고 싶소.

이 일이 쉽사리 이루어질 수 없음을 아는지라

여음을 쓸쓸한 가을바람에 실었지요."

蘇子愀然, 正襟危坐而問客曰, "何爲其然也?" 客曰, "'月明星稀, 烏鵲
南飛', 此非曹孟德之詩乎? 西望夏口, 東望武昌, 山川相繆, 鬱乎蒼
蒼, 此非孟德之困於周郎者乎? 方其破荊州, 下江陵, 順流而東也, 舳
艫千里, 旌旗蔽空, 釃酒臨江, 橫槊賦詩, 固一世之雄也, 而今安在哉?
況吾與子, 漁樵於江渚之上, 侶魚蝦而友麋鹿, 駕一葉之扁舟, 擧匏樽
以相屬, 寄蜉蝣於天地, 渺滄海之一粟. 哀吾生之須臾, 羨長江之無窮,
挾飛仙以遨遊, 抱明月而長終. 知不可乎驟得, 託遺響於悲風."

　　이 셋째 단락에서는 손님의 말을 통해 그의 퉁소 소리가 서글픈 원
인을 설명했다. 앞부분에서는 우선 역사 인물에 대한 손님의 회상이
묘사되어 있다. 앞에서 언급한 「염노교·적벽회고」에서는 주유를 읊었
으나 주유의 적수 조조도 역시 일세의 영웅이 아닌가? 조조가 대군을
이끌고 동쪽으로 강물 따라 내려오다가 장강을 대하고 긴 창을 가로
놓고 시를 읊은 것도 뛰어난 영웅의 기개라 할 수 있다. 그러나 그것도
전부 지나간 역사가 되어 버렸다. 이어서 손님은 짧고도 초라한 인생

을 탄식하면서, 퉁소 소리를 통해 자기의 비애를 표현한다.

소자가 말했다.
"손님도 저 물과 달을 아는가?
흘러가는 것이 이와 같으나
아주 가 버려 없어진 적은 없고,
달도 차고 이지러지는 것이 저와 같으나
결국 줄거나 늘지는 않았으니,
변한다는 각도에서 보면
천지도 일순간을 멈추어 있지 못하지만,
불변한다는 각도에서 보면
만물과 내가 모두 무궁하다네.
그런데 또 무엇을 부러워하겠는가?
또한 무릇 천지간에는
만물에 각기 주인이 있어
만일 나의 소유가 아니라면
터럭 하나라도 취해선 안 될지나,
오직 강 위의 맑은 바람과
산간의 밝은 달만은
귀로 들으면 음악이 되고
눈으로 보면 경치를 이루어
이를 취해도 막는 이 없고
이를 써도 다 없어지지 않으니,
이는 조물주의 무한한 보고요

나와 그대가 함께 즐겨야 할 것이라네."

蘇子曰, "客亦知夫水與月乎? 逝者如斯, 而未嘗往也, 盈虛者如彼, 而
卒莫消長也. 蓋將自其變者而觀之, 則天地曾不能以一瞬, 自其不變者
而觀之, 則物與我皆無盡也, 而又何羨乎? 且夫天地之間, 物各有主,
苟非吾之所有, 雖一毫而莫取. 惟江上之淸風, 與山間之明月, 耳得之
而爲聲, 目遇之而成色, 取之無禁, 用之不竭, 是造物者之無盡藏也,
而吾與子之所共適."[14]

이는 넷째 단락으로 손님을 위로한 주인의 말을 기록했다. 주인
은 손님의 비애가 순간적이며 보잘것없는 인생을 불변한 것으로 보았
기 때문이라고 인식했다. 그러나 실제로는 사물도 나도 함께 변화하는
측면과 변화하지 않는 측면을 겸하여 갖추고 있다. 변한다는 각도에서
보면 천지만물은 한순간도 변하지 않는다고 할 수 없다. 불변한다는
각도에서 보면 만물도 인류도 모두 영원한 존재이니, 장강이나 명월을
부러워할 필요가 없다. 동시에 강 위의 맑은 바람과 산간의 밝은 달은
"이를 취해도 막는 이 없고, 이를 써도 다 없어지지 않는"(取之無禁, 用之
不竭)[15] 것으로, 인간은 완전히 대자연의 품 안에서 흥겹게 자적할 수
있다. 이렇게 인생과 우주에 대해서 활달하고도 낙관적인 태도를 유
지하여 비관과 실망 중에서도 해탈할 수 있다. 이것이 이 문장의 주지

---

14) 適은 『소식문집』, 6쪽에는 食이라고 하였다.
15) 『노자』老子 제4장에서는 "도는 텅 비어 있다. 그러나 아무리 퍼내어 써도 고갈되지 않
는다"(道沖, 而用之或不盈)라 했다.—옮긴이 주

이다.

> 손님은 기뻐하며 빙그레 웃고서
> 술잔을 씻고서 다시 따르니
> 안주는 어느새 없어지고
> 잔과 쟁반이 어질러진 채
> 서로 깔고 베고 배 안에 누워 자니
> 어느새 동녘이 훤히 튼 것도 모르고 있었네.

客喜而笑, 洗盞更酌, 肴核旣盡, 杯盤狼藉. 相與枕藉乎舟中, 不知東
方之旣白.[16]

마지막 단락에서는 손님의 '비애'(悲)가 '기쁨'(喜)으로 전환되어 주
인과 손님이 함께 통쾌하게 술을 마시고는 달게 잠들었다가 새벽을 맞
았다.

전체 문장은 '즐거움'(樂)에서 '비애'(悲)에 이른 후에, 다시 '즐거움'
(樂)으로 끝을 맺었다.

주인과 손님 간의 긴 대화는 실제로는 소식 내면세계의 독백으로,
감정의 3단계 기복이 반영되어 있다. 먼저 강산의 아름다운 경치 가운
데서 작자는 '우화이등선'羽化而登仙이라는 초연超然의 즐거움을 끌어냈
다. 이어서 역사 인물의 흥망으로 생각을 달려 현실적 인생의 고민으
로 들어선다. 끝으로 눈앞의 경물景物에서 출발하여 변變과 불변不變의

---

16) 「적벽부」, 『소식문집』, 5쪽.

철리를 밝히어 광달曠達 가운데 해탈을 얻으려 한다.

　소식의 이러한 사상감정은 정치적으로 실의에 빠져 있던 봉건 사대부에게 전형이 될 수 있다. 이것으로써 정치적 타격을 받았을 때도 염세厭世에 빠지지 않고 여전히 낙관적인 정신을 유지할 수 있었다. 그러나 한편으로는 산수에 몸을 맡기고 세상을 피하는 은둔적인 경향을 초래했다. 여기에 묘사되어 있는 철리는 불로佛老 사상의 영향을 받았으니, 변變을 인정하고 또 불변不變을 인정하는 이원론二元論의 배후에 있는 핵심은 여전히 '불변'不變의 사상이다. 그것은 "만물과 내가 모두 무궁하다"(物與我皆無盡也)라고 하는 사상이다. 그 실질은 형이상학에 속하는데, 사물의 운동 및 변화에 대한 정확한 해석이라고 말하기는 어렵다. 이 「적벽부」가 예술적으로 극히 높은 수준에 도달하고 있다는 것은 사실이다. 그러나 그 가운데 스며 있는 소극적 요소에 대해서는 구체적인 역사적 조건으로부터 인식하고 이해할 필요가 있다.

　「후적벽부」는 다시 적벽을 유람하고 쓴 글이다. 7월 방문 이후 석 달 뒤인 "서리 이슬 이미 내려 나뭇잎 모두 지니, 사람 그림자 땅에 뚜렷하여 밝은 달을 쳐다보는"(霜露旣降, 木葉盡脫, 人影在地, 仰見明月) 시절이다. 이때 소식은 두 손님과 함께 강에 배를 띄우고 노닐었다. 똑같은 바람과 달이건마는 경치는 판연히 달랐다.

　「적벽부」에서는 "맑은 바람은 솔솔 불어오고, 물결은 일지 않는다", "흰 이슬 안개는 강을 가로질러 덮었고, 물 위에 비친 달빛은 하늘과 맞닿았네"라고 하여, 글자마다 가을 분위기가 배어난다. 이에 반해 「후적벽부」에서는 구절마다 겨울 경치이다.

　　강물은 소리 내며 흐르고

깎아지른 절벽은 천 길이나 되네.

산 높아 달 작아지고

물 줄어 돌이 드러난다.

江流有聲, 斷岸千尺, 山高月小, 水落石出.

「후적벽부」에서는 또한 「적벽부」에는 없던 산에 오르는 정경을 묘
사했다.

나는 곧 옷자락 걷고 올라

가파른 바위 밟고

뒤덮인 풀을 헤쳐

호랑이와 표범 같은 괴이한 돌에 걸터앉고

규룡같이 구불구불한 고목에 올라가서

송골매 깃들인 높은 둥지 움켜쥐고

풍이馮夷[17]의 깊숙한 물 속 궁전을 굽어본다.

……

날카로이 길게 소리 지르니

초목이 진동하고

산 울어 골짜기 메아리치며

바람 일어 강물 용솟음치네.

---

17) 풍이는 수신水神의 이름이다.

予乃攝衣而上, 履巉巖, 披蒙茸, 踞虎豹, 登虬龍, 攀棲鶻之危巢, 俯馮
夷之幽宮. …… 劃然長嘯, 草木震動, 山鳴谷應, 風起水涌.

놀람과 공포스러운 분위기를 묘사하여, 바람과 달 그리고 물빛이
그윽하고 고요했던 「적벽부」의 분위기와 선명하게 대조를 이룬다. 「후
적벽부」는 또한 도사道士가 학으로 화하는 환상을 기술하는 등, 몽롱하
고 황홀하여 「적벽부」보다 더욱 허무하고 어렴풋한 색채가 농후하다.
이는 유배 생활의 처량한 심정과 티끌세상을 초월하고자 하는 작자의
바람이 더욱 강하게 반영된 것이다.

「적벽부」와 「후적벽부」는 중국의 문학예술사에 큰 영향을 끼쳤다.
이는 이후의 희곡, 회화, 조각과 소조塑造 등에서도 창작의 제재가 되
었다. 희곡으로는 원대元代 무명씨無名氏의 잡극인 「소자첨이 취해서
'적벽부'를 쓰다」(蘇子瞻醉寫赤壁賦), 명대明代 허조許潮의 「적벽 유람」(赤
壁遊), 심채沈采의 전기傳奇 「소자첨적벽기」蘇子瞻赤壁記가 있다. 송대의
화가 이공린李公麟과 명대의 화가 당인唐寅도 모두 적벽에서 뱃놀이를
하는 소식의 그림을 그린 적이 있고, 다른 화가들도 같은 화제畫題의
그림을 그렸다.

명대 위학이魏學洢의 「핵주기」核舟記에서는 민간의 조각가 왕의王毅
(자 숙원叔遠)가 조각한 '핵주核舟의 경탄할 만한 솜씨를 생동적으로 기
술하고 있는데, 거기에 조각된 것도 '대소大蘇가 적벽에서 배 띄우고
유람하는 것'을 내용으로 한 것이다. 『홍루몽』紅樓夢 제76회 「철벽당에
서 피리소리를 듣고 처량하면서도 맑음을 느끼다」(凸碧堂品笛感淒清)도
「적벽부」의 예술 경지에서 영향을 받은 것이라고 하겠다.

적벽을 소재로 한 소식의 창작 활동은 적벽에 광채를 더했다. 그리

하여 청대의 어느 문인은 황주적벽黃州赤壁을 '동파적벽'東坡赤壁이라 명명하고, 또한 건축물의 편액에 새겨 놓아 이 이름이 천하에 유명하게 되었다. 지금까지 황강黃岡 동파적벽에는 여전히 이부당二賦堂, 뇌강정酹江亭, 파선정坡仙亭 등의 명소가 있으며, 또한 소식이 직접 붓으로 쓴 「염노교·적벽회고」, 「적벽부」 및 역대의 명가가 붓으로 쓴 소식의 사와 부가 남아 있다. 이것들은 모두 소식의 적벽에서의 활동에 대한 역사적 기념물이다.

9장
황주 유배지를 떠나

49세 되던 해(신종 원풍 7년, 1084년)의 4월, 소식은 여주汝州(치소는 지금의 허난 성 린루臨汝) 단련부사 본주안치團練副使本州安置[1]로 자리를 옮겨 황주를 떠나게 되었다. 그는 말했다.

허리에 창자를 버틸 만한 쌀을 짊어지고
여주 땅 유행병 혹을 덮을 깃 넓은 옷 준비했네.
강호에 몸을 던졌으나 끝내 다시 기용되는 날이 있으리니
앞으로는 친구들 나를 비난하지 못하리라.

長腰尙載撑腸米, 潤領先裁蓋癭衣.

---

1) 안치安置는 송대宋代에 대신大臣을 귀양 보내던 제도이다. ─옮긴이 주

投老江湖終不失, 來時莫遣故人非.[2]

　　허리에는 황주에서 가져온 "창자를 버틸 만한 쌀"을 짊어지고 있고, 여주에서 유행하는 목 주위에 혹이 나는 병을 대비하여 깃이 넓은 옷을 이미 준비했다. 자신이 등용되지 않은 채로 강호에서 늙어 죽을 수는 없으리라. 장래는 더욱 좋아질 것이고 벗들에게 헐뜯기지 않겠지.

　　진조陳慥에게 보내는 시에서, 소식은 "원컨대 구름을 뚫는 송골매가 되어야지／새끼 오리 거느린 어미 오리는 되지 말아야지"(願爲穿雲鶻, 莫作將雛鴨. 「기정 5수, 제5수」岐亭五首, 其五)라고 기술하여 자신의 포부를 더욱 강하게 표명했다. 그는 다시 세상에 나아가려는 용기와 신념을 잃지 않았다. 이는 「염노교·적벽회고」의 기조와 일치한다.

　　여주로 향하는 도중, 그는 여산廬山을 유람하며 여러 명승지를 찾아 적지 않은 명작을 남겼다.

> 가로로 보면 고개로 보이고 옆에서 보면 봉우리 되니
> 멀리 가까이 높게 낮게 그 모습 같지 않네.
> 여산의 진면목을 알지 못하는 것은
> 단지 내 몸이 이 산 가운데 있기 때문일세.
>
> 橫看成嶺側成峯, 遠近高低各不同.
> 不識廬山眞面目, 只緣身在此山中.[3]

---

2) 「황주를 떠나며」(別黃州), 『소식시집』, 1201쪽.
3) 「서림사의 벽에 쓰다」(題西林壁), 『소식시집』, 1209쪽. 원풍 7년(1084년, 49세)에 지음.

이 철리시哲理詩는 소식이 여산을 유람하며 느낀 총괄적 표현이다. 이 시는 여산의 경치에서 사물을 인식하는 원리를 이끌어냈다. 다른 각도에서는 산의 서로 다른 부분 외에는 볼 수 없고, 대상 안에 있는 사람은 도리어 사물의 진상과 전모를 또렷하게 볼 수 없다. 바꿔 말하면 사람의 인식은 인식의 조건에 제약되어 한정적인 것이다. 그는 그렇게 설명하고 있다.

곧이어 그는 호구湖口(지금의 장시 성 후커우湖口)에 가서 여기에서도 인식론과 관련 있는 작품을 썼다. 「석종산기」石鐘山記가 바로 그것이다. 석종산石鐘山이라는 이름에 흥미를 느낀 소식은 종래의 두 가지 설명에 의문을 품는다.

그 하나는 북위北魏 역도원酈道元의 설로, 산기슭 아래에 깊은 연못이 있어 물과 돌이 서로 부딪쳐서 큰 종이 울리는 소리를 내기 때문에 그 이름이 붙었다고 하는 것이다. 소식은 여기에 반론한다. "지금 종이나 경쇠⁴⁾를 물 속에 놓으면 큰 풍랑이 일어난다 해도 울릴 수 없는데, 하물며 돌이 어떻게 울리겠는가?"(今以鐘磬置水中, 雖大風浪不能鳴也, 而況石乎.)

또 하나 당대唐代 이발李渤의 설에 의하면, 여기에 두 개의 돌이 있고 이것을 두드리면 종과 같은 소리가 나기 때문이라고 말한다. 소식은 이에 대해서도 반박했다. "쨍그렁 하고 소리 내는 돌은 아무 데나 다 있는 것인데, 이곳만이 종鐘이란 이름이 붙은 것은 무엇 때문인가?"(石之鏗然有聲者, 所在皆是也, 而此獨以鐘名, 何哉.) 더구나 그가 직접 이 두 개의 돌을 부딪쳐 본 바 그 소리는 다른 돌과 다르지 않았다.

그리하여 그는 직접 밤중에 배를 타고 석종산을 찾아갔다. 암석이

---

4) 경쇠(磬)는 고대에 옥이나 돌을 사용하여 만든 악기이다.

높이 우뚝 솟았는데 기괴한 맹수의 소리가 밤에는 더욱 으스스하게 들려 왔고, 산에서 서식하는 큰 독수리가 괴이한 소리를 내어서 온 몸의 털이 곤두섰다. 소식은 마침내 돌아오려 하였다. 그때의 정경을 소식은 다음과 같이 표현했다. 돌연 "물 위에서 큰 소리가 둥둥 하면서 종소리나 북소리가 끊이지 않는 것 같아 뱃사공이 굉장히 두려워했다. 천천히 살펴보니 산 아래 돌구멍과 돌 틈이 있어 그 깊이는 알 수 없는데, 잔물결이 거기에 들어가면 요동을 치다가 되돌아 나오면서 이렇게 소리를 내는 것이다."(大聲發於水上, 噌吰如鐘鼓不絶, 舟人大恐. 徐而察之, 則山下皆石穴罅, 不知其淺深, 微波入焉, 涵澹澎湃而爲此也.) 원래 산 아래의 돌에는 모두 구멍이 나 있고 틈이 있어 파도가 솟구쳐 스며들면 비로소 종이나 북 같은 소리가 나게 된다. 이뿐만이 아니고 배가 두 산의 사이로 끼어 들어가면, "백 사람이 앉을 수 있는 큰 돌이 중류를 막고 있는데 텅 빈 가운데 작은 구멍이 많아 바람과 물이 서로 삼키거나 토하여, 쾅쾅 땡땡 소리가 났다. 방금 둥둥 하는 소리와 서로 응하여 악기가 내는 소리와 같다."(有大石當中流, 可坐百人, 空中而多竅, 與風水相呑吐, 有窾坎鏜鞳之聲, 與向之噌吰者相應, 如樂作焉.) 그 100명이 앉을 수 있는 큰 돌도 마찬가지 원인으로 종소리나 북소리 같은 소리를 낸 것이다. 두 종류의 소리는 서로 공명해서 중후한 종소리가 되어 마치 음악을 연주하는 것 같았다.

이에 소식은 문득 '석종산'이라는 명칭의 유래를 크게 깨달았다. 그는 결론을 내렸다. "일에는 눈으로 보거나 귀로 듣지 않고 그 유무有無를 억측하는 경우가 있는데"(事不目見耳聞而臆斷其有無), 이렇게 하면 정확한 인식을 얻을 수가 없다. 비록 '석종산'이라는 이름의 유래에 관해서는 후인이 소식보다 더 합리적으로 해석했으나, 소식의 이러한 결론은 계시적啓示的인 가치를 지금도 잃지 않고 있다.

몸이 산중에 있으면 산의 전모를 볼 수 없다. 억측에만 매달려서는 산 이름의 유래조차도 밝힐 수가 없다. 세상만사와 만물은 모두 반복적인 인식의 과정이다. 그렇다면 신법에도 같은 자세를 취할 수 있지 않을까? 소식은 장기간에 걸친 지방관의 경험으로, 신법의 정신적 실체가 단지 소수의 권세가와 겸병 세력의 약간의 이익을 억제하여, 지주계급의 독재정치를 강화하고자 하는 것에 지나지 않음을 점차 인식하게 되었다. 이 점은 그 자신도 완전히 받아들일 수 있는 것이었다. 그와 동시에 신법이 폐해를 가져오기는 해도 백성의 이익에 연결되는 부분도 있음을 그는 보아 왔다.

일찍이 황주에 유배되었을 때, 그는 변법파인 장돈章惇에게 이런 편지를 쓴 적이 있다. "전에 신법을 반대했던 일을 돌이켜 보니, 그때는 참으로 이치가 없었습니다. 그것은 병에 걸린 미친 사람이 강이나 바다에 들어가는 것과 차이가 없었습니다"(「장자후에게 주는 편지」與章子厚書)라고 말하고 있는데, 이것은 그의 사상 인식의 변화를 말해 준다.

그 후 친구 등원발滕元發에게는 다음과 같은 편지를 써 보냈다. "대략 생각해 보니, 신법을 시행하는 초창기에 편견 때문에 이의異議가 있었습니다. 비록 그 말이 충직하게 우국지정을 표현한 것이긴 해도, 말에 오류가 있어 이치에 맞는 경우가 적었습니다. 이제 성덕聖德이 날로 새로워지고 교화가 이루어져 지난번 고집하던 것을 돌아보면 더욱 더 부족했던 것을 느낍니다."(「등원발에게」與滕元發) 그는 자신이 신법을 반대한 '오류'와 '그것이 이치에 맞음이 적었음'을 인정했다.

그는 바로 이러한 인식에다가, 왕안석의 '도덕적인 문장'을 경모하여 재상에서 물러난 지 8년이 되는 왕안석을 찾아가 대면했다.

7월에 소식은 금릉金陵(지금의 장쑤 성 난징南京)을 방문했다. 당시 병환 중이던 왕안석은 "시골 평민의 옷을 입고 나귀를 타고 있었는데 (소식은) 강가에서 배를 멈추고 그를 뵈었다."[5] 또 왕안석은 장산蔣山(지금의 쯔진산紫金山)의 거처로 몇 차례나 소식을 초대했다. 소식은 왕안석에게 여혜경呂惠卿의 부당한 조치를 나서서 막아야 한다고 격려했다. 당시 여혜경은 매년 서하西夏로 출병하고 동남부 일대에서 대대적으로 반대파를 탄압하고 있었다. 왕안석은 이에 대해 동의를 표했다. 또 왕안석은 소식에게 『삼국지』三國志를 재편집하도록 권유했다. 이는 소식이 『삼국지』 배송지주裴松之注의 사료적 가치를 인정하여 마땅히 정사正史로 편입되어야 한다고 인식했고,[6] 왕안석도 이것에 동감했기 때문이라고 생각된다. 두 사람은 술을 마시고 꽃을 감상하며 헤어지는 것도 잊어버렸다. 과거의 대립은 우정으로 바뀌었다. 소식은 「형공의 운에 차운하여 절구 4수, 제3수」(次荊公韻四絶, 其三)에서 다음과 같이 썼다.

노새 타고 아득히 황량한 둑길에 오르니
생각나네, 선생의 건강하실 때의 모습.
나에게 권하셨지, '이 근처에 조그만 집 구해 보는 게 어떠냐'고.
공을 따르고자 한 마음 십 년이나 늦었음을 새삼 느끼네.

騎驢渺渺入荒陂, 想見先生未病時.
勸我試求三畝宅, 從公已覺十年遲.[7]

---

5) 주변朱弁, 『곡유구문』曲洧舊聞 권5.
6) 주변, 『곡유구문』 권5.
7) 「형공의 운에 차운하여 절구 4수, 제3수」(次荊公韻四絶, 其三), 『소식시집』, 1252쪽.

이웃이 되자는 왕안석의 권고를 소식은 흔연히 따르고자 하여 이에 대해 적극적으로 준비까지 하였다. 그는 금릉을 떠난 지 오래되지 않아 지은 「형공에게 올리는 편지」(上荊公書)에서, "근자에 지나는 길에 누차 뵈올 때 위로와 가르침을 주시니 은혜가 깊습니다. ……저는 애당초 금릉에다 밭을 구입하고, 어르신네를 모시며 종산鍾山 아래에서 늙기를 희망했는데 이루지 못했습니다. 지금 의진儀眞(지금의 장쑤 성 이정儀徵)에 와서 또 20여 일 동안 날마다 밭을 구하는 것으로 일삼고 있습니다. 그러나 성공할지는 아직 모르겠습니다. 만약 다행히 바람이 이루어진다면 조각배로 왕래하면서 공公을 뵙기는 어렵지 않을 것 같습니다"라고 하였다. 그러나 끝내 바람대로 하지 못했다. 그리고 왕안석도 1년 남짓 후에 서거하고 말았다.

이 해(1084년) 연말에 소식은 사주泗州(치소는 지금의 장쑤 성 쉬이 현盱眙縣 동북 지역)에 도착했다. 한 번은 그가 사주지주泗州知州 유사언劉士彦과 함께 남산을 유람하러 갔다가 밤이 되어서야 돌아왔다. 그때 지은 것으로 「행향자 · 사주태수와 함께 남산에 갔다가 저녁에 돌아와서 짓다」(行香子 · 與泗守過南山, 晚歸作)라는 사 작품이 있다. 그 후반부는 다음과 같이 묘사되어 있다.

> 나는 기러기와 낙조는
> 서로 장차 돌아가려 하네.
> 담담하고 아름다운 하늘 궁전은 맑고 한가하다.
> 어느 누가 일없이
> 텅 빈 산에서 잔치를 열고 있는가?
> 장교長橋를 바라보니

등불은 어지러운데
사또는 돌아갔네.

飛鴻落照, 相將歸去. 澹娟娟玉宇淸閑.

何人無事, 宴坐空山?

望長橋上, 燈火亂, 使君還.

　　남산의 잔치가 파한 후 밤중에 사주泗州 장교長橋를 건넜다. 그는
유사언이 등불에 둘러싸인 가운데 관아로 돌아가는 정경을 바라보고
있었다. 이튿날 유사언은 이 사가 지어졌다는 것을 알고는 허둥지둥
소식을 찾아가 말했다. "듣건대 새로운 사가 지어졌다는데 그렇습니
까? 학사(소식을 지칭)님의 이름은 천하에 알려졌기에 경사에도 바로
전해질 것입니다. 법에 의하면 사주에서 밤에 장교를 건너는 자는 징
역 2년에 처하게 되어 있습니다. 하물며 지주知州가 그런 일을 했다
고 하면 큰일입니다. 절대로 이 사를 남에게 보여 주지 마십시오." 이
에 소식은 웃으며 대답했다. "저는 일생 동안 죄만 짓고 살았습니다.
입만 열면 항상 죄를 지으니, 아마 징역 2년 정도로는 구제되지 않을
것입니다."[8] 이 대답은 씁쓸하게도 한 가지 사실을 드러내고 있다.
그는 문자에 의해서 이름이 천하에 알려졌으나, 동시에 또한 문자로
인해 궁지에 빠졌다. 그의 생각으로는 2년 징역도 큰 것은 아니었을
것이다.

　　그는 사주에서 여주汝州로의 여정을 계속하지 못했다. 조정에다

---

8) 왕명청王明淸, 『휘진후록』揮塵後錄 권7.

상서를 올려 상주常州에 거주하기를 원했던 것이다. 이 요청은 아주 빨리 허가가 났다. 그는 복잡한 기분이었다. 그때 지어진 사 「만정방」滿庭芳에서는 한편으로 "늙어 가매 임금의 은혜를 갚지 못하고/공연히 고개를 돌려/칼자루를 퉁기며 슬피 노래 부른다9)"(老去君恩未報, 空回首, 彈鋏悲歌)라고 탄식하여, 공훈을 세우겠다는 이상을 실현하지 못함을 아쉬워했다. 다른 한편으로는 "묻노니 어인 일로 인간 세상에 살며/오래도록 풍파와 어울려 놀까"(問何事人間, 久戱風波)라고 하여, 험악한 벼슬길을 버리고 자기를 온전히 한 것에 기쁨을 표명했다.

50세 되던 해(원풍 8년, 1085년) 5월, 그는 비로소 상주에 도착했다. 그는 상주에서 '거친 밭'을 일구며 편안히 세월을 보낼 수 있으리라 생각했으나, 오래지 않아 다시 명을 받고 등주登州(치소는 지금의 산둥 성 펑라이蓬萊)의 지주로 부임하지 않으면 안 되었다. 그러나 부임한 지 닷새 만에 사마광司馬光의 추천으로 수도 변경으로 불려 가게 되었다.

등주를 떠나기 전날 그는 「등주의 바다 신기루」(登州海市)라는 시를 지었다. 시에는 짧은 서문이 있는데, "내 등주의 바다 신기루를 들은 지 오래다. 노인들이 말하기를, '일찍이 항상 봄과 여름에 즈음하여 나타나는데, 지금은 세모라 보지 못한다'고 하였다. 내가 관에 도착한 지 닷새 만에 떠나게 되어 그것을 보지 못하는 것이 심히 유감이었다. 그리하여 동해의 용왕 광덕왕의 사당에 기도했더니 그 이튿날 신기루를

---

9) 칼자루를 퉁기며 슬피 노래를 부른다(彈鋏悲歌)는 말은 맹상군孟嘗君의 고사이다. 『전국책』戰國策 「제책」齊策 4의 기록에 의하면, 맹상군의 문객 풍훤馮諼이 대접을 받지 못하자, 몇 차례 칼자루를 치며 슬피 노래 부르며, '식사에 고기가 없고'(食無魚), '외출함에 수레가 없고'(出無車), '집이 없네'(無以爲家)라고 하여 불만을 표현했다. 여기서는 생활의 어려움이나 재주를 지니고도 때를 만나지 못한 데 대한 울분을 표현한 것이다.

보게 되었다"라는 설명이다. 시는 다음과 같이 묘사되어 있다.

동녘의 구름바다는 텅 비고 또 텅 비었는데
여러 신선이 훤한 공중에 출몰하네.
출렁출렁 파도 위 뜬 세상에 만상이 생겨나니
어찌 조개 대궐과 보배 궁궐이 있으리오.

내 마음으론 눈에 보이는 것이 모두 환영幻影임을 알아
감히 내 이목으로 조화옹의 솜씨를 번거롭게 헤아린다.
초겨울이라 바닷물은 차갑고 천지 기운이 막혔건만
나를 위해 동면하는 어룡魚龍을 일으켜 채찍질한다.

층층 누각과 푸른 언덕이 서리새벽에 나타나니
기이한 일인지라 이 고장의 100세 된 노인도 놀래 자빠진다.
인간 세상에서 얻는 것은 힘으로 취할 수 있다지만
세상 밖에는 아무런 물건 없으니 잘난 사람이 어디 있으리오.

나의 갑작스러운 요청에도 조화옹께서 거절하지 아니하시니
진실로 나의 재난은 하늘이 궁하게 한 것은 아니로다.[10]
옛날 한유韓愈가 남쪽 귀양지에서 돌아오는 길에 형산衡山이 맑아져
석름봉石廩峰과 축융봉祝融峰이 나타난 현상을 보고 즐거워했다지.

---

10) 원서에서는 여기까지만 인용했지만, 이 책에서는 독자의 이해를 위해 전체 시를 실었
다.―옮긴이 주

그는 정직함이 산신山神도 감동시킨다고 말했지.

어찌 알리오, 조물주가 궁한 사람 가엾게 여긴 것인지.

눈썹 펴고 한번 시원히 웃는 웃음 어찌 쉽사리 얻으리오.

신이 나에게 보답해 주시어 이런 가경佳景을 나타냈구나.

황혼 만 리에 외로이 날던 새가 사라져 버리니

푸른 바다엔 구리 거울을 깨끗이 닦은 듯 아무것도 없다.

새 시를 지어 멋들어지게 묘사한들 무슨 소용이랴.

모두 다 동풍 따라 사라져 버리는 것을!

東方雲海空復空, 群仙出沒空明中.

蕩搖浮世生萬象, 豈有貝闕藏珠宮.

心知所見皆幻影, 敢以耳目煩神功.

歲寒水冷天地閉, 爲我起蟄鞭魚龍.

重樓翠阜出霜曉, 異事驚倒百歲翁.

人間所得容力取, 世外無物誰爲雄.

率然有請不我拒, 信我人厄非天窮.

潮陽太守南遷歸, 喜見石廩堆祝融.

自言正直動山鬼, 豈知造物哀龍鍾.

伸眉一笑豈易得, 神之報汝亦已豊.

斜陽萬里孤鳥沒, 但見碧海磨靑銅.

新詩綺語亦安用, 相與變滅隨東風.[11]

---

11) 「등주의 바다 신기루」(登州海市), 『소식시집』, 1387쪽. 원풍 8년(1085년, 50세) 가을.

해시海市, 즉 바다 신기루는 밀도가 다른 공기층을 광선이 통과할 때, 굴절하여 먼 곳의 경치를 공중이나 지면에 비추어 나타나는 현상이다. 옛사람은 이런 현상에 각종 유심적인 해석을 더했으나, 이 시에서는 "내 마음으론 눈에 보이는 것이 모두 환영임을 알아"(心知所見皆幻影)라고 하여, 신선 무리의 출몰도 만상의 동요도 모두 환영이고, 결코 주궁珠宮(구슬로 만든 궁전)이나 수전水殿(바다 궁전)이라는 것은 없다고 여겼다. 그러나 이어서 마치 자신의 눈을 즐겁게 해 주기 위해서 바다 용왕이 동면하고 있는 어룡을 깨워, 땅도 얼어붙은 추운 새벽에 이례적으로 신기루를 나타나게 했다고 설명한다. 이것은 등주의 100세 노인도 경탄하는 기이한 일이었다. 본래 인간 세상의 사물은 힘으로 취할 수 있지만 세상 밖의 사물은 사람이 어찌할 수가 없다. 용왕이 자기의 소원을 허락해 준 것은, 나라는 인간이 이 세상에서 만난 불운이 결코 하늘의 뜻에 의한 것이 아니라는 증명이다. 소식은 새 관직 때문에 곧 상경할 것이라 심정이 약간 낙관적일 수 있었다. 그리하여 하늘이 자신에게 행운을 주었다고 믿는다. 그가 서울에 도착한 후 친구에게 준 시에도 기쁨이 자못 드러나 있다.

> 황주 동파에서 벌써 6년째 풍년 소식 들리는데
> 서글퍼라 홍진 세상에 흰머리 늙은이 되었네.
> 누운 베갯머리에 (황주의) 계곡과 산이 아른거리는데
> 이젠 문 앞에 날 찾아오는 수레가 줄을 이었네.

등주지주 시절에 지음.

東坡已報六年穫, 惆悵紅塵白首郎.

枕上溪山猶可見, 門前冠蓋已相望.[12]

황주의 동파에서 6년째 풍년 소식이 들려온다. 자신은 백발노인이 되어 풍진세상에서 예부낭중禮部郎中[13]으로 기용되었다. 지방의 산수 경치가 눈에 선한데 고위 관리와 귀인들이 집 앞에 구름처럼 몰려들었다. 소식은 그때 서울로 영전하게 된 배경도, 그 의미도 아직 잘 몰랐던 것 같다. 그를 기다리고 있는 것은 격렬한 정치 투쟁의 회오리였다.

---

12) 「조령삭의 시에 차운하여」(次韻趙令鑠), 『소식시집』, 1392쪽.

13) 예부禮部는 중앙에서 예의禮儀, 제향祭享, 공거貢擧 등의 일을 맡은 기관이다. 그 제1 국도 예부라 칭하며, 주관하는 고위 관리를 예부낭중이라 한다.

10장
제2차 중앙관 시절

원풍 8년(1085년, 50세) 3월에 신법을 지지하던 신종이 붕어하였다. 열 살 된 어린 아들 철종哲宗 조후趙煦가 황제가 되고, 영종英宗의 비妃 고후高后가 태황태후太皇太后로서 수렴청정하였다. 사마광司馬光이 재상으로 기용되고, 수구파의 인물들이 분분히 등장하여 정국은 역전되었다. 등주지주였던 소식은 소환되어 예부낭중에 임명되고, 또 기거사인起居舍人(황제의 시종관)에 임명되었다. 20일 내에 몇 단계의 승진을 거듭하여 벼슬길은 탄탄대로를 달렸다. 그러나 수구파의 높은 지위와 후한 관록도 소식의 충성을 얻어 낼 수는 없었다.

사마광은 정권을 장악한 후, "어머니 고후를 내세워 그 아들 신종의 정책을 변경시킨다"라는 기치를 세웠다. 이에 신법은 전면 폐지되고 일체 희녕 이전의 원래 상태로 돌아갔다. 이것이 소위 '원우경화'元祐更化[1]

1) '원우'元祐는 송 철종哲宗의 연호(1086~1094년). '경화'更化는 신종神宗 조의 시정 방

시기이다.

"전적으로 희녕 시기의 법을 변경하기만 하고 그 장단점을 헤아
려 장점을 채택하지 않는" 사마광 등의 시대 역행적 정책에 대해서 소
식은 극단적인 불만과 우려를 표명했다. 그는 "심히 우려하는 것은, 몇
년 후엔 관리를 제어하는 법이 태만해지고, 국가 재정 중시 정책이 착
오를 일으키고, 변방 수비 정책이 해이해지는 것이다"(「관직을 시험한 책문
을 변명한 차자[2] 2수, 제2수」辯試館職策問箚子二首, 其二)라고 하여 장차 사태가
예기치 못한 결과에 이를 것을 우려했다.

51세 되는 해(철종 원우 원년, 1086년) 3월에 그는 면역법免役法[3]의 존
폐 문제로 사마광과 격론을 벌였다. 사마광은 '상호'上戶(부호富豪)가 돈
을 내는 것이 이전보다 특히 많아졌다는 등 면역법의 5대 죄상을 지적
했다. 이에 대하여 소식은 "차역법差役法과 면역법에는 각기 장단점이
있다. 면역법의 단점은 백성의 재물을 거둬들이니 열 집 가운데 아홉
집이 텅 비고, 돈이 위로 모이고 아랫사람은 금전이 부족하게 되어 근
심이 있다는 것이다. 차역법의 단점은 백성이 항상 관청에 있게 되니
농사일에 전력할 수 없어, 탐관오리들이 이것을 미끼로 나쁜 짓을 한
다는 것이다. 이 두 가지 단점은 그 정도가 대략 비슷하다"라고 분석했

침을 변경하는 것이다.

2) 차자箚子는 간단한 서식의 상소문이다. 표表도 장狀도 아닌 것으로 '찰자'札子라고도
한다.—옮긴이 주

3) 면역법은 노동 대신에 금전을 납부하게 하여 관청이 사람을 고용해서 노동시키는 형식
이다. 송은 원래 차역법差役法을 실행하여 관부가 각종 노동을 민호民戶에 부과해서 백
성은 파산에 쫓기고 있었다. 그래서 이것을 시정하고자 면역법을 실시하여 민가에서는
등급에 따라 응분의 역전役錢을 납부했다.

다. 이것은 아주 적절한 분석이었다. 그러나 그가 우열을 가리지 않은 것은 아니다. 이어서 그는 면역법은 전대前代의 모병제募兵制에 상당한다고 하여 다음과 같이 말했다. "농민이 곡식과 비단을 내어 군대를 양성하고 군사는 목숨을 바쳐 농민을 보호하니, 천하가 편안해진다. 이것은 성인이 다시 나온다 해도 바꿀 수 없는 것이다. 지금 면역법은 실로 이와 같다."(「관직을 시험한 책문을 변명한 차자 2수, 제2수」)

그는 정사당政事堂(최고 행정 기구인 중서성中書省의 집무실)에서 사마광과 격렬한 논쟁을 벌였다. 소식은 사마광의 완고한 태도에 극히 분개하여, "계속 외치기를 '사마우司馬牛, 사마우'라고 하였다."[4]

9월에 사마광이 죽었다. 소식은 계속 상소하여, "아전衙前(차역差役의 일종)에 고역雇役(면역법)은 가해도 차역差役(차역법)은 불가하니, 선제先帝(신종)께서는 이 법을 지켜야 하지 고쳐서는 안 된다고 하였다"(출처 상동)라고 진언했다. 그 후에 그는 또한 면역법이 중산층에게 유리한 점을 구체적으로 지적하여, "차역법은 천하 사람이 모두 불편하다고 한다. 지난날 고역雇役(면역법)에서 중산층이 부담한 비용이 얼마인가? 금일의 차역差役(차역법)에서 중산층이 부담하는 비용은 얼마인가? 더욱이 몇 년 간(장기간) 하나의 역役으로 비교한다면 대략 그 수량을 보면 장단점이 확연해진다. 하물며 농민이 관가에 있고 관리가 여러 가지로 잠식하게 되면 사람을 고용하는 것보다 그 고통이 10배나 된다"(소식, 「논역법차고이해기청화 1장」論役法差雇利害起請畫一狀, 『송사기사본말』宋史紀事本末 권43)라고도 말했다.

52세 때(원우 2년, 1087년) 소식은 이 논쟁을 회상하여, "사마광은 이

---

4) 채조蔡絛, 『철위산총담』鐵圍山叢談 권4.

미 크게 중용되었고 신臣도 역시 급거 승진했으니, 인정人情으로 본다면 어찌 이론異論이 있겠는가? 다만 사마광이 추진한 차역법에 대해서 나는 편리하지 않다고 여겼기에, 힘써 논쟁하지 않을 수 없었다"(「군직郡職을 맡을 것을 청한 상주문」乙郡札子)라고 술회했다. 사마광과의 논쟁은 국가의 이익과 백성의 편의라는 원칙에서 한 것이지, 정치 풍향을 보거나 사사로운 정에서 나온 것은 아니었다고 말한 것이다. 이것은 일대 논쟁이었다. 면역법을 옹호한 인물에는 소식 외에도 소철, 범순인范純仁, 범백록范百祿, 이상李常 등이 있었다. 그 가운데서도 소식은 적극적이었다. 동시대의 손승孫升은 "만일 소식으로 보좌(재상宰相)를 삼고자 하면, 원컨대 왕안석으로 경계로 삼을 일이다"라고 기술하여, 그는 제2의 왕안석으로 간주되기에 이르렀다.[5]

사마광이 죽은 후에 소식은 이번에는 정이程頤와 대립했다. 정호程顥·정이 형제는 낙양洛陽 사람이고, 소식·소철 형제는 사천四川 사람이었기 때문에 그 대립은 '낙촉당쟁'洛蜀黨爭이라 불렸다. 당시 정이는 숭정전설서崇政殿說書로서 황제에게 강의하고 있었다. 소식은 한림시독학사翰林侍讀學士로 있었는데, 이는 황제의 시종관으로 또한 황제에게 강의하는 책임이 있었고, 그 지위는 '설서'說書보다도 높았다. 당시 정이는 '스승을 높이고 도를 중시하는' 고례古禮를 따라서 황제에게 강의할 때도 전상殿上에 앉아서 강의를 하여 사도師道의 권위 확립을 자처하고 있었다. 소식은 이것을 인정人情에 맞지 않다고 하여 비

---

5) 유연세劉延世, 『손공담포』孫公談圃 권상에 보인다. 주희朱熹는 후에 말했다: "동파는 오로지 왕개보王介甫(왕안석)를 욕하기만 하여 왕개보가 진실로 옳지 않다고 하였다. 그러나 동파를 재상으로 삼을 경우에 진소유秦少游(진관), 황노직黃魯直(황정견) 등의 무리를 영입해 훨씬 더 나빠졌을 것이다." 『주자어류』朱子語類 권1.

꼬았다.

이 무렵 사마광이 죽었을 때의 일이다. 관리들이 막 명당明堂의 의식에 참가한 후에 조문을 가려 하자, 정이는 하루에 노래하고 또 곡哭을 하는 것은, "공자께서 곡을 하신 날은 노래를 하지 않으셨다"(子於是日, 哭則不歌. 『논어』論語 「술이」述而)라는 옛 예법에 맞지 않으니 안 된다고 하였다. 소식은 "이것은 바로 시장에서 억울하게 죽어 버릴 한漢나라의 숙손통叔孫通이 제정한 예법과 같은 것이다"[6]라고 하며 정이를 비웃었다. 이에 "사람들이 모두 크게 웃었으니 원망을 맺은 단서가 대략 여기서 시작되었다."[7] 이렇게 보면 소식과 정이의 불화는 작은 일에서 기인한 것이지 국가 정사의 문제를 에워싼 논쟁은 아니었다. 그러나 그들의 사상 취미가 달랐던 것은 확실하다. 소식은 자신이 "평소 정이의 간사함을 미워하고, 일찍이 거짓으로 얼굴색을 띠거나 말을 거짓되게 하지 않았다"(「항주로부터 조서를 받들어 귀경한 후, 다시 지방관을 맡을 수 있도록 요청하는 상주문」杭州召還乞郡狀, 「지방관을 담당할 수 있도록 재차 요청하는 간단한 상주문」再乞郡札子)라고 말했다. 정이는 소식이 종횡가縱橫家적인 변설을 구사한다고 비난했다. 이정二程(정호와 정이)을 사모한 주희朱熹는 소식에 대해 "그는 제멋대로 하기를 좋아하여, 단정한 사람과 바

---

6) 원문은 다음과 같다. "此乃枉死市叔孫通所制禮也." 여기서 "왕사시"枉死市는 송대宋代 당시의 속어俗語로서, 남을 욕하는 말이다. 『사기』史記, 『한서』漢書, 『한기』漢紀에는 모두 숙손통이 어떻게 죽었다는 기록이 없다. 더욱이 "억울하게 죽었다"(왕사枉死)의 설은 없다.—옮긴이 주

7) 『태평치적통류』太平治跡通類 권23. 숙손통은 주말周末 한초漢初의 사람이다 그는 원래 진秦나라의 박사博士였는데, 후에 유방劉邦에게 귀순했다. 한조漢朝가 수립되자 그는 여러 유생들과 함께 한 고조를 위해 조정의 예제禮制를 제정했고, 만년에는 태자태부太子太傅가 되었다.

른 선비가 예로써 자제함을 보면 도리어 그가 와서 점검할까 두려워한 까닭으로 상대를 비방한다"라고 평하고, 그 위에 정이가 받드는 '공경 경敬' 자를 소식이 타파하고자 한다고 말했다.[8] 그러나 봉건 관료의 파 벌 대립은 그 뿌리가 아주 깊어, 문인들이 서로 상대를 공격하는가 하 면 고발하기도 하는 사태가 날로 악화되었다. 51세(원우 원년, 1086년) 11 월 소식이 시관직試館職을 맡아 출제한 시험에서 다음 제목의 문제를 냈다.

> 지금 조정은 인종仁宗의 충후忠厚함을 스승 삼고자 하나, 모든 관리 들이 그 관직을 충실히 수행하지 않아 혹시 안일에 이를까 걱정이 다. 신종이 정신을 가다듬어 힘쓴 것을 본받으려 하나, 감사와 수령 이 그 의미를 알지 못하여 각박함에 흐르게 됨을 두려워한다.

> 今朝廷欲師仁祖之忠厚, 而患百官有司不擧其職, 或至於嫰, 欲法神考 之勵精, 而恐監司守令不識其意, 流入於刻.[9]

여기에는 인종과 신종 두 시대의 시정방침施政方針의 특색이 정확 하게 요약되어 있다. 그러나 낙당洛黨의 좌정언左正言(간관諫官) 주광정 朱光庭 등은 이 작품이 전대 황제를 비방했다고 보고, 소식을 탄핵했다. 이어서 낙당인 우사간右司諫(간관) 가역賈易 등은 먼저 상대방을 '촉당'蜀

---

8) 『주자어류』朱子語類 권130.
9) 「책문·인종의 충후함을 스승 삼을 것인가, 신종이 정신을 가다듬어 힘쓴 것을 본받을 것 인가」(策問·師仁祖之忠厚, 法神考之勵精)

黨이라 지칭하며 공격했다.

연이은 탄핵 상주문으로 조정에 있을 수 없게 된 소식은 "2년 동안 네 번 구설수를 만났고", "신臣이 만약 일찍 떠나지 않으면 위험해질 가능성이 있습니다"(「군직郡職을 맡을 것을 청한 상주문」)라고 하여, 거듭 지방으로의 전출을 요청했다. 그리하여 항주지주杭州知州로 나가도록 윤허를 받았다. 그러나 낙촉당洛蜀黨의 투쟁은 장장 6∼7년이나 끌었는데, 이는 소식의 생활에도 어두운 그림자를 드리웠다.

이 시기 소식의 창작은 희녕 초기 조정에서의 중앙관 시기와 유사하게, 기본적으로 저조했다. 격렬한 당쟁과 복잡한 내부 알력은 소식의 생활 영역을 파고들어, 그의 정치적 시야를 협소하게 했다. 이 시기의 시 창작도 작품의 수는 결코 적은 것이 아니었으나 제재의 범위가 한정되고 사상 내용에도 변화가 보였다. 백성의 생활고를 반영한 시는 얼마 되지 않았으며, 정치의 암흑에 대한 격분 감정도 약화되었다. 청대淸代 기윤紀昀은 『소문충공시집』蘇文忠公詩集 권29의 총평에서, "이 권卷(이 시기의 시 창작)은 번잡하고 의욕을 잃은 작품이 많다. 이제야 목천木天, 옥서玉署(목천과 옥서는 둘 다 한림원을 지칭) 가운데서 인사들과의 왕래와 교류가 사람의 맑은 정신을 적잖이 어지럽혔음을 알겠다. 비록 동파와 같은 높은 재주라 할지라도, 술과 음식의 마당에서 연하烟霞(안개와 노을. 고요한 산수의 경치)의 말을 토해 낼 수 없었다"라고 기술했다. 이것은 다른 각도에서 이 시기의 시 창작이 저하된 원인을 설명한 것으로, 어느 정도 일리가 있는 말이다.

이 시기의 시집에 다수의 응수시應酬詩가 보이는데, 이 작품들에는 유랑한 후 약간의 안정을 얻은 만족감이 표현되어 있다. 「제야와 원단元旦에 모두 상서성에서 숙직하면서 재계齋戒 의식을 거행한다는 자유의 시 3수에 화답하여」(和子由除夜元日省宿致齋三首)에는 관아에서 형제가 숙직 재계할 때의 심정을 묘사했다. "강호를 이리저리 유랑함이 어찌 하늘과 관련되는가?/금성禁省 관아에서 서로 바라봄도 역시 우연이라네."(江湖流落豈關天, 禁省相望亦偶然.) 표면상으로는 서로 만남도 우연이라고 말했으나, 내심은 크게 만족하고 있다. 혹은 "당시 달을 밟고 동풍에 달리듯/앉아서 본 과거 시험에서 취옹醉翁 구양수歐陽修를 녹였지./백발 된 문하생 가운데 몇이나 살아 있을꼬?/도리어 새 시구를 지어 아이들이나 조롱해야지"(當年踏月走東風, 坐看春闈銷醉翁. 白髮門生幾人在, 卻將新句調兒童)라고 회상하기도 했다. 가우嘉祐 시기에 형제가 나란히 궁궐에 들어가 과거 시험을 보았는데, 시험 위원장이 바로 '취옹'이라 불리는 구양수였던 일을 회상하여, '우리 둘같이 백발 된 문하생으로 지금 살아 있는 사람은 많지 않다. 그러니 아들뻘 조카뻘 젊은이들과 시를 지어 함께 즐겨야지'라고 말한 것이다. 시의 경지가 담박하며 별다른 감정의 파란이 보이지 않는다.

이 무렵 비교적 많이 읊었던 제재로 제화시題畫詩(그림을 보고 쓴 시나 그림을 감상하며 쓴 시)를 들 수가 있다. 이들 제화시 가운데는 소식의 고도의 예술적 표현력이 두드러진 것과 투철한 예술적 견해를 나타낸 것이 몇 수 있다.

전자의 예로 「혜숭의 '봄 강 저녁 풍경' 2수」(惠崇春江晚景二首), 「괵국부인이 밤놀이하는 그림」(虢國夫人夜遊圖), 「이세남이 그린 '가을 경치' 2수」(書李世南所畫秋景二首), 「왕정국이 소장한 '연강첩장도'」(書王定國所藏烟江疊嶂圖) 등이 있다.

대숲 밖에 복사꽃 두세 가지 피어나고

봄 강물 따뜻해짐을 오리가 먼저 아는구나.

온 땅 쑥 가득하고 갈대 싹 자그맣게 돋을 때

바로 복어가 물 따라 오르는 시기로다.

竹外桃花三兩枝, 春江水暖鴨先知.

蔞蒿滿地蘆芽短, 正是河豚欲上時.[10]

이 제화시에서 읊은 그림은 이제 전해지지 않으나, 대략 한 폭의 오리가 노니는 그림일 것이라 생각된다. 이 시는 겨울이 지나고 봄이 올 무렵의 경치를 잘 포착하여 작자의 정밀한 관찰력이 남김없이 발휘되어 있다.

후자의 예로는 「조보지가 소장한 여가의 대나무 그림 3수」(書晁補之所藏與可畫竹三首), 「언릉 왕 주부가 그린 '절지'折枝 그림 2수」(書鄢陵王主簿所畫折枝二首) 등이 있다. 앞 시에서는 문동文同(자 여가與可)이 대나무를 그린 정황을 다음과 같이 서술했다.

여가與可가 대나무를 그릴 때

대나무만 보고 사람을 보지 않는다.

어찌 사람만을 보지 않으리?

멍하니 자신의 존재조차 잊어버렸다.

---

10) 「혜숭의 '봄 강 저녁 풍경' 2수, 제1수」(惠崇春江晚景二首, 其一) 『소식시집』, 1401쪽. 원풍 8년(1085년, 50세), 변경汴京에서 지음. 왕수이자오의 원서에는 「혜숭의 '봄 강 새벽 풍경' 2수, 제1수」(惠崇春江曉景二首, 其一)라 하였는데, 역자가 『소식시집』에 근거해 수정했다.─옮긴이 주석 보충

그 몸이 대나무와 함께 동화되어

청신함이 무궁하게 솟아 나온다.

이제 장주莊周가 세상에 없으니

누가 이러한 정신 집중의 경지를 알리오.

與可畫竹時, 見竹不見人.

其獨不見人, 嗒然遺其身.

其身與竹化, 無窮出清新.

莊周世無有, 誰知此凝神.[11) 12)]

이 시에서는 예술을 창작할 때의 정신 상태를 형상적으로 묘사했다. 몸과 마음을 모두 창작에 몰입하여 정신을 집중(凝神)하고 묵상하여 물아物我를 모두 잊고, 몸이 대나무와 동화되는 '신여죽화'身與竹化의 경지에 들어가야 비로소 예술적 극치에 도달할 수 있는 것이다.

다음 시에서는 단순히 '형사'形似(형태의 닮음)만을 추구하는 것에 반대하여, 시와 그림은 그 근원이 같다는 시화동원詩畫同源의 예술 이론을 전개했다.

그림을 논하는데 형체를 그대로 본뜨기를 주장한다면

---

11) 凝神(의신): 사상이 고도로 집중되어 물아상망物我相忘의 상태. 응신凝神이라고도 한다. 『장자』「달생」達生에 "뜻을 쓰는 것이 분산되지 않으면, 정신이 집중된다"(用志不分, 乃凝於神)라는 말이 있는데 이와 같은 의미이다.—옮긴이 주

12) 「조보지가 소장한 여가의 대나무 그림 3수, 제1수」(書晁補之所藏與可畫竹三首, 其一), 『소식시집』, 1522쪽. 원우 2년(1087년, 52세)에 지음.

그 견식은 아이들처럼 유치한 것.

시를 짓는데 반드시 이 시라야 한다면

정녕코 시를 아는 사람이 아니리라.

시와 그림은 본래 이치가 같은 것

천연스럽고 또한 청신해야 한다.

論畫以形似, 見與兒童鄰.

賦詩必此詩, 定非知詩人.

詩畫本一律, 天工與淸新.[13]

회화에서 다만 '형사'形似만을 말하는 것은 그 식견이 아이와 같이 유치하다고 할 수밖에 없다. 시를 창작하는 데서도 제목의 의미에만 구애된다면 시를 이해했다고 할 수 없다. 금대金代의 왕약허王若虛에 의하면, 이 시의 취지는 회화에서 '형사'가 필요 없다거나 시 창작에서 제목에 구애될 필요가 없다는 게 아니다. 그는 "형태의 닮음(形似)의 밖에서 묘妙함을 논하면서도, 그 '형사'를 버리지 않는 것이다. 제목의 의미에 너무 구애되지 않으면서도 그 제목에서 이탈하지 않아야 한다"(論妙於形似之外, 而非遺其形似, 不窘於題, 而要不失其題)[14]라고 하였다. 바꾸어 말하면 '형태의 닮음'(形似)에 기초하여 '정신의 닮음'(神似)을 추구하고, 제목의 의미를 포착하여 그것을 깊이 파고 내려가 더욱 확대하여, "말은 끝

---

13) 「언릉 왕 주부가 그린 '절지' 그림 2수, 제1수」(書鄢陵王主簿所畫折枝二首, 其一), 『소식시집』, 1525쪽. 원우 2년(1087년, 52세)에 지음.

14) 왕약허, 『호남시화』滹南詩話 권2.

나지만 그 의미는 무궁한"(言有盡而意無窮) 경지를 창조해야 한다고 할 수 있다.

소식에 의하면, 시와 그림은 자매 관계에 있는 예술이며, 예술 원리에서도 상통함이 있어, 이 두 예술은 모두 내용의 진실과 자연·풍격의 청신清新을 요구한다. 그는 왕유王維의 시를 평론하면서, "마힐(왕유의 자)의 시를 음미하면 시 가운데 그림이 있고, 마힐의 그림을 살펴보면 그림 가운데 시가 있다"(味摩詰之詩, 詩中有畵, 觀摩詰之畵, 畵中有詩.「왕마힐의 '남전연우도'에 쓰다」書摩詰藍田烟雨圖)라고 했다. 또 시「한간이 그린 말」(韓幹馬)에서 "두보의 시는 형태 없는 그림이요/한간의 채색한 말 그림은 말없는 시"(少陵翰墨無形畵, 韓幹丹青不語詩)라고 했다. 이 모두 '시와 그림은 본래 한가지 이치'(詩畵本一律)임을 설명한 것이다.

사詞의 창작 경향도 시와 비슷하다. 이 시기에는 호방하고 광원曠遠한 사가 적고, 세밀하고 완곡한 서정적 사가 두드러진다. 이외에 이 시기에 그는 또 '은괄'檃括[15] 작품도 몇 수 썼다. 예를 들면「수조가두」水調歌頭('昵昵兒女語')는 한유韓愈의 시「영사가 거문고를 타는 것을 듣고」(聽穎師彈琴)를 사詞로 개작한 것으로, 예술 창작의 각도에서 보면 별다른 창조와 발전을 이루지 못했다. 그는 두목杜牧의 시「9일에 제산을 올라」(九日齊山登高)를「정풍파」定風波('與客攜壺上翠微')로 개작했고, 장지화張志和의 시「어부」漁父를「완계사」浣溪沙('西塞山邊白鷺飛')라는 사 작품으로 개작했으며, 도연명의「귀거래사」歸去來辭를「초편」哨遍이라는 사 작품으로 개작하는 등 이러한 풍조를 아주 즐겼던 것 같다. 그러나

---

15) 은괄檃括은 櫽栝(은괄)이라고도 쓰는데, 원래의 문장을 고쳐 쓰는 것을 말한다.—옮긴이 주

그 의의는 별로 크지 않다.

물론 이 가운데는 진실한 정감이 표현된 소사小詞도 있다.

날 위해 동파東坡 땅을 향해 말 좀 전해 주게나.

사람은 옥당玉堂(한림원) 깊은 곳에 있는데

이별한 후 누가 있어 이리로 올까?

눈 쌓여 작은 다리를 덮어 길도 보이지 않네.

돌아가려네, 돌아가려네.

강가에는 봄비가 쟁기질하기에 알맞게 내렸겠지.

손수 동파 설당雪堂 앞에 복숭아와 오얏 심으니

초록 그늘과 덜 익은 푸른 열매가 무한히 사랑스러웠지.

주렴 밖의 때까치는

새벽에 잠자다 놀라서 일어났겠지.

거사여, 동파거사여.

작은 다리 아래 흐르는 냇물 그윽한 경치를 잊지 말지어다.

爲向東坡傳語, 人在玉堂深處.

別後有誰來? 雪壓小橋無路.

歸去歸去, 江上一犁春雨.

手種堂前桃李, 無限綠陰青子.

簾外百舌兒, 驚起五更春睡.

居士居士, 莫忘小橋流水.[16]

　　이는 소식이 한림학사로 재직할 때 황주 동파(그가 황주에서 농사를 짓고 살던 곳의 동쪽 언덕)를 그리며 지은 사詞이다. 동파에 대한 진지하고 절실한 애정은 몸소 밭을 갈아 농사짓던 체험에 관계된 것이고, 또한 혼탁한 관리 세계에 대한 역겨움을 반영한 것이기도 하다. 언어가 청려淸麗하고 가락이 명쾌한 가작이다.

---

16) 「여몽령」如夢令

11장

다시 지방관으로

—항주, 영주, 양주, 정주의 지주

54세 되던 해(송 철종 원우 4년, 1089년)의 7월부터 59세 되던 해(소성 원년, 1094년)의 4월까지가 소식의 제2차 지방관 시기이다. 이 5년간 두 차례 조정에 돌아가 중앙관을 역임한 외에, 그는 항주杭州, 영주穎州(치소는 지금의 안후이 성 푸양阜陽), 양주揚州, 정주定州(치소는 지금의 허베이 성 딩현定縣)의 지주知州를 역임했다. 이때는 그가 관계官界에서 공적을 세우고 문학적으로도 크게 발전한 시기이다.

1. 항주杭州

소식이 막 지주가 되어 항주에 도착하자마자 처한 일은 심각한 재난이었다. 본래 이곳은 연초年初에 수재를 만나 올벼를 파종하지도 못했는데, 5, 6월 이래로 또 한재旱災가 발생하여 막 파종한 늦벼마저 수확을 기대할 수 없었다. 참으로 "올벼와 늦벼, 그리고 고지대나 저지대의 작물이 모두 피해를 입었다. 백성들이 끼니를 이어 나가기가 올해보다 심한 적이 없었다."(「절서 6주를 물품을 베풀어 구제할 것을 요청하는 상소문」乞賑濟浙西六州狀) 소식은 상부에 공출미를 면제해달라는 청을 올리고 또 백성들의 어려운 생활을 지원해 줄 것을 요구했다. 또 관청미를 염가로 방출해 사태를 완화하고자 했다. 뜻하지 않게 이듬해 여름 수확할 즈음에 다시 수재와 풍재風災를 만나 그 피해가 지난해보다도 더욱 심했다.(「절서의 재상災傷을 아뢴 두 번째 상소문」奏浙西災傷第二狀) 그는 여전히 적극적으로 구호했다. 수재와 한재 이후 전염병이 창궐하자 소식은 자금을 조달해 중안교衆安橋에다 병원을 세웠다. 소철은 "죽과 약재를 많이 만들고 관리를 파견해 의원을 동행하여 거리로 나가 각자 분담하여 병을 치료하도록 했다. 그리하여 살아난 사람이 매우 많았다"(「동파선생 묘지명」)라고 했다.

항주에서 수행한 두 번째 일은 염교하鹽橋河와 모산하茅山河 두 개의 하천을 준설浚渫(강에 메워진 것을 처냄)한 것이다. 이 두 강은 대운하와 전당강錢塘江을 연결하는 중요한 수로로서 내륙의 하천과 해상교통을 연결하는 역할을 했다. 그러나 조수가 몰려들면 강물이 역류하여 진흙과 모래가 쌓여 물길을 막았다. 소식은 대규모로 인력을 투입하여 반년 동안 두 강의 진흙과 모래를 제거했다. 그 길이는 10여 리이고 깊이는 8척 이상에 달했다. "지금 이 공사로 배가 통행하니 사람들은 모두 30년 이래 강물의 소통 작업을 이렇게 빠르고 깊게 진행한 적이 없다고 하였다."(「중서성, 문하성, 상서성에 공문을 올려 서호를 정비하고자 건의하는 6조의 건의」申三省起請開湖六條狀) 이러한 성과를 공고히 하기 위해서 그는 또 부하 소견蘇堅의 건의를 받아들여, 갑문閘門(수문)을 만들고 그것을 조수의 간만에 따라 닫거나 열어서 진흙의 퇴적이나 물의 고갈을 방지했다.(출처 상동) 그는 또 "토목공사를 시행함으로써 자연재해로 인한 피해를 근본적으로 막는" 방법을 채택하여 토목공사와 재해 대책 사업을 결합했다.

세 번째 사업은 서호西湖 정비 작업이다. 그는 「항주의 서호를 준설할 것을 청한 상소문」(乞開杭州西湖狀)에서 먼저 서호가 심각한 상태에 이르렀음을 지적했다. 16, 17년 전 그가 항주통판이었을 때, 서호는 이미 10분의 2, 3이 수초水草와 진흙으로 막혀 있었다. 이번에 항주에 와서 어느덧 "수초가 절반이나 덮고 있음"을 알았다. 만일 이대로 20년이 지난다면 반드시 수초가 호수 전체를 덮을 것이다. 그는 서호의 중요성을 지적했다. 서호는 항주성 주민들의 식수이며, 또 대운하의 수원이기도 하다. 물의 저장이나 관개의 공功이 있고, 또 호수의 물을 사용하여 술을 빚어서 국가는 연간 20만 민緡의 주세酒稅를 받을 수 있었다. "전국의 주세 가운데 항주만 한 곳이 없다"라고 했다. 그는 조사와 시찰을 통해 서호 정비 계획안을 작성했다.

수초와 모래를 걷어 내고 호수 밑바닥을 메운 진흙을 제거했으며, 또한 그 수초와 진흙을 사용하여 호수를 에둘러 긴 제방을 만들었다. 제방은 남으로는 남병산南屛山에서 북으로는 서하령西霞嶺 등에 이르렀다. 제방 위로는 과홍跨虹, 동포東浦, 압제壓堤, 망산望山, 소란銷瀾, 영파映波 등 여섯 개의 다리를 세웠다. 제방이 축조됨으로써 서호의 물을 활용할 수 있었고, 교통이 편리해졌으며, 또한 호수와 산의 경치가 아름다워졌다. 소식은 다음 시를 지었다.

　　내가 전당에서 서호의 준설로 물을 맑게 하니

큰 제방에는 남녀로 가득 차 아름다움을 경쟁하네.

여섯 개의 다리는 하늘의 은하수를 가로지르고

북산은 비로소 남병산과 통하게 되었네.

홀연 놀라니, 그 길이 이십오만 장丈이라

마름을 거두어 쌓으니 물 위에는 파란 하늘의 흰 구름 비치네.

我在錢塘拓湖淥, 大堤士女爭昌豐.

六橋橫絶天漢上, 北山始與南屛通.

忽驚二十五萬丈, 老葑席捲蒼雲空.[1]

　　원우 6년(1091년, 56세) 그의 후임 지주인 임희林希는 항주에 오자 이 제방 위에 소공제비蘇公堤碑를 세웠다. 그리하여 후인들은 그것을 '소제'蘇堤라고 부른다. '소제춘효'蘇堤春曉는 오늘날 서호십경西湖十景 가운데 하나가 되었다. 서호에 진흙이 쌓이는 것을 막기 위해 그는 호수에 서너 개의 작은 석탑을 세우고, 그 석탑 이내의 수역에는 마름이나 연꽃 같은 수초를 심을 수 없도록 금할 것을 제안했다. 얼마 후 세 개의 석탑을 세웠는데, 오늘날 그 유명한 '삼담인월'三潭印月이 되었다. 소식은 시에서 "나는 서호를 파서 옛 모습으로 돌려놓아/한눈에 이미 서남쪽 푸르름이 극치에 달했네"(我鑿西湖還舊觀, 一眼已盡西南碧,「섭순로, 후돈부, 장병도와 함께 새 강물을 바라보았는데, 병도가 시를 지어 이에 차운하다 2수, 제1수」與

---

1)「나는 영주에 있을 때 조덕린과 함께 서호를 준설했는데 완성시키지 못하고 양주로 이임했다. 3월 16일 호수가 완성되자 덕린이 시를 지어 그리워하니, 그의 시에 차운한다」(軾在潁州, 與趙德麟同治西湖, 未成, 改揚州, 三月十六日湖成, 德麟有詩見懷, 次其韻).

葉淳老, 侯敦夫, 張秉道同相視新河, 秉道有詩, 次韻二首, 其一)라 했는데, 시의 행간에 희열과 만족으로 가득 차 있음을 알 수 있다.

경치가 매혹적인 서호의 유람은 또한 소식의 시와 사에서 반복되어 읊어지는 제재이다. 그는 훗날 시를 지어, "평생 즐거움은 오회吳會(오중吳中과 회계會稽)에 있으니/늙어 죽으면 항주나 소주에 묻히고 싶어라"(平生所樂在吳會, 老死欲葬杭與蘇)라 하고, 이어서 "내가 만든 새 제방(소제蘇堤)과 옛 우물(당대唐代의 육정六井)은 모두 별고 없는지/참료參寥와 육일六一²)이 어찌 나를 그리워하지 않으랴?/이별 후 새로 지은 시에 솜씨 좋게 묘사하니/소매 가운데 전당의 서호가 있음을 알겠네"(新堤舊井各無恙, 參寥六一豈念吾? 別後新詩巧摹寫, 袖中知有錢塘湖.「유경문이 도착함을 기뻐하며」喜劉景文至)라 하였다. 이러한 시구에서 서호에 대한 정이 깊이 서려 있음을 알 수 있다. 이때 지은 시「과거 동기생 막씨와 비 오는 가운데 호숫가에서 술 마시며」(與莫同年雨中飮湖上)에서 소식은 다음과 같이 표현했다.

> 도처에서 만나는 것은 우연일 뿐
> 꿈속에서 만나듯 우리 둘 다 백발일세.
> 다시 찾은 서호에서 빗속에 취하니
> 튀는 구슬 못 본 지도 벌써 십오 년이라.

---

2) 참료, 육일은 샘의 이름이며, 사람의 호이다. 참료는 스님 도잠道潛의 호인데, 그는 시에 능하며 소식과 친밀하게 교유했다. 육일은 구양수歐陽修가 만년에 지은 호인 육일거사六一居士에서 가져온 것으로, 구양수가 장서 1만 권, 금석문집록金石文集錄 1천 권, 거문고 하나, 바둑판 하나, 술병 하나, 그리고 이 가운데 늙어 가는 자신 등의 여섯 가지를 의미한 말이다.

到處相逢是偶然, 夢中相對各華顚.

還來一醉西湖雨, 不見跳珠十五年.

우연히 친구와 서로 흰머리로 상봉하니 마치 꿈속 같다. 호숫가에서 호탕하게 술을 마시며 비를 감상하니 15년 전에 자신이 서호를 읊은 "흰 구슬처럼 뛰는 빗발 어지러이 배 안으로 들이친다"(白雨跳珠亂入船. 「6월 27일 망호루에서 취해 쓰다」六月二十七日望湖樓醉書五絕, 其一)라는 시구가 생각났다.

서호와 관련된 시에는 흔히 출사와 은퇴에 관한 그의 모순된 사상이 드러나곤 한다. 예를 들면 「9월 9일 원공제가 시를 지어, 그 시에 차운하다」(九日袁公濟有詩次其韻)에는 먼저 중양절에 시와 술을 즐기며, "동쪽 처마에서 술을 들어 강해江海를 바라보며 당기고/석양에 술통을 돌려 호수와 산에게 권하네"(擧酒東榮³)挹江海, 回尊落日勸湖山)라고 노래하나, 이와 같은 환락의 가운데서 전환하여 은일을 추구하여, "평소 길에서 만나 기쁨과 슬픔을 같이 하는 중에/조만간에 문서 처리나 하는 벼슬아치에서 몸을 빼리./웃으며 서남쪽 고향 돌아갈 길 가리키니/날기를 게을리 하는 약한 깃털도 오래되니 돌아갈 줄 아는구나"(平生傾蓋悲歡裏, 早晚抽身簿領間. 笑指西南是歸路, 倦飛弱羽久知還)라고 했다. 여기서 "서남쪽 고향 돌아갈 길"은 바로 은퇴하여 고향에 가는 것을 말한다. 그는 또 설사 고향에 돌아가지 않더라도 서호에서 늙는 것도 아름다운 일이라고 말하기도 했다. 「임부가 당장 영은사로 옮겨 와 살겠다는 말을 듣고, 희롱삼아 영은사 앞에다 1수를 짓다」(聞林夫當徙靈隱寺寓居, 戲作靈隱

---

3) 東榮(동영): 영榮은 처마 네 끝의 들린 부분을 말한다.

前, 一首)에서는 "내가 전당에 있은 지 육백 일/산중으로 잠시 온 그 자리가 따뜻하지도 않았네"(我在錢塘六百日, 山中暫來不暖席)라 하여, 산을 노닌 시간이 극히 짧다고 했다. 만일 "능히 냉천정(冷泉亭)의 주인으로 백일을 지낼 수 있다면, 스물 네번 중서령中書令(중서성中書省의 상서尙書)도 담당하지 않겠다"(能與冷泉作主一百日, 不用二十四考書中書)라 하여, 냉천정의 주인이 될 수 있다면 중서령 같은 고관도 부러울 것이 없다고 했다.

이러한 모순된 사상은 사詞 작품에도 표현되어 있다. 혹은 함축적이며 정감이 풍부하게, 혹은 힘차고 호방하게 묘사되기도 했다.「호사근·서호에서 밤에 돌아가며」(好事近·西湖夜歸)를 보자.

호수에 비 개자
가을 물 불어 삿대가 처음으로 반쯤 잠긴다.
붉은 난간에서 차가운 거울을 굽어보니
노쇠한 얼굴과 백발이 비친다.

취중에 바람 불어 흰 관건을 떨어뜨리고
계곡의 바람은 물결 따라 흐르는 달빛을 흔들어댄다.
혼자 작은 배 저어 돌아가는데
안개 낀 파도를 따라 뒤뚱거린다.

湖上雨晴時, 秋水半篙初沒.
朱檻俯窺寒鑑, 照衰顏華髮.

醉中吹墮白綸巾, 溪風漾流月.

獨棹小舟歸去, 任烟波搖兀.

세속의 잡무를 벗어나 산수에 정을 쏟고자 하는 생각이 사의 시어와 행간에 약동하고 있다. 항주를 떠날 즈음에 승려 도잠道潛(참료자參寥子)에게 써 준 사「팔성감주·참료자에게 부치다」(八聲甘州·寄參寥子)에는 이러한 심정이 더욱 명백히 드러나 있다.

정감 있는 바람 만 리에 조수를 몰고 왔다가는
무정하게도 조수를 다시 돌려보낸다.
묻노니 전당강가
서흥의 포구에서
몇 번이나 석양을 바라보았던가?
금석지감에 젖을 필요는 없다오.
눈 깜짝할 사이에 옛사람은 묵은 자취 된다오.
그 누구라 동파 늙은이처럼
백발이 성성하여 세상일을 잊으리.

기억나네, 서호의 서쪽 물가
바로 봄 산이 싱그러운 곳
하늘 높이 솟은 푸른 나무에 안개가 자욱히 피어올랐지.
시인들이 서로 뜻이 맞아도
나와 그대 같기는 힘들 것이오.
뒷날 뱃길 따라 동으로 돌아갈 것 약속하니
사안謝安의 거룩한 뜻 어기지는 맙시다.

서주로西州路에서

고개를 돌려

나를 위하여 옷깃을 적실 필요는 없다오.[4]

有情風萬里捲潮來, 無情送潮歸.

問錢塘江上, 西興浦口, 幾度斜暉?

不用思量今古, 俯仰昔人非.

誰似東坡老, 白首忘機.

記取西湖西畔, 正春山好處, 空翠烟霏.

算詩人相得, 如我與君稀.

約它年東還海道, 願謝公雅志莫相違.

西州路, 不應回首, 爲我沾衣.

　　첫머리의 몇 구는 전당강의 조수가 아득히 만 리나 먼 곳에서 불
어오는 바람을 타고 밀려와 다시 빠져나가는 모습을 표현했다. 올 때
는 유정有情과 닮고, 떠날 때는 무정無情과 닮았다. 이어서 "몇 번이나
석양을 바라보았던가"라는 물음에는 자신이 도잠과 함께 몇 차례 낙조

---

4) 사안의~없다오: 동진東晉의 사안謝安은 조정에 들어와 재상이 되었는데도, 은퇴하여
　　회계會稽의 동산東山에 은거할 작정을 했다. 후에 양주揚州로 출진出鎭했는데, 병이 위
　　급하여 수도(지금의 난징南京)로 돌아가다가, 서주문西州門을 지날 때 은퇴하려던 우
　　아한 뜻이 실현되지 않은 것을 생각하며 처연히 슬퍼했다. 그가 죽은 후에 그의 생질 양
　　운羊曇이 취중에 서주문을 지나며 옛일을 추억하고는 통곡을 금하지 못했다.(『진서』晉書
　　「사안전」謝安傳)

때의 조수 풍경을 보았다는 언외의 의미도 포함되어 있다. 지금과 옛날을 생각해 볼 것도 없다. 사람은 순식간에 변하고 말았다. 기심機心, 즉 공명과 이록利祿을 생각하는 마음을 버린 것은 자신뿐이다. 사의 후반부에서는 옛날 항주의 생활을 추억한다. 서호의 봄빛이 바야흐로 무르익어 갈 때, 나와 그대는 시로써 의기투합했으며, 또 옛 시인 사안謝安의 뜻을 따라서 은거하자고 약속했지. 사안의 경우처럼 은퇴의 의지가 마지막에 가서는 이룰 수 없게 되어 헛되이 당신을 너무 슬프게 하지 않기를 바라고 있다.

그러나 소식은 또 현실과 정치를 완전히 잊을 수도 없었다. 장주지주漳州知州 가중상柯仲常은 훌륭한 관리(循吏)로, "백성들을 굶주림에서 구제함으로써 민심을 얻었다." 이에 두 마리의 까치가 감동하여 공무를 보는 청사에 둥지를 틀었다. 그가 임지에서 떠날 때, 까치도 전송했다. 소식은 이 일을 가지고 「기이한 까치」(異鵲)라는 시를 지어 노래했다. "가후柯侯는 옛 도를 지키는 훌륭한 관리/참으로 지성스러워 거짓이 없네./장주지주로 임용되자 백성의 생활을 보장하니/여러 가지 이룬 일 강가의 모래처럼 많구나"(柯侯古循吏, 惆怅眞無華. 臨漳所全活, 數等江干沙)라 했다. 그리고 끝 부분에서 "그대는 저 혹독한 관리를 보게나/가는 곳마다 올빼미라고 불린다네"(君看彼酷吏, 所至號鬼車)라고 한다. 귀거鬼車는 작은 새만 잡아먹는 올빼미인데, 자기의 어미 새조차도 잡아먹는다고 한다. 소식은 이 새로 가혹한 관리(酷吏)를 비유했다. 훌륭한 관리(循吏)와 가혹한 관리(酷吏)의 대비에서 백성을 동정하는 소식의 생각을 엿볼 수 있다.

아우 소철이 요나라 국왕의 생일을 축하하는 사신으로 거란契丹(요나라)에 파견 가게 되었다. 소식은 시를 지어 동생에게 보냈다.

구름과 바다 바라보는 곳에 이내 몸 부쳤거늘

그대 멀리 떠난다고 어찌 다시 수건을 적시랴.

눈바람 무릅쓰고 역마 타고 가거든

거란에 송나라의 뛰어난 인재 알려야 하리.

사막에서 송나라 궁중의 달을 보고

호수와 산 보며 항주의 봄을 꿈꾸겠지.

선우單于가 만일 우리 가문을 묻거들랑

조정에서 제일가는 집안이라 말하지 말게나.

雲海相望寄此身, 那因遠適更沾巾.

不辭馹騎凌風雪, 要使天驕[5]識鳳麟

沙漠回看清禁月, 湖山應夢武林春.

單于若問君家世, 莫道中朝第一人.[6]

　　처음 두 시구에서는 자신이 멀리 떨어진 바닷가에 몸을 부치고 있
어 이번에 소철이 먼 곳으로 갈 때도 이별의 눈물로 수건을 적실 필요
는 없다고 하였다. 이어서 3, 4구에서는 소철의 사명이 요나라의 국왕
에게 송나라의 문화가 번성하고 인물이 많은 것을 알려주는 데 있다고
설명한다. 5, 6구에서는 사막에서 조정(변경卞京)과 항주의 형님을 그리

---

5) 天驕(천교): 한漢나라 때 흉노匈奴가 자칭 '천지교자天之驕子'라고 했는데, 후에 강성한
　변방 민족을 이르는 말로 쓰이게 되었다.
6) 「자유가 거란으로 사신 나가는 것을 전송하며」(送子由使契丹), 『소식시집』, 1647쪽.

위하는 소철을 상상했다. 그리고 마지막에 말한다. 요나라의 국왕 선우가 만약 우리 집안에 대해서 묻더라도, 우리 집안이 송나라에서 첫째가는 가문이라고 말해선 안 된다. 왜냐하면 송나라에 인물이 아주 많기 때문이다. 당시 요나라에서도 소식의 이름은 유명했다.

소철은 일찍이 말했다. "누가 우리 집안의 문집(소가蘇家의 문집)을 가지고 유도幽都(요나라)를 방문했는가? 만나는 호인胡人마다 대소大蘇에 대해 묻는다네."(誰將家集過幽都, 逢見胡人問大蘇.「신수관에서 자첨 형에게 4수의 절구를 부치다, 제3수」神水館寄子瞻兄四絶, 其三) 왕벽지王辟之의 『민수연담록』澠水燕談錄 권7에 의하면, 장순민張舜民(자 운수芸叟)이 요나라에 사신으로 가서 여관에서 어떤 사람이 쓴 「자첨노인행」子瞻老人行이라는 시를 보았고, 서점에서는 『대소소집』大蘇小集이 간행되었다고 했다. 장순민도 그 여관의 벽에다가 시를 썼다. "누가 아름다운 시구를 지었기에 유도幽都에까지 이르렀는가?/만나는 북방의 아이들까지 동파에 대해 묻는구나."(誰題佳句到幽都, 逢著胡兒問大蘇.) 소식이 소철에게 보내는 시에서 '조정에서 제일가는 집안이라고 말하지 마라'고 당부한 배경에는 이와 같은 사실이 있었다. 여기에는 송나라의 명예를 지키려는 배려와 강렬한 민족적 자존심이 나타나 있다.

항주 시기의 사경시寫景詩에도 뛰어난 것이 적지 않다. 여기에 묘사된 경치는 섬세하고 아름다워, 마치 한 폭의 그림과 같다. 시 「유경문에게 주다」(贈劉景文)를 보자.

연꽃 다 지니 내리는 비 받을 덮개 없는데
국화는 거의 져도 서리 업신여길 가지는 있네.
일 년의 좋은 경치 그대는 기억해야 하리

바로 노란 귤이 푸른 색깔일 때를.

荷盡已無擎雨蓋, 菊殘猶有傲霜枝.
一年好景君須記, 正是橙黃橘綠時.

초겨울로 경치가 바뀌려는 순간을 매우 정확하게 포착했다.

56세 되던 해(철종 원우 6년, 1091년)의 3월, 소식은 항주를 떠나 상경했다. 동료인 마감馬瑊은 「목란화령」木蘭花令을 지어 이별을 아쉬워했다. "왔을 때 오회吳會(오중吳中과 회계會稽)에는 아직 늦더위가 남아 있었는데/떠날 때 무림武林(항주)엔 봄이 저물었네./그대가 남긴 사랑이 사람들을 깊게 감동시켜/뿌리는 눈물 강의 빗물보다 많아라." 항주의 백성들에게 소식은 그 정도로 존경을 받았다.

2. 영주潁州

56세 되던 해(철종 원우 6년, 1091년)의 8월, 그는 다시 수도 변경을 떠나 영주지주로 부임했다. 이해 겨울, 영주에는 눈이 많이 내려 백성들은 굶주림에 허덕였다. 소식은 여러 가지 구제책을 마련했다. 그의 부하인 첨판簽判 조령치趙令畤(자 덕린德麟)가 당시의 상황을 기록한 것을 보면, 소식은 부하들을 소집하여, "어느 밤엔가 잠 못 이루며 영주 백성들의 굶주림을 생각하고, 백여 전을 내놓아 찐빵을 만들어 이들을 구제하려고 한다"라고 말했고, 또 '서민의 고통'이 양식뿐만 아니라 '연료'에도 있다고 생각하고, 의창義倉의 곡물뿐만 아니라 다른 곳에서 석탄과 장작을 모아 와서 배고픔과 추위에서 이재민들을 구호했다.(『후정록』侯鯖錄 권4) 그 후 그는 또 조정의 동의를 얻어 황하에서 치수공사를 하던 인부 1만 명을 영주로 옮겨 용수로를 팠다. 또 조령치와 함께 영주의 서호西湖를 준설하고 초피焦陂(피陂는 방죽, 둑의 뜻)의 물을 끌어와 청하淸河와 서호에 갑문 3개를 수축했다. 그러나 공사가 완공되기 전에, 그는 또 양주지주揚州知州로 전출되어, 공사의 지휘는 조령치에게 넘겨졌다.

구양수도 43년 전에 영주의 지주를 맡은 적이 있고, 그의 두 아들 구양숙필歐陽叔弼과 구양계묵歐陽季黙도 이때 영주에 있었다. 소식은 선배이자 스승인 구양수를 그리워하여 「취성당의 눈」(聚星堂雪)이란 시를 지었다. 옛날 구양수는 영주에 있을 때, "눈 오는 가운데 손님에게 약속하여 시를 지을 때 눈에 해당되는 상투적인 시어(체물어體物語: 사물을 묘사하는 시어) 사용을 금하여", '옥'玉, '달'(月), '배꽃'(梨), '매화'(梅) 같은 시어를 사용하지 말자는 제한을 마련한 적이 있었다. 소식은 젊은 시절 『남행집』에 수록한 「강에서 눈을 만나」(江上値雪)와 같이, 「취성당의 눈」에서도 이를 모방하였다. 시에서는 취성당의 눈 속의 연회 장면을 묘사한 다음, "여남선현汝南先賢[7]에 대한 고사가 있으니/취옹醉翁의 시화를 누가 이을까?/당시의 호령 그대는 들으라/백병전에서는 촌철寸鐵 같은 무기라도 허락하지 않는 것을"(汝南先賢有故事, 醉翁詩話雖續說. 當時號令君聽取, 白戰不許持寸鐵)이라고 하였다. 문학에서 백묘白描[8]수법은

---

7) 여남선현은 구양수를 이르는 말이다. 영주潁州의 주치州治(지주의 주재지)는 여음汝陰(지금의 안후이 성 푸양阜陽)으로 여수汝水의 남쪽에 있다. 구양수는 일찍이 영주지주를 지냈다. 그러므로 그를 일러 '여남선현'汝南先賢이라고 칭했다.

8) 백묘는 문학작품의 미문적 윤색에 중점을 두지 않은, 자연 표현의 묘사법을 말한다.—옮긴이 주

백병전에서 무기를 사용하지 않고 맨손으로 싸우는 것에 비유된다. 이 점은 구양수의 『육일시화』六一詩話를 보충한 것이라 할 만하다.

구양수는 일찍이 사詞 「목란화령」木蘭花令을 지어서, 영주의 서호를 읊은 적이 있었다. 소식은 이것을 화운해서 「구양공의 서호 시에 차운해서」(次歐公西湖韻)라는 시를 지었다. 그 옛날 일찍이 구양수와 함께 서호에 유람한 적이 있었는데 이번에 다시 와 보니 이 지역의 가기歌妓가 아직까지 구양수의 사를 부르고 있었다. 소식은 감개무량했다. "가인은 아직도 취옹醉翁의 사를 노래 부르니/43년이 번개와 같구나"(佳人猶唱醉翁詞, 四十三年如電抹), "나와 더불어 함께 옹翁을 아는 이/오직 서호의 물결에 비치는 달뿐이라네."(與予同是識翁人, 唯有西湖波底月. 「목란화령」) 선배에 대한 깊은 경모의 정은 호수 속에 비친 달처럼 불변하고 순수했다. 소식은 서정시의 필치로 사람을 그리워하는 사를 지었다. 종래의 완약파婉約派의 회인사懷人詞(사람을 그리워하는 내용의 사)는 여성이 주된 대상이었고, 연애의 정을 내용으로 하고 있었다. 소식의 회인사는, 전통적인 사에서 묘사되는 풍우에 꺾인 녹색 잎과 붉은 꽃의 정조에 비해 격조가 높아 사에 새로운 풍격을 주었다.

소식이 구양수를 추모하는 정은 시문 가운데서 자주 나타날 뿐 아니라, 그의 사에서도 되풀이해서 노래되고 있다. 44세(원풍 2년, 1079년), 서주徐州에서 호주湖州로 부임하는 도중, 양주揚州를 들러 구양수가 양주지주로 있을 때 지었던 평산당平山堂을 찾아갔다. 그 벽에 남겨진 용이 날고 봉황이 춤추는 듯 웅장한 구양수의 붓글씨의 자취를 보고, 구양수를 회고하는 정을 스스로 억제하지 못하여 사 「서강월·평산당」西江月·平山堂을 지었다. "세 번 평산당을 지나는데/손가락을 튕길 만한 짧은 시간에 반평생이 지났구나./십 년 동안 신선 노인을 뵙지 못했는데/벽에는 용사비등하는 글씨만 남아 있네."(三過平山堂下, 半生彈指聲中. 十年不見老仙翁, 壁上龍蛇飛動.) 이로부터 수년 후 황주黃州의 쾌재정快哉亭에 올랐을 때도, 구양수가 평산당을 대하며 읊었던 일이 생각나 사를 지었다. "길이 기억하네. 평산당에서/베개에 기대 앉아 강남의 안개비를 보니/아득히 외로운 기러기가 잠기네./취옹의 시어를 알겠네/'산빛은 있는 듯 없는 듯하다'고 했던."[9](長記平山堂上, 欹枕江南烟雨, 杳杳沒孤鴻. 認得醉翁語, '山色有無中'.「수조가두」水調歌頭) 지금도 수 차례나 영주를 회고한 정은 깊은 감동을 준다.

3. 양주揚州

양주로 부임하는 도중의 일을 소식은 "매번 관리들(吏卒)을 물리치고, 친히 촌락으로 들어가 그 지방 노인들을 방문하니, 모두 슬픈 빛을 띠고 있었다"라고 썼다. 알고 보니 백성들은 '체납된 관세' 때문에 빚을 지고 곤경에 처해 있었다. 게다가 보리 수확 철인데도, 농민들은 관청에서 세금을 징수하러 오는 것이 두려워 감히 마을에 돌아가지 못했다. 소식은 탄식하며 써 내려갔다. "신臣이 듣건대, 공자는 '가혹한 세금은 호랑이보다 더 사납다'고 했는데, 예전에는 그 말을 믿지 못했습니다. 이제 보니 거의 이보다 더 심한 듯합니다. 수재나 한재가 사람

---

9) 취옹의 시어를~없는 듯하다'고 했던: 구양수는 「조중조」朝中措에서, "평산당 난간에 기대니 맑은 하늘/ 산 빛은 있는 듯 없는 듯"(平山欄檻倚晴空, 山色有無中)이라고 읊었다. 구양수 사의 이 구는 왕유의 「한강에서 배 띄우고」(漢江臨泛)의 "물은 천지 밖을 흐르고/ 산 빛은 있는 듯 없는 듯"(水流天地外, 山色有無中)에서 온 것이다.

을 죽이는 것이 호랑이보다 백 배나 더합니다. 그런데도 사람들이 세금 내라는 독촉을 두려워함이 수재나 한재보다 더 심하더군요."(「체납 세금 여섯 가지를 논하는 상소문」論積欠六事並乞檢會應詔所論四事一處行下狀) 이는 민중의 편에 선 대담한 의론이었다. 그는 양주에 도착하자마자, 관례에 따라 써야 하는 감사의 편지(사표謝表: 벼슬에 오를 때 감사의 뜻으로 임금에게 올리는 글)를 써서, 그 가운데, "공손히 생각건대, 태황태후와 폐하께서 만민을 아들처럼 은혜롭게 대하셔서, 그 큰 기량은 많은 선비로 하여금 조정의 덕택으로 군현郡縣과 감사監司에 맡겨 주셨다고 여기게 합니다. 이에 강회江淮 사이를 돌아보니 오래도록 수재와 한재를 만났고, 인근의 이절二浙(절강동로浙江東路와 절강서로浙江西路) 지역은 굶주림과 전염병이 서로 스며들어, 쌓인 빚 10년에 풍년이 드나 흉년이 드나 모두 걱정을 하게 되었습니다"(「양주에서 부임한 것을 사례한 표表 2수, 제1수」揚州謝到任表二首, 其一)라고 하였다. 이 편지에 대해 어떤 이는 평하여, "이 '공손히 생각건대' 이하는 마침내 '체납된 세금'이라는 문자로 들어가, 임금을 사랑함이 백성을 사랑함에서 나온다. 비록 기문奇文이지만 실은 마음속에 단지 정성 '성'誠 자 한 자가 있을 뿐이다"[10]라고 하였다.

소식의 이 표문表文이 일반적인 관용 문장의 감사 편지(謝表)와 다른 점은 세밀하게 부각시키는 데 능했다는 점이다. 후에 그는 거듭 상서를 올려 백성의 체납된 세금을 면해 줄 것을 청해 결국 윤허를 얻었다. 이때는, 소식이 「도연명의 음주시 20수에 화운하여 20수, 제11수」(和陶飮酒二十首, 其十一)를 지을 무렵이었다. 거기에 당장 "조서는 체납된 세금을 관대하게 하니/이 지방 노인들 안색이 환해지네"(詔書寬積欠, 父

---

10) 왕문고王文誥, 『소문충공시편주집성, 총안』蘇文忠公詩編注集成, 總案 권35.

老顔色好)라는 시구가 더해졌다.

양주에서 그는 두 개의 돌을 얻었다. 하나는 녹색으로 그 모양이 언덕과 산이 높아졌다 낮아졌다 하는 것 같고, 또한 깊은 굴의 구멍(洞穴)이 곧장 뒷면에까지 통하고 있었다. 다른 돌은 백옥색인데, 그는 즉시 화분 물에다 담그고, 영주에 있을 때 꿈속에서 본 '구지'仇池라고 불리는 저택을 상기해 냈다. 또한 두보杜甫의 구지시仇池詩에서, 섬서성 성주成州 경내의 구지仇池를 신선들이 사는 명산승경의 하나로 묘사했던 시구("萬古仇池穴, 潛通小有天")를 연상했다. 그렇다면 이 녹색의 돌이 바로 구지가 아닌가? 그리하여 시 「두 개의 돌」(雙石)을 지었다.

꿈에서는 진실로 옳더니 깨어날 때는 그르네.
물을 길어 화분에다 돌을 넣고 짐짓 스스로 어리석어 하네.
다만 옥봉玉峰이 태백산을 비낀 것만 보이고
새만 다니는 험한 길(鳥道)은 아미산으로 통한다.

가을바람은 돌과 더불어 안개구름을 머금고 있고
새벽 해는 초목을 적시는 자태를 낸다.
한 점 공명空明한 구멍은 어느 곳인가?
노인은 진정 구지仇池에서 살고 싶어라.

夢時良是覺時非, 汲井埋盆故自痴.
但見玉峰橫太白, 便從鳥道絶峨嵋.
秋風與作烟雲意, 曉日令涵草木姿.
一點空明是何處, 老人眞欲住仇池.

"옥봉이 태백산을 비낀"다는 것은 흰 바위가 태백산 위에 비껴 있는 설산을 생각나게 하는 것이고, "새만 다니는 험한 길은 아미산으로 통한다"는 것은 그 녹색의 돌을 가리켜 말한 것이다. 이 돌이 '가을 바람'과 '새벽 해' 가운데 어렴풋이 안개구름과 초목의 형상을 드러낸다. 또 가운데 깊은 동굴이 있으니, 이는 그대로 구지의 동혈洞穴인 것이다. 소식은 돌을 구지에 견주면서, 점점 자신도 구지 가운데로 가서 살고 싶다고 생각한다. 소식은 이 돌을 '구지석'仇池石(후인은 또한 그의 필기단문筆記短文을 편집하여 『구지필기』仇池筆記라 하였다)이라고 명명하여, 세속을 초월한 이상세계에 대한 자신의 동경을 표현했다.

이 시기의 양주통판은 '소문사학사'蘇門四學士의 한 사람인 조보지晁補之였다. 5월 말, 이미 날씨도 더워졌을 때, 소식은 조보지를 방문했다. 조보지의 서재에는 하얀 연꽃이 담긴 화분이 놓여 있었다. 화분 가운데 맑은 물은 사방으로 넘칠 듯했고, 문득 무더운 기운이 모두 사라지는 것을 느꼈다. 소식은 「감자목란화」減字木蘭花라는 사를 지어, "좌석 가득 맑고 미묘하여／차가운 샘물이 옷소매에 들어와도 옷을 적시지 않는다"(滿座淸微, 入袖寒泉不濕衣)라 하여, 샘물의 한기가 옷소매 속으로 들어오는 시원함을 묘사했다. 또 "눈은 흩뿌리고 얼음은 휘감겨／미인의 백옥 같은 피부에 산산이 떨어진다"(雪灑冰摩, 散落佳人白玉肌)라 하여 흰 연꽃의 깨끗함이 눈이나 얼음과 같다며 청량감을 노래했다. 여기서도 그의 비유의 묘와 사물을 세밀하게 묘사하는 예술적 재능이 드러나 있다.

소식은 양주에서 단지 반년을 지낼 수 있었을 뿐, 다시 서울로 소환되었다. 이 때문에 양주에서 지은 작품은 그다지 많지 않다. 화분의 정경과 관련된 이 두 수의 시와 사는 당시 그의 창작 상황을 반영하고 있다고 할 수 있다.

상경 후, 그는 교사대전郊祀大典에 참여하고 단명전학사端明殿學士,[11] 한림시독학사翰林侍讀學士, 예부상서禮部尙書(예부의 장관)로 진급했는데, 이는 소식의 일생에서 최고의 관직이었다. 당시 소철은 좌복야겸문하시랑左僕射兼門下侍郞(재상의 하나)이었다. 이처럼 형제 둘 다 요직을 차지하고 있었다. 그러나 조정 내부의 당쟁은 그치지 않았고, 소식은 상황이 불편해지자 다시 정주지주로 전출되어 나갔다. 이번이 그가 마지막으로 맡는 지방관이었다.

4. 정주定州

58세 되던 해(철종 원우 8년. 1093년), 소식은 정주에 부임했다. 정주는 요나라와 경계를 이루는 변경 지역에 위치해 있어서, 소식은 방어에 치중했다. 그는 두 가지 사업부터 착수했다. 하나는 관군 정비였다. 당시 변방의 군대는 장수는 교만하고 사병은 나태하여, 훈련은 되어 있지 않았고, 기강은 해이해져 있었다. 그런데도 전임 지주는 그러한 상황을 방치했다. 소식은 군대의 보급품을 횡령한 장수를 강력하게 처벌하고, 도박과 술주정을 엄금했으며, 훈련을 강화하고 친히 열병을 주재했다. 또 하나의 사업은 민병民兵의 정비였다. 그는 이전에 성

---

11) 단명전학사는 단명전이라는 건물 이름에 학사學士가 붙은 것인데, 송조宋朝의 법을 보면, 항상 전殿의 명칭을 대학사大學士와 학사의 명호名號로 삼아, 대신大臣에게 수여하여 은총을 표시했다.

과를 올린 '궁전사'弓箭社를 부활시켜 현지 백성의 변방 방위 경험과 투쟁 경험, 그리고 '전투로서 생업을 삼는' 풍속을 이용하여, 일지一支에 3만 명인 민병(관군 2만 5천 명)을 재편성하여 무장을 시키고 물질적으로 그들을 우대하고, 관군과 함께 방위 임무를 맡게 했다. 이렇게 "나아가 취하고 깊이 들어가 두 진영을 교전하게 하는 것은, 오히려 관군을 섞어서 이용해야만 했다. 평소 국경 수비와 소수의 적을 대비해 방어하는 경우에는, 즉시 변경의 주민을 전적으로 활용해야만 한다"(「궁전사 조약' 증설을 요청하는 상주문」乞增修弓箭社條約狀)라고 서술했다. 이렇게 해서 군사력이 증강되었다.

소식은 군비의 정돈을 단행했음에도 마음속은 불안했다. 정주가 그의 일생에서 실제로 재직한 마지막 관직의 땅이 될 것까지는 미처 몰랐지만, 정치적 폭풍이 그를 향해서 가차없이 엄습하리라는 것은 확실하게 예감하고 있었던 것 같다. 그의 작품 가운데 결단력 있게 용퇴한다든지 고향에 돌아가 은거하고자 한다는 바람이 자주 나타나는 까닭은 이 때문이다.

그는 정주에서 태항산太行山의 아름다운 돌 한 개를 얻었는데, 검고 반들반들한 색깔에 흰색의 무늬가 끼어 있었다. "화가는 눈보라(雪浪)의 기세를 다투어 임모하니/천둥 도끼의 흔적이 보이지 않은 천연적인 것이었다"(畫師爭摹雪浪勢, 天工不見雷斧痕)라고 했을 만큼, 그 무늬는 마치 눈보라와 같았는데, 인공으로 도끼와 끌을 대지 않고 자연히 형성된 것이었다. 그는 이것을 '설랑석'雪浪石이라 명명했고, 또 자신의 서재를 '설랑재'雪浪齋라고 이름 붙였다. 그는 설랑석을 빌려 사향思鄕의 정을 읊었다. 이 설랑석은 마치 사천四川의 도강언都江堰을 닮았지만, 주위에는 자신과 함께 그것에 대해 이야기할 고향 사람이 없었으니 혼자서 감상할 수밖에 없었다. 인생은 원래 몽환夢幻과 같은 것이지만, 고향의 산수만은 마음 가운데 언제까지나 남아 있었다. 그는 이러한 느낌을 가지고 시 「설랑석」雪浪石을 지었다. "도강언은 사방이 강물로 둘러싸고 있는데/자리에는 동향인이 없으니 누구와 함께 이야기할까?/노옹은 짓궂은 아이처럼 날리는 비를 만들고/술잔을 들고 앉아서 구슬처럼 튀는 설랑의 화분을 바라본다./이 몸은 절로 허깨비라 어찌 꿈이 아니랴?/고향 산수가 애오라지 마음에 있네."(離堆[12]四面繞江水, 坐無蜀士誰與論. 老翁兒戲作飛雨, 把酒坐看珠跳盆. 此身自幻孰非夢, 故國山水聊心存)

다른 시 「학의 탄식」(鶴嘆)에서는 학을 빌려 자신의 감개를 서술하고 있다. 시에서 묘사한 것은 오만하여 자존심이 강하고 길들여지지 않은 학이다. 사람들이 불러도 외면하며 경멸을 나타낼 뿐이다. "자신의 몸으로 사람을 즐겁게 하여" 다른 사람의 애완물이 되기를 바라지 않는다. 또 다른 사람이 인정을 베푸는 것에 대해서도 돌아볼 가치가 없다는 태도를 취하고 있다. "던져 주는 모이를 보고도 보지 않는 것처럼 하고/끼룩 긴 울음소리를 내고는 아래로 달음질쳐 달려간다."(投以餅餌視若無, 戛然長鳴乃下趨.) 시의 마지막에서는 "나아가기 어렵고 물러나기 쉬운 데는 난 학만 못하구나"(難進易退我不如)라고 하였다. 여기서의 학은 '나아가기는 어렵고 물러나기는 쉬운', 곧 세상에 가벼이 나아가지 않고 물러나 은퇴하는 것을 즐기는 고결한 선비를 상징한다. 작자는 스스로 학에 못 미치는 것을 부끄러워하고 있다. 분명히 소식은 학

---

12) 離堆(이퇴): 곧 이대(離碓)이다. 진秦나라 때 촉蜀 땅의 수령 이빙李氷이 뚫은 것으로, 지금의 쓰촨 성 러산에 있다. 이빙은 또 도강언都江堰(지금 쓰촨 성의 꽌 현灌縣에 있다)을 쌓았는데, 이 두 가지 일은 서로 섞이어, 또한 도강언을 이퇴離堆라 칭하기도 한다. 시에서는 도강언을 가리킨다.

을 통해 자신을 격려하고 있다. 그러나 신구 당쟁의 가운데 처한 정치적 위상은 용기 있게 은퇴하려는 소식의 소망을 실현 불가능한 환상으로 만들었다.

12장
혜주와 해남도의 유배 생활, 그리고 영원으로

소식이 정주로 부임하기 전에, 태황태후 고씨高氏는 철종 원우 8년 (1093년) 9월에 서거하고, 19세의 철종이 친히 정사를 주재했다. 희녕, 원풍 시기의 이른바 신당新黨의 인물들이 다시 등장하여, '조정이 장차 변화하려는' 분위기가 농후하게 나타났다. 소식은 변경汴京(당시 송宋의 서울)을 떠나 정주에 도착한 후, 다시 한 번 표를 올려 "급진적이고 이익을 추구하는 신하들이 곧 가벼이 폐하께 개혁을 권할까 두렵습니다" 라고 우려를 표명했다. 그리하여 철종에게 '평온만전의 계책'을 견지하도록 요구했다.(「정주지주로 임명되어 조정에 가서 황제께 고별 인사를 할 때 정사를 논하는 상주문」辭赴定州論事狀) 그러나 정국의 변화를 막을 수는 없었다.

이듬해 정월 연호가 '소성'紹聖으로 개정되었다. 신종의 시정 방침을 계승한다는 의미였다. 이에 구당의 인물 여대방呂大防과 범순인范純仁 등은 파면되고, 신당의 장돈章惇 · 안도安燾 등이 요직에 기용되었다. 그들은 왕안석 신법의 혁신 정신과 구체적인 정책을 포기하고, '원우

당인'元祐黨人들을 공격하는 것을 주요 목표로 삼았다. 그리하여 당시 조정의 고위 관리 30명 이상이 모두 영남嶺南 등의 변방으로 유배되었다.

소식 형제 역시 그들의 첫 번째 공격 목표가 되었다. 4월 장돈의 재상 입각 전야에, 실력자 장돈에게 붙은 어사御史 우책虞策과 전중시어사殿中侍御史 내지소來之邵는 예전 '오대시안'烏臺詩案 때에 이정李定 등이 이용했던 방법을 답습하여, 소식이 이전에 기초했던 제고制誥(제왕이 내리는 사령辭令)와 조령詔令 가운데 "언어가 비방의 의미가 있으며", "선왕을 비방했다"라고 하여 탄핵했다. 그 결과 단명전학사와 한림시독학사의 두 직급이 박탈되고, 정주지주 관직에서 해임되었다. 그리하여 문관의 직급으로 정6품상上인 '좌조봉랑'左朝奉郎 영주지주英州知州(영주의 치소는 지금의 광둥 성 잉더英德)로 강등되었다. 이렇게 관직이 추탈되자마자 우책은 "죄에 대한 벌이 아직 타당하지 못하다"라고 하여, 정6품하下인 '좌승의랑'左承議郎으로 다시 강등시켰다. 그 해 6월 소식이 배소配所로 가는 도중 안휘성 당도當塗까지 가자, 이번에는 건창군建昌軍[1](치소는 지금의 장시 성 난청南城) 사마司馬(속관), 혜주惠州(치소는 지금의 광둥 성 후이양惠陽 동쪽)로 안치安置되었다. 소식은 할 수 없이 가족을 양선陽羨(지금의 장쑤 성 이싱宜興)으로 보내고, 막내아들 소과蘇過를 데리고 남쪽으로 내려갔다. 도중에 강서성 여릉廬陵(지금의 장시 성 지안吉安)에서, 재차 영원군寧遠軍(치소는 지금의 후난 성 닝위안寧遠) 절도부사節度副使('사마'보다도 지위가 낮은 속관)로 강등되었다. 다만 혜주 안치는 그대로였다. 세 번이나 유배 명령을 고쳤던 데서 정적들의 소식에 대한 미움이 집요하고 악랄했음을 족히 엿볼 수 있다.

---

1) '군'軍은 송대의 행정구역으로, 주州나 부府에 상당한다.

혜주에 도착한 것은 10월 초였다. 혜주에서는 2년 남짓 유배 생활을 했다. 그사이 큰아들 소매蘇邁가 소주韶州 인화령仁化令(인화는 지금의 광둥 성 런화仁化)으로 제수받았기 때문에 가족을 이끌고 아버지 소식을 방문했다. 타향에서 육친과의 재회로 소식은 위안이 되었으나, 그는 다시 뜻하지 않게 경주瓊州(치소는 지금의 하이난 섬 충산 현瓊山縣) 별가別駕(지주의 보좌관), 창화군昌化軍(치소는 지금의 하이난 섬 단 현儋縣) 안치安置로 유배되었다. 소성 4년(1097년) 4월, 그는 소과와 둘이서 해남도海南島로 건너갈 수밖에 없었다. 7월에 담주儋州(치소는 지금의 하이난 섬 단 현)에 들어갔다. 그리하여 예전에 '하늘가와 바다 끝'(海角天涯)이라 불리던 해남도에서 3년의 세월을 지내게 된다.

혜주와 담주에서의 유배 생활은 황주 유배 생활의 연속이고, 소식의 사상 및 문학 창작도 황주 시대의 연속이자 발전이었다. 불로佛老 사상이 다시 사상의 주축을 이루었으며 또한 이전보다 심화·발전되었다. 그는 시「거처를 옮기며」(遷居)에서 이렇게 말한다.

> 내 인생 본래 특별히 기대하는 바 없이
> 굽어보고 우러러보며 이 세상을 마치려네.
> 생각하는 짧은 시간도 자연히 영겁의 긴 시간이 되고
> 티끌 하나하나에도 각기 저마다의 세계가 있네.
> 하늘 아래 온갖 생물 숨 쉬는 것을 살펴보니
> 입김으로 불어내며 사는 게 모기와 같구나.
>
> 吾生本無待, 俯仰了此世.
> 念念自成劫, 塵塵各有際.

下觀生物息, 相吹等蚊蚋.

　불교에서는 세계가 한 번 개벽한 다음부터 다음번 개벽할 때까지 이르는 긴 시간을 '겁'劫이라고 한다. "생각하는 짧은 시간도 자연히 영겁의 긴 시간이 되고"라는 것은 인간 세상의 변화가 신속함을 말한다. 도교에서는 세계를 '티끌'(塵)이라고 하는데, "티끌 하나하나에도 각기 저마다의 세계가 있"다는 것은 곳곳마다 세계가 있다는 것을 의미한다. 끝 두 구는 『장자』莊子 「소요유」逍遙遊의 전고를 인용하여, 만물의 생존은 모기의 호흡과 다름없음을 말한다.

　그 시기 소식은 도연명의 은둔과 담박함을 좋아하고, 청정무위淸淨無爲와 양생養生, 장생長生을 강조하는 도가道家에 대해서도 이전보다 더 큰 관심을 표시하게 되었다. "고맙게도 이 치천옹稚川翁[2] 갈홍이 / 천년을 나와 함께하네. / (그를) 나와 연명과 함께 그린다면 / '삼사도'三士圖라 부를 만하리"(愧此稚川翁, 千載與我俱. 畵我與淵明, 可作三士圖.「도연명의 '독산해경'에 화운하여, 제1수」和陶讀山海經, 其一)라 하였다. 또 "동파의 스승이신 포박자 노인 갈홍은 / 참으로 투합하여 사귄 지 이미 전생부터이네"(東坡之師抱朴老, 眞契久已交前生.「나부산을 유람하며 1수, 아들 과過에게 보여 주다」遊羅浮山一首, 示兒子過)라고도 하였다.

　그는 티끌세상을 벗어나 인간 세상을 멀리 떠나고 싶다고 생각한 것 같다. 그러나 결코 진정으로 허무를 믿거나 불법에 귀의하지 않았다. 시「광주 포간사」廣州蒲澗寺에서는 안기생安期生이 백운산白雲山에서

---

2) 치천옹은 도가의 갈홍葛洪으로 자는 치천이요, 자호自號는 포박자抱朴子이다. 일찍이 나부산羅浮山에서 연단煉丹하였다. 저서에 『포박자』抱朴子가 있다.

창포를 먹으며 지내고 있었는데 진시황이 사람을 보내 그에게 신선술을 구하려 했던 것을 생각하고, "옛날에는 창포방사의 저택/후에는 담복[3]조사詹蔔祖師의 선禪./이제 단지 웃음을 머금은 꽃이 있어/진시황이 신선술을 배우려 했음을 비웃네"(昔日菖蒲方士宅, 後來詹蔔祖師禪. 而今只有花含笑, 笑道秦皇欲學仙)라고 기술하였다. 여기서 신선술을 추구한 진시황제를 풍자한 것은 그가 내면적으로는 현실 지향적이었기 때문이다.

불교와의 관계에서도, 그는 자신이 '교화되기 어려운'(難化) 인간이라고 말한다. 이 시기에 쓴 편지 「참료에게 답하여」(答參寥)에서 자신을 "도를 대강 아는 자"라고 하면서도, "도심道心이 자주 일어나지만, 자주 세상의 즐거움에 옮겨지고 뺏기고 있다"라고 말하고, "아마 여러 부처님께서 그 교화되기 어려운 걸 알아, 그러므로 만 리나 멀리 와 모든 악을 극복·제압하게 하실 뿐이다"라고 자조했다. 그러나 만 리 멀리까지 유배되어서도 여전히 교화되기 어려운 점은 변함이 없었다. 그가 불교 사상에 기울어지는 데도 일정한 한계가 있었다는 것이 여기서 명백히 드러난다.

소식에게 불로 사상은 주로 정치적 역경에서 자아 해탈의 정신적 무기로 작용했다. 담주에서 쓴 시 「바둑 두는 것을 보며」(觀棋)에서, "바둑에서 이기면 진실로 기쁘고/져도 또한 즐겁다./여유 있게 노닐듯이/애오라지 다시 한 판 더 둘 뿐"(勝固欣然, 敗亦可喜. 優哉遊哉, 聊復爾耳)이라고 했다. 여기서 승패의 구별은 다른 사물간의 구별과 마찬가지로 객관적인 것이다. 그러나 소식은 여러 번 유배되는 와중에도 이것을 부정함으로써 불굴의 낙관적인 정신을 잃지 않고, 생활을 사랑하

---

3) 담복詹蔔은 치자나무 유의 식물. 꽃은 흰색이고 꽃잎이 여섯 개이며, 향기가 아주 짙다.

고 풍토와 인정을 사랑할 수 있었다. 그의 한 서간문에서 "비유하면 원래 이 혜주 지방의 수재가 여러 번 과거에 급제하지 못한 것과 같으니, 어찌 안 될 일이 있으리오"(譬如原是惠州秀才, 累擧不第, 有何不可.「정정보 제형에게」與程正輔提刑)라고 했다. 또 유배지에서도 "그저 영은사나 천축사의 스님이 절을 나간 후, 작은 마을 뜰에서 살면서 다리가 꺾인 세 발 솥에 현미쌀밥을 뜸 들여 먹으며 일생을 보내도 지낼 만한 것과 같다"(只似靈隱天竺和尙退院後, 卻在一個小村院子, 折足鐺中,[4] 罨糙米飯吃, 便過一生也得.「참료자에게 답하는 편지」答參寥簡)라고 했다. 그는 유배지를 그가 출생한 고향으로 여기기도 하고 혹은 이름난 지방의 풍치 좋은 곳이라고 간주하기도 했다. 이처럼 불로 사상은 소식과 같은 봉건 지식인으로서는 당시의 조건 하에서 찾을 수 있는 유일한 정신적 무기였다. 이것은 역시 시대와 계급의 한계이다.

유배 생활은 하층 백성과 접촉할 기회를 마련해 주었다. 그는 담주에 처음 왔을 때 몇 칸짜리 관사를 빌려 거주했는데, 지방 관리에게 쫓겨나 손수 다섯 칸짜리 초가집을 지었다. 이때 그를 도와준 것은 이 지방에 사는 가난한 서생 10여 명이었다. 특히 그는 이 지방 여족黎族 백성들과도 깊은 친교를 맺어 서로간에 이웃 친구가 되었다. 심지어는 "남방 해남도 사투리를 배울 수 있다면/이 여모 땅의 백성이 되리라"(鴃舌[5]當可學, 化爲黎母民.「도연명의 '전사시춘회고' 2수에 화운하여, 제2수」和陶田舍始春懷古二首, 其二)라고까지 하였다. 다음과 같은 시도 있다.

---

4) 折足鐺(절족당): 다리가 잘리고 깨어진 솥을 가리킨다. 당鐺은 바닥이 평평한 솥이다.
5) 鴃舌(결설): 때까치가 지저귀는 소리로, 이해하기 어려운 말소리 곧 지방 사투리를 비유한 것이다.

취한 듯 만 듯 여족 사람들에게 길을 물어 가니

대나무 가시 등나무 가지에 걸음마다 거치적거린다.

단지 소똥이 떨어진 곳 따라 돌아갈 길 찾아가니

집은 소 외양간 서쪽 또 서쪽이라.

牛醒半醉問諸黎, 竹刺藤梢步步迷

但尋牛矢覓歸路, 家在牛欄西復西

총각머리[6] 땋은 해남 여족의 서너 명 아이

입으로 파피리 불며 이 늙은이 맞이한다.

하늘가 만 리 먼 곳에 있다는 생각 말지니

시냇가엔 저절로 무우舞雩에서 바람 쐬던[7] 낭만 있어라.

總角黎家三四童, 口吹䓤葉送迎翁.

莫作天涯萬里意, 溪邊自有舞雩風.[8]

하층사회의 생활을 체험한 소식은 백성을 동정하고 국사國事에 관

---

6) 총각머리는 고대 아동의 머리 양식으로, 두 갈래로 땋았다.

7) 무우舞雩에서 바람 쐰다는 것은, 『논어』 「선진」先進에서 유래한 말이다. 공자와 증점이
   "기수沂水에서 목욕하고, 무우舞雩에서 바람을 쐰다"(浴於沂, 風於舞雩)라는 말이 있다.
   기수에서 목욕하고, 기우제를 지내는 무우舞雩에서 바람을 쐰다는 뜻이다. 고대에 하늘
   에 제사 지내 비가 내리도록 기도할 때 음악과 춤이 있었다. 또 하늘에 제사지내는 곳을
   무우라 하기도 한다.

8) 「술에 취해 홀로 걷다가 두루 자운, 위, 휘, 선각 등 네 명의 여족 집에 이르다 3수, 제1
   수, 제2수」(被酒獨行, 遍至子雲, 威, 徽, 先覺四黎之舍三首, 其一, 其二)

심을 가졌다. 그는 일관되게 백성의 고통에 관심을 두었다. 광주廣州에서는 짠물을 식수로 사용하여 질병에 걸리는 일이 많았다. 그는 지주知州 왕민중王敏仲에게 편지를 써서, 대나무 통을 사용해 20리 밖의 포간산蒲澗山에서 성 안으로 물을 끌어들이자고 건의했다. 왕민중이 이 건의를 채택한 후에, 또 수로로 사용하는 대나무 통이 거리가 멀어 시일이 오래되면 막히지 않을까를 염려한 소식은 지주에게 재차 편지를 써서 대나무 통 위에 작은 구멍을 하나씩 뚫어 '막혔는지 뚫렸는지 여부를 검사할 것'을 건의했다.(「왕민중에게」與王敏仲)

또한 혜주 박라博羅의 향적사香積寺를 방문한 소식은 시냇물의 물살이 센 것을 보고는, 물레방아를 설치해서 보리와 쌀을 찧자고 현령에게 제안했다. 이것이 실현된 후, 그는 "펄펄 날리던 흰 눈 녹은 물로 가루 국수 만들고/은은한 북소리 같은 방아 찧는 소리를 듣는다"(霏霏落雪看收麵, 隱隱疊鼓聞舂糠.「박라의 향적사에 노닐며」遊博羅香積寺)라고 노래했다.

그는 이전에 무창武昌에서 보고 들은 최신식 모내기용 농기구인 '앙마'秧馬를 혜주에 널리 보급시켰다. "지금 혜주 백성들이 모두 사용하게 되었는데, 백성들은 그것을 매우 편리하게 여겼다"라고, 자신의 글에 썼다. 앙마의 보급으로 지금껏 허리를 굽혀 모를 내던 고생스러움을 면하게 된 것이다. 그는 앙마의 구조와 치수 및 타고 부리는 사용법을 상세히 기술하여 인편으로 강절江浙 일대에도 널리 보급했다.(「앙마가의 뒤에 쓰다」題秧馬歌後)

의약에 관해서도 밀주지주密州知州 시절부터 시작한 연구가 이 시기에 이르러 다방면으로 발전을 이루어, 연구·제조하여 환자의 치료를 자신의 임무로 삼았다. "아픈 자에게는 약을 주고 죽은 자는 묘에 묻어 주었으며, 또 사람들을 이끌고 다리를 두 개나 세워 사람들을 건너게 해 주었다. 이에 혜주 백성들이 그를 존경했다."(「동파선생 묘지명」)

65세 되던 해(원부 3년, 1100년)에 황하에 홍수가 나서 강물의 흐름이 다시 북류北流로 복귀하게 되었다는 소식을 들었다. 이에 소식은 예전 희녕 연간을 회상했다. 당시 그는 단순히 제방을 쌓아 강물이 동쪽으로 흘러가도록 하는 것에 반대하고, 황하가 제대로 자연스럽게 잘 흘러갈 수 있도록 하려고 애썼다. 이제야 자신의 주장이 옳았음이 실제 사실로 증명된 것이다. 소식은 그때의 일을, "내가 전에 올린 세 가지 치수 방책이 이미 이루어지니 옛날 가양賈讓 생각나고/외로운 충성에도 끝내 우번虞翻같이 죄 사면되지 않네"(三策已應思賈讓, 孤忠終未赦虞翻. 「경진년 인일에 짓다」庚辰歲人日作)라고 읊었다. 여기서 황하의 치수治水로 유명한 동한東漢의 명신名臣 가양과 정직하기로 유명한 삼국시대 오나라의 우번을 자신에 비유하여, 다시 기용될 것을 원한 것이다. 이어 "나라를 위해 몸 바치려는 마음은 아직도 있건만/시대를 바로잡을 계책은 이미 텅 비어 버렸구나"(許國心猶在, 康時[9]術已虛. 「남강의 망호정」南康望湖亭)라는 자신의 독백처럼, 적극적으로 세상을 위해 일하려는 마음은 시종 없어지지 않았다.

그의 일생을 종합해 보면, 유가 사상과 불로佛老 사상이 모순되면서도 병존하고 있다고 말할 수 있다. 전자의 주된 정신은 적극적으로 세상을 위해 일하려는 데 있고, 후자는 소극적으로 세상을 벗어나려는 데 있다. 그러나 이 양자가 소식에게는 통일적인 양상을 보인다. 그것은 정치사상과 인생 사상을 구별하는 데에 습관이 되어, 대체로 외

---

9) 康時(강시): '강시'는 '광시'匡時와 같다. 송의 태조 조광윤趙匡胤의 이름을 휘諱하여 '광'匡을 '강'康으로 대체한 것이다.

유내도外儒內道(외면적으로는 유가이고 내면적으로는 도가라는 뜻)의 형식을 가지고 양자를 통일해 냈다. 다시 말하면, 세상에 나와 정치에 종사할 때 특히 지방관 재직 시절에 그는 주로 유가의 정치적 이상을 신봉하고 실천했다(때때로 불로 사상이 겉으로 나타난 적도 있다). 또 유배되어 재야에 있을 때는 불로 사상이 주된 사상 경향이 되었다(물론 이때도 유가 사상은 결코 소멸되지 않았다). 『맹자』「진심」盡心 편의 "궁하면 홀로 그 몸을 착하게 하고, 영달하면 천하를 아울러 착하게 한다"(窮則獨善其身, 達則兼善天下)라는 말은 그대로 소식을 평한 것이라고 할 수 있다.

　정치적인 좌절도 생활의 궁핍도 그의 왕성한 창작력을 결코 감소시킬 수 없었다. 이 시기의 시는 현재 아홉 권 가까이 남아 있으며 그 수는 400여 수나 된다. 이외에도 사詞와 산문이 있다. 「자첨이 도연명 시에 화답한 시집의 서문」(子瞻和陶淵明詩集引)에서 소철은 해남도 시기의 소식에 관하여 "날마다 감자와 토란을 먹으며, 좋은 집과 맛 좋은 음식에 대한 생각은 가슴에 두지를 않았다"(日啖薯芋, 而華屋玉食之念, 不存於胸中)라고 말하고, "유독 시 짓기를 좋아하여, 그 시가 조예가 깊으며 묘하게 빛나 노인의 쇠약한 기운이 보이지 않았다"(獨喜爲詩, 精深華妙, 不見老人衰憊之氣)라고 썼다. 이는 꾸준한 창작과 늙어갈수록 더욱 원기 있는 창작 정신을 칭송한 것이다. 이 시기 소식의 문학 활동은 다음 네 가지 분야로 나누어 설명할 수 있다.

1. 황주 유배 시기와 마찬가지로 이 시기에는 복잡하고 모순된 인생 감개가 창작의 주된 내용이었다

그러나 황주 시기에 비하면, 적극적으로 세상에 나아가려는 소망과 소극적으로 세상을 피하려는 소망의 모순이 가슴속에 답답하게 막혀 있거나 불평스럽던 것에서 부드럽고 평화로운 분위기로 전환되었고, 감정의 격랑도 잔잔한 물결로 변해 갔다. 단지 평화로운 가운데서도 불평이 깃들어 있고, 잔잔한 가운데서도 격류가 흐르고 있어, 사상의 갖가지 모순은 그대로 혼재해 있었다. 그는 여러 차례 "나의 삶은 천지 사이에 붙어 있을 뿐이다"(吾生如寄耳)라고 슬프게 노래했으나, 동시에 또 중원으로의 복귀를 갈망했다. "북쪽으로 중원을 바라보아도 돌아갈 날 없다"(中原北望無歸日)라고 하여, 고민과 수심을 표현했다.(「백학봉의 새집이 완공되려 하는데, 밤에 서쪽 이웃 적 수재를 방문하다」白鶴峰新居欲成, 夜過西鄰翟秀才) 혹은 성은聖恩을 간절히 잊지 못하여, "싫다 마오. 경주와 뇌주가 운해雲海에 격해 있다고/성은은 그래도 허락하였네. (우리 두 형제가) 멀리서라도 서로 바라볼 수 있도록"(莫嫌瓊雷隔雲海, 聖恩尙許遙相望. 「나는 해남도에 유배되고, 자유는 뇌주에 유배되어 명령에 따라 가는데, 끝내 서로 알지 못했다. 오주에 이르러 아직 그가 등주에 있다는 얘기를 듣고서, 아침저녁으로 따라가 이 시를 지어 그에게 보이다」吾謫海南, 子由雷州, 被命卽行, 了不相知. 至梧乃聞尙在藤也. 旦夕當追及, 作此詩示之)이라고 기술했다.

그 후 과연 경사로 소환되었을 때, 그는 다음의 시를 지어서 심중을 토로했다.

여생을 해남도 마을에서 보내고자 했는데

하느님이 무양巫陽을 보내 내 혼을 부르네.[10]

저 까마득한 하늘가 송골매 사라지는 곳

머리카락 같은 푸른 산이 바로 중원 땅이네.

餘生欲老海南村, 帝遣巫陽招我魂

杳杳天低鶻沒處, 靑山一髮是中原[11]

북쪽으로 날아가는 송골매를 바라보고 있으면, 점점 멀어지다가 마침내 보이지 않는다. 시에는 중원으로 향하는 강렬한 열망이 간직되어 있다.

소식은 그의 작품에 적거 생활의 괴롭고 슬픈 심정도 자주 다루곤 했다. 이러한 예는 「쌀을 사들이며」(糴米), 「권태로운 밤」(倦夜), 「붓 가는 대로 3수, 제3수」(縱筆三首, 其三), 「자유가 수척해졌다는 이야기를 듣고」(聞子由瘦) 등의 시에 잘 나타나 있다. 그는 외출하여 대상을 방문했으나 만나지 못한 것을 제재로 삼아 거기에 당시의 적막하고 허전한 심경을 기탁했다. 대유령大庾嶺을 넘은 뒤에 쓴 시 「협산사」峽山寺에서는, 스님이 절에 있지 않음을 보고서, "산중 스님은 본래 그윽하고 외

---

10) 하느님이~부르네: 『초사』楚辭 「초혼」招魂에 이르길, "상제上帝가 무양巫陽에게 고하기를, '어떤 사람(賢人)이 하계下界에 있으니, 내 그를 돕고자 하노라. 혼백이 흩어졌으니 네가 시초점을 쳐서 혼을 불러 보아라'"(帝告巫陽曰, '有人在下, 我欲輔之. 魂魄離散, 汝筮予之')라 했다. 무양이 이에 "하계에 내려와 (혼을 부르면서 말한다.) '혼이여 돌아 오라!'"(乃下招曰, '魂兮歸來') 무양은 여자 무당의 이름이다. 여기서 상제는 조정을 가리키고, 혼을 부른다는 것은 조정으로의 소환을 비유한다.

11) 「징매역의 통조각 2수, 제2수」(澄邁驛通潮閣二首, 其二), 『소식시집』, 2365쪽.

로워/먹을 것을 동냥하러 나갔다가 아직 돌아오지 않았네./물방앗간 물은 저절로 방아 찧고/절의 소나무 문은 바람에 빗장이 걸렸네"(山僧本幽獨, 乞食況未還. 雲碓水自春, 松門風爲關)라고 묘사했다. 혜주에서 쓴 시 「세밑에 홀로 나서다, 제2수」(殘臘獨出, 其二)에서는 서선사棲禪寺를 방문했다가 한 분의 스님도 만나지 못한 것을, "잔잔한 호수에는 봄풀이 우거졌는데/걸어서 서선사에 이른다./절은 텅 비어 사람은 보이지 않고/노인과 어린아이 빗장 닫고 잠자고 있네"(平湖春草合, 步到棲禪寺. 堂空不見人, 老稚掩關睡)라고 말했다.

담이儋耳에 있을 때 쓴 시인 「바둑 두는 것을 보며」의 서문에서는 "예전에 홀로 여산廬山의 백학관白鶴觀에서 노닐다가, 관觀 안의 사람들이 모두 문을 닫고 낮잠을 자고 있었는데, 늙은 소나무와 흐르는 시냇물 사이에서 바둑 두는 소리만 들려 흔연히 기뻤다"라고 회상한다. 이어서 "홀로 거닐고 있는데/한 사람의 선비도 만나지 못하네./누굴까? 바둑 두는 이는./문 밖 두 켤레의 신./사람 소리 들리지 않고/때때로 바둑알 놓는 소리"(我時獨遊, 不逢一士. 誰歟棋者, 戶外屨二. 不聞人聲, 時聞落子)라고 읊었다. 여기에는 수심과 탄식은 없으나, 다만 평상시에 익히 보던 황량한 정경에서 유배 시기의 슬프고 처량한 심정이 한 가닥 배어 있다. 그러나 이 시기 작자의 사상감정의 주요한 측면은 자신이 처한 환경에 안주하여(隨遇而安) 그 가운데서 자적하는 태도였다. 예를 들면 「붓 가는 대로」(縱筆)가 그것이다.

헝클어진 흰머리엔 서릿바람 날리는데
작은 누각 위 등나무 침상에 병든 몸 의지하네.
선생(소동파 자신)이 봄 단잠 즐겼다는 애기 듣고

도인(스님)은 날 깨울까 봐 조심스레 새벽종을 치네.

白頭蕭散滿霜風, 小閣藤床寄病容
報道先生春睡美, 道人更打五更鐘[12]

혜주 시절의 시이다. 이처럼 해학적인 맛이 풍부한 시를 짓고 있다
는 얘기가 당시 재상 장돈의 귀에 들어갔다. 전하는 말에, 장돈은 소식
이 편하게 지내고 있다는 것을 알고서 격노하여, 그를 혜주에서 다시
담주로 유배지를 옮기기로 결정했다고 한다.[13] 그러나 소식은 담주에
가서도 자신의 이러한 옛 습관을 고치지 않았다.

적적하게 지내는 동파는 이제 병든 늙은이
허연 수염엔 부스스 서릿바람 날리는데
어린아이 잘못 알고 내 얼굴 붉다고 기뻐하지만
'술기운에 붉은 생기 도는 걸 어이 알리오' 하며 껄껄 웃는다.

寂寂東坡一病翁, 白髮蕭散滿霜風
小兒誤喜朱顏在, 一笑那知是酒紅

노인네들 모난 검은 모자 쓴 나를 앞다투어 보고자 하는 것은
응당 일찍이 내가 높은 벼슬을 지냈기 때문이리라.

---

12) 『소식시집』, 2203쪽.

13) 증계리曾季貍, 『정재시화』艇齋詩話

시냇가 옛길 삼거리 어귀에서

홀로 석양에 서서 지나가는 행인들을 센다.

父老爭看烏角巾, 應緣曾現宰官身.

溪邊古路三叉口, 獨立斜陽數過人.[14]

　소식이 일찍이 재앙을 일으킨 "하얗게 센 머리 부스스하여 서릿바람 날리는데"의 시구를 다시 고쳐 사용한 데서 그의 불굴의 강인한 정신이 드러난다.

　이처럼 자적自適하는 사상은 그의 일상생활에 침투하여 그의 시필로 미화되어 사람의 마음을 울리는 생활 정취를 형성했다. 소식은 「아침에 일어나 머리 빗기」(旦起理髮), 「창가에 앉아 낮잠 자기」(午窓坐睡), 「밤에 누워 발 씻기」(夜臥濯足)를 '유배 생활 가운데의 세 가지 즐거운 일'(謫居三適三首)로 삼아 그에 관해 시로 읊었다. 또한 물을 길어 차를 달이는 소소한 일상생활도 다음과 같이 시로 썼다.

　　콸콸 흐르는 물을 떠다가 다시 활활 타는 불로 달여야겠기에

　　손수 낚시터 바위에 나가 깊고 맑은 물 떠 온다.

　　큰 표주박에다 달을 담아 봄물 단지에 넣고

　　길어 온 강물을 작은 국자로 떠서 밤중에 병에 붓는다.

　　물거품 하얗게 보글보글 차가 끓자 찻잎의 다리가 뒤집어진다.

---

14) 「붓 가는 대로 3수, 제1수, 제2수」(縱筆三首, 其一, 其二), 『소식시집』, 2327쪽.

솔바람 쏴아 하는 차 달이는 소리

빈속에 목말라 세 주발 마시고도 그만 마시긴 쉽지 않으니[15]

차 마시며 앉아 황폐한 성에서 울리는 시간 알리는 종소리 듣네.

活水還須活火烹, 自臨釣石取深淸.

大瓢貯月歸春甕, 小杓分江入夜瓶.

雪乳已翻煎處脚, 松風忽作瀉時聲.

枯腸未易禁三碗, 坐聽荒城長短更.[16]

먼저 봄날의 달밤에 강물을 긷는 모습을 묘사했다. 양만리楊萬里는 이 시의 제2구를 다음과 같이 평했다.

> 7자 시어에 다섯 가지 의미를 구비했다. 물이 맑은 것이 첫째이고, 깊은 곳의 맑은 물이 둘째이고, 돌 아래의 물이라 진흙이 없음이 셋째이며, 돌이 낚시터 돌이지 보통의 돌이 아닌 것이 넷째이다. 그리고 동파가 스스로 물을 긷는 것이지 하인을 보내는 것이 아님이 다섯째이다.

---

15) 빈속에~쉽지 않으니: 당唐나라 노동盧仝의 시 「간의대부 맹간이 내게 보낸 새 차에 대해 감사의 뜻으로 지은 시」(走筆謝孟諫議寄新茶)의 "첫 잔에 목구멍과 입술을 축이고, 둘째 잔에 고민을 깨뜨리고 ……"(一碗喉吻潤, 兩碗破苦悶. ……)에서, 연달아 일곱 잔을 마시면서 새 차가 지극히 정수이며 지극히 좋다고 극찬했다. 여기서 소식은 이 전고를 반대로 사용했다.

16) 「강물을 길어 차를 달이며」(汲江煎茶), 『소식시집』 2362쪽.

七字而具五意, 水淸, 一也, 深處淸, 二也, 石下之水, 非有泥土, 三也, 石乃釣石, 非尋常之石, 四也, 東坡自汲, 非遣卒奴, 五也.[17]

3, 4구는 말한다. 표주박으로 물을 길으면, 물에 비친 달까지도 물독 가운데 붓는 것과 같다. 작은 국자로 병에 물을 담으면, 강물의 일부를 나누는 것과 같은 기분이 든다. 이러한 기묘한 발상을 통해, 독자는 강물의 맑음과 자적하는 작자의 경지를 느끼게 된다. 5, 6구에서 차가 끓을 때의 모습과 소리를 묘사하여, '황폐한 성의 망루에서 전해오는 끊어졌다 이어졌다 하는 시간 알리는 북소리에 귀를 기울이면, 심정이 구슬퍼져 이렇게 좋은 차라도 몇 사발 마실 수 없다'고 맺는다.

이 시기의 시에는 세속과 맺고 있는 심정과 세속을 초월한 심정이 휘감겨, 적막함과 편안하고 조용함의 모순된 요소가 뒤섞여 있다. 이는 곧 정치적으로 실의를 겪은 자의 정신 상황을 고스란히 표현한 것이다.

이 시기의 사詞 작품을 보면, 작품 가운데 채용할 만한 가치가 있는 것은 10수가 채 되지 않는다. 그것도 적거 생활의 모순된 심정을 묘사한 작품이 주를 이룬다. 어떤 때는 광달한 기분이 들고, 어떤 때는 고민을 면하지 못하는 심정이다. 「감자목란화·기묘년 담이의 봄노래」(減字木蘭花·己卯儋耳春詞)를 보자.

입춘 날 흙으로 만든 소와 쟁기를 든 흙 사람이 마련되니[18]

---

17) 양만리, 『성재시화』誠齋詩話

18) 입춘 날~마련되니: 옛날 중국의 풍습에 입춘에는 푸른색의 깃발을 세우고, 성문 밖에 흙으로 만든 소를 만들어 놓고 쟁기를 든 흙으로 만든 농부를 세워 놓아 백성에게 보였다. 그리하여 농사를 권하는 의미를 표현했다.

한없는 봄바람이 바다로부터 불어와

봄 신의 힘을 빌려

살결처럼 발그레 복숭아꽃 물들인다.

푸른색 깃발을 세우고 종이를 잘라 봄맞이를 하노라면

한 줄기 봄바람이 불어와서 술을 깨운다.

이곳이 하늘 끝 같지 않게도

버들꽃이 벌써 눈꽃처럼 휘날린다.

春牛春杖, 無限春風來海上. 便丐春工, 染得桃紅似肉紅.

春幡春勝,[19] 一陣春風吹酒醒. 不似天涯, 捲起楊花似雪花.

　　모두 일곱 개의 춘春 자가 사용되었다. 봄에 농삿일이 시작되면 사
람들은 봄 술에 취한다. 복숭아꽃의 붉은색과 버들꽃의 흰색이 서로
비추어 해남도의 눈부시게 아름다운 봄빛과 생명력이 충만한 대자연
을 돌출시켜, 시인은 자신이 먼 하늘 끝에 유배되어 있다는 사실을 잊
어버리고 만다. 그러나 사詞 작품 「접련화」蝶戀花에서는 마찬가지로 봄
을 노래하는 가운데서도 봄을 축하함이 봄을 슬퍼하는 데로 전환되어
슬픈 사가 되었다.

---

19) 春幡春勝(춘번춘승): 춘번春幡은 푸른 깃발이요, 춘승春勝은 옛날 종이를 잘라 봄맞이
　　를 하던 풍습이다. 종이를 잘라 꽃 모양을 만들거나 도안을 하는데, '전승'剪勝, '채승'
　　彩勝이라고도 한다.

떨어지는 붉은 꽃잎 파란 작은 살구

제비 날아다닐 때

푸른 강물은 인가를 에워쌌다.

가지 위 버들솜은 바람에 날려 더욱 적어지는데

하늘가 어느 곳인들 향내 나는 꽃이 없으리오.

담장 안엔 그네 있고 담장 밖은 길인데,

담장 밖엔 행인이요

담장 안엔 미인의 웃음소리.

웃음소리 점점 들리지 않고 이야기 소리도 점점 낮아지니

다정도 도리어 무정함으로 번뇌하게 되네.

花褪殘紅靑杏小.

燕子飛時, 綠水人家繞.

枝上柳綿吹又少, 天涯何處無芳草.

牆裏鞦韆牆外道.

牆外行人, 牆裏佳人笑.

笑漸不聞聲漸悄. 多情卻被無情惱.

　　전반부에는 봄날의 상심을 묘사했다. 버들솜은 이미 바람에 날려 드물어지고 봄풀만이 무성하여 봄은 막 지나가고 있다. 후반부에서는 그것을 받아서 상심을 읊었다. 다정한 행인은 무정한 미인이 힐끗 바라보자 번뇌를 일으킨다. 이는 또 소식의 사상 가운데 감상적인 일면

을 곡진하게 반영한 것이다. 황주 유배 시기에 "다정한 이 응당 나를 비웃을 테지/일찌감치 흰머리 났다고"(多情應笑我, 早生華髮.「염노교·적벽회고」)라고 노래했듯이, 인생의 부침을 수없이 경험하는 가운데서도, 그는 다정한 자세로 인생을 회상하고 미래를 추구하고 있다. 어찌 무정無情에 의해 번뇌한 것이 아니겠는가? 그러나 이것이야말로 참으로 그가 생활을 깊이 사색하는 시인, 그러면서도 현실을 완전히 잊어버리지 못한 시인이라는 것을 얘기하고 있다.

왕사정王士禎은 다음과 같이 평했다. "소식의 '가지 위의 버들솜'은 아마도 둔전屯田 유영柳永(둔전원외랑屯田員外郎이란 관직을 지낸 바 있어 유둔전柳屯田이라고도 부른다)의 화려한 서정적 필치로도 능가할 수 없을 것이다. 누가 동파가 단지 '큰 강은 동쪽으로 흐른다'(大江東去) 같은 호방한 사만을 지을 줄 안다고 했는가? 소식은 진정 무리 가운데 뛰어난 시인이다."(『화초몽습』花草蒙拾) 소식에게는 호방한 사만이 아니고, 완약한 작품도 있다. 다분히 옳은 말이다. 그러나 똑같이 감정에 연유한 것이라도, 소식의 사는 청신하고 명쾌하고 함축성이 있어, 비교한다면 필경 소식의 사가 맑다면 유영의 사는 곱다는 차이가 있다.

이 시기의 소식은 얼마간의 비碑·기記·표表·장狀·부賦·송頌·명銘·찬贊 등의 문자 외에, 잡기雜記와 서간 등 문학 산문에 많은 성과를 남겼다. 이들 산문에도 이 시기에 자신이 처한 환경에 적응하여 안주하려는 심정이 표현되어 있다. 「송풍정 유람을 기록하다」(記遊松風亭), 「담이에서 쓰다」(在儋耳書), 「해남도의 풍토를 쓰다」(書海南風土), 「유자후의 '우부' 뒤에 쓰다」(書柳子厚牛賦後), 「상원절 밤 유람에 대해 쓰다」(書上元夜遊) 등의 잡기雜記가 그것이다.

내가 처음에 해남도에 유배 왔을 때, 돌아보니 하늘과 바다가 끝이 없어, 처연히 슬퍼하며 말했다. "언제나 이 섬을 벗어날 수 있을까?"라고. 그 뒤에 생각하기를, '천지는 쌓인 물(積水) 가운데 있고, 구주九州(대륙)는 큰 바다 가운데 있으며, 중국中國은 사해四海 가운데 있으니, 생물 치고 섬에 살지 않는 것이 어디 있으리오'라고. 대야 물을 땅에 엎어 겨자씨가 물에 뜨면, 개미는 겨자씨에 붙어 망연히 건널 바를 모른다. 얼마 후 물이 마르면 개미는 곧장 떠나가며 그의 동료를 보고서 눈물을 흘리며 말한다. "하마터면 다시는 그대와 만나지 못할 뻔했구려. 어찌 알았으리오? (우러러보고 굽어보는) 짧은 시간에 두 수레가 아울러 다니면서 팔방으로 통하는 큰길이 있음을." 이것을 생각하니 껄껄 웃을 만하다. 무인년(소성紹聖 5년, 1098년) 9월 12일 객과 막걸리를 마시고 조금 취하여 붓 가는 대로 이 종이에 쓰다.

吾始至南海, 環視天水無際, 悽然傷之, 曰, "何時得出此島也?" 已而思之, '天地在積水中, 九州在大瀛海中, 中國在四海中, 有生孰不在島者?' 覆盆水於地, 芥浮於水, 蟻附於芥, 茫然不知所濟. 少焉, 水涸, 蟻卽徑去, 見其類, 出涕曰, "幾不復與子相見. 豈知俯仰間之有方軌八達之路乎?" 念此可以一笑. 戊寅九月十二日, 與客飮薄酒小醉, 信筆書此紙. [20]

서간으로는 「정 수재에게 주는 편지」(與程秀才書), 「정가에게 주는 편지」(與鄭嘉書), 「전제명에게 답하여」(答錢濟明), 「왕민중에게 답하여」

---

20) 「시험삼아 스스로 쓰다」(試筆自書), 『소식문집』, 2549쪽.

(答王敏仲), 「범원장에게」(與范元長) 등이 있다.

보내 주신 편지를 받고 당신께서 맑고 편안하심을 기뻐합니다. ……
이곳은 음식에는 고기반찬이 없고, 병에 걸려도 약이 없으며, 거처
할 방이 없고, 나가도 벗이 없으며, 겨울에는 석탄이 없고, 여름에는
시원한 샘물이 없습니다. 그러나 또한 다 헤아리기 쉽지 않습니다.
대체로 모두 없을 뿐입니다. 오직 한 가지 다행스러운 것은 심한 장
기瘴氣(습기가 많고 더운 땅에서 생기는 독한 기운)가 없다는 것입니다.
근래 아들 과過와 함께 띠풀과 서까래를 몇 개 엮어 초가집을 지
어 살고 있는데, 겨우 비바람을 막을 수 있을 뿐입니다. 그러함에
도 노력과 경비는 이미 헤아릴 수 없을 정도입니다. 십수 명의 학
생이 도와 일하여 몸소 흙탕물 속에서 수고하니 부끄럽기가 말할
수 없습니다. 이 몸을 조물주에게 맡기어 자연적인 흐름에 따라
흘러가다가 구덩이를 만나면 멈추니, 안 될 것은 없습니다. 벗이
이것을 알아준다면 근심을 면할 수 있겠지요. 잠시 더우니 만사
자중하십시오. 이루 다 펴지 못합니다.

得來迅, 喜侍下淸安. ……此間食無肉, 病無藥, 居無室, 出無友, 冬無
炭, 夏無寒泉. 然亦未易悉數, 大率皆無耳. 惟有一幸, 無甚瘴也. 近與
小兒子結茅數椽居之, 僅庇風雨, 然勞費亦已不貲矣. 賴十數學生助工
作, 躬泥水之役, 愧之不可言也. 尙有此身, 付與造物, 聽其流轉, 流行
坎止, 無不可者. 故人知之, 免憂. 乍熱, 萬萬自愛, 不宣.[21]

---

21) 「정 수재에게 주는 편지」(與程秀才書)

자신이 바다 가운데 섬 해남도에 갇혀 있다고 말하면서도, 생각해 보면 다만 천지와 구주九州, 중국이 모두 섬 같은 것이다. 이 몸을 그 유전하는 대로 부쳐 사니 되는 것도 없고 되지 않는 것도 없는 세계에 맡겨 버리면 어떨까. 두 산문이 모두 객지 생활, 굴욕, 곤궁의 쓰라림을 도외시하고 있다. 문장 작법에서도 한결같이 가슴속의 생각을 자연스레 유출하여 글에 힘들이지 않고 문장 가운데 표현하고자 하는 취지와 정조가 서로 호응한다.

2. 시가의 또 하나의 중요한 내용은 영남, 해남의 생활과 풍광에 대한 찬미와 묘사이다

이는 소식이 지닌 환경 순응 사상의 자연적인 발로이다. 혹은 인연에 따라 자적하는 태도에서, "내 인생 세상을 돌아다님은 본래 먹고살기 위해서였다./한번 관직이 오래되자 이미 순채와 농어[22]를 가벼이 여겼다./인간 세상 어찌 몽환이 아니리오/남쪽 만 리 온 것 정말 좋은 계책이라"(我生涉世本爲口, 一官久已輕蓴鱸. 人間何者非夢幻, 南來萬里眞良圖.「4월 11일 처음 여지를 먹고」四月十一日初食荔枝)라고 말한다. 혹은 유배지의 땅을 잎이 떨어져 뿌리로 돌아가듯이 고향으로 돌아가는 것으로 간주하

---

22) 순채와 농어는 고향에 대한 그리움을 말한다. 진晉의 장한張翰은 낙양에서 관직 생활을 했는데, 가을바람이 불자 고향 오중吳中의 순채국과 농어회가 생각났다. 후대 사람들은 순채와 농어에 대한 장한의 그리움을 사용하여 고향이 그리워 돌아가고 싶다는 것을 표현했다. 이 구의 대의는 오래도록 외지에서 관리 생활을 하니 이미 고향 생각이 별로 나지 않게 되었다는 것이다.

여, "풍호에는 등나물이 있으니/순채국에 필적할 맛이구나"(豊湖有藤莱, 似可敵蓴羹. 「새해 5수, 제3수」新年五首, 其三)라고 말한다. 혜주 풍호豊湖의 등나물이 장한張翰의 고향에서 나는 순채에 필적한다 함은, 혜주와 고향이 마찬가지라고 말하는 것에 지나지 않는다. 혹은 한층 더 나아가 고향 사천四川을 도리어 부쳐 사는 땅으로 간주하기도 했다. "나는 본래 해남의 백성인데/서촉 땅에 부쳐 살았네."(我本海南民, 寄生西蜀州. 「해남의 여민표를 이별하며」別海南黎民表)

소식은 이 지방이 '제2의 고향'이라는 감정을 품고서 모든 것을 보았다. 그리하여 한 폭 한 폭 기이하며 온화한 남국의 풍속화를 묘사하여, 중국 시가의 역사에 새로운 내용을 제공했다. 「강물이 불다, 아들 과過의 운을 사용하여」(江漲用過韻) 시에서는 "봄 강은 시골마을 에워싸고/밤 물결 위에 대나무 집이 떠 있다./이윽고 불어난 물은 바닷물에 연하여 하얀 파도 보이고/곽산은 아직도 초록빛을 띠고 있다"(春江圍草市, 夜浪浮竹屋. 已連漲海白, 尙帶霍山綠)라 하였다. 시 「장맛비에 강물이 넘쳐」(連雨江漲)에서는 "이 침상 저 침상으로 새는 비 피해 다니는 은자의 집/이 포구 저 포구로 옮겨 다니는 이 지방 수상족의 배./용은 물고기와 새우를 하늘로 말아 올려 비와 함께 대지에 뿌리고/사람은 닭과 개를 따라 담장 위에 올라가 잠잔다"(床床避漏幽人屋, 浦浦移家蜑子[23]船. 龍捲魚蝦並雨落, 人隨鷄犬上牆眠)라 했다. 이상은 혜주의 비 오는 경치를 묘사한 것이다. 또 시 「담이」儋耳에서는 "하늘에 드리운 암무지개는 구름 끝에 걸리어 땅에 닿았고/상쾌한 숫바람은 바다에서 불어온다"(垂天雌霓雲端

---

23) 蜑子(단자): 단인蜑人, 단호蜑戶라고도 칭한다. 당시 해남도 일대의 소수민족을 말하는데, 이들은 배를 집으로 삼아 물고기 잡이나 진주 캐기를 업으로 하여 살았다.

下, 快意雄風海上來)라 하여, 비가 온 후 무지개가 높은 하늘에 걸려 있고 바닷바람이 불어오는, 해남도의 경치를 묘사했다.

'혜주 풍물의 미'에 관해서는, "강 구름 아득하고 계수나무 꽃 촉촉하다/장맛비는 쏴아 내리고 여지는 불타오른다./듣건대 감귤은 항상 까치에게 던질 정도로 흔하고/주귤朱橘 너무 많아 가격을 논하지 않게 싸다지[24]"(江雲漠漠桂花濕, 梅雨脩脩荔枝然. 聞道黃柑常抵鵲, 不容朱橘更論錢)라고 했고, 계수나무 꽃·여지·감귤·주귤 등 무엇이든 모두 갖추고 있음을 묘사했다.(「배가 청원현에 이르러 고 수재를 만나, 혜주 풍물의 아름다움에 대해 얘기하다」舟行至淸遠縣見顧秀才, 極談惠州風物之美) 해남도에서도 중양절에는 술을 마시고 국화를 감상하지만, 국화는 "남만 지방에서는 가을에도 꽃을 피우지 않는다."(蠻菊秋未花.) 술은 "남쪽 지방의 술이 독해서/시고 달콤함이 돌배와 같다."(蠻酒釀衆毒, 酸甛如梨楂.) 술안주는 "이웃집의 부엌 신에게 올리는 뱀"(鄰家饋竈蛇)이다. 이 모두가 작자로 하여금 스스로 하늘 끝에 걸려 있는 달과 같다고 느끼게 한다. "나로 하여금 서리 비친 달과 같도록 해/외로운 빛이 하늘 끝에 걸리네."(使我如霜月, 孤光掛天涯.「병자년 중양절 2수, 제2수」丙子重九二首, 其二) 그 외에 빈랑檳榔, 야자, 용안龍眼, 목화꽃, 섬엄나무 등을 모두 시의 재료로 끌어들여 시의 이국적인 분위기를 북돋운다. 특히 여지荔枝에 관한 시는 유명하다. 예를 들면 「새해 5수, 제5수」(新年五首, 其五)와 「여지를 먹으며 2수」(食荔枝二首) 및

---

24) 듣건대~싸다지: 혜주에는 감귤이나 주귤 생산량이 매우 많다는 말이다. 위의 구는『염철론』鹽鐵論「숭례편」崇禮篇의, "곤산昆山 근처에서는 다듬지 않은 옥을 까마귀, 까치에게 던진다"를 변화시켰다. 저抵는 '던지다'라는 의미이다. 여기서는 감귤을 까막까치에게 던지는 것을 말한다. 마지막 구는 두보杜甫의 시「협애」峽隘의 "주귤은 돈을 논하지 않는다"(朱橘不論錢)라는 구절을 인용하여 주귤이 많아 가치가 없다는 것을 말했다.

앞에서 인용한 「4월 11일 처음 여지를 먹고」(四月十一日初食荔枝) 등이
있다.

> 나부산 아래는 사계절이 항상 봄 같아
> 금귤, 양매 차례차례 새로운 과일 열린다.
> 날마다 여지를 삼백 개나 먹으니
> 오래도록 영남 사람 된다 해도 사양 않으리.

> 羅浮山下四時春, 盧橘楊梅次第新.
> 日啖荔枝三百顆, 不辭長作嶺南人.[25]

소식은 묘한 시어와 크게 웃는 웃음, 풍취가 물씬 넘치는 생활 가
운데서 시정詩情을 발견하여, 이것을 포착하고 나타내는 데 뛰어난 시
인이었다.

3. 시가가 예술적으로 날로 원숙해 감과 동시에,
담박하고 고아한 풍격을 추구한다

선인들은 모두 소식의 만년 시풍에 대해 아주 높은 평가를 내렸다.
황정견은 특히 소식의 영해시嶺海詩(영남 지방과 해남도에서 쓴 유배 시)를 높
여서, "때로 한번 낮게 읊조리면, 맑은 바람이 쏴아 불어, 돌아보아도

---

25) 「여지를 먹으며 2수, 제2수」(食荔枝二首, 其二)

같은 맛을 가진 것을 얻기 힘들다"(時一微吟, 淸風颯然, 顧同味者難得爾. 「이단
숙에게 답하여」答李端叔)라고 말하고, 혹은 "사람으로 하여금 이목을 총명
하게 하여, 마치 맑은 바람이 밖에서부터 오는 것과 같다"(使人耳目聰明,
如淸風自外來也. 「구양 원로에게 주는 편지」與歐陽元老書)라고 평했다.

주변朱弁도 "동파의 문장에서 황주 이후의 것은 남이 미칠 수가 없
다. 오직 황노직黃魯直(황정견)의 시가 때로 맞먹을 수 있을 뿐이다. 만년
에 바다를 건너게 되자 비록 황노직이라도 그 뒤에서 눈이 휘둥그레졌
다"(東坡文章, 至黃州以後, 人莫能及, 唯黃魯直詩, 時可以抗衡, 晩年過海, 則雖魯直亦
瞠若乎其後矣. 『풍월당시화·권상』風月堂詩話·卷上)라고 평했다. 육유陸游는 다
음과 같이 예를 들어 말했다.

> 동파의 이 시에 이르길, "맑게 읊조리면 꿈과 섞이어／시구를 얻어
> 도 문득 이미 잊는다"라고 했는데, 진실로 이미 기이하다. 만년에
> 혜주에 유배되어 다시 한 연을 써 냈는데, "봄 강에 아름다운 시구
> 있으니／나는 취하여 아득한 세계로 떨어진다"라고 하였다.
> 곧 또한 젊었을 때의 작품보다 한층 뛰어난 것이다. 근세의 시인
> 들 가운데에는 늙을수록 더욱 엄한 것이 동파와 같은 자가 없다.
>
> 東坡此詩云, "淸吟雜夢寐, 得句旋已忘", 固已奇矣. 晩謫惠州, 復出一
> 聯云, "春江有佳句, 我醉墮渺莽", 則又加於少作一等. 近世詩人老而
> 益嚴, 槪未有如東坡者也.[26]

---

26) 육유, 「발동파시초」跋東坡詩草

여기서 '젊었을 때의 작품'(少作)에서는 창작에 몰두한 나머지 꿈속에서 시구를 얻었다간 곧 잊었다고 말한다. 만년의 작품(晚作)에서는 봄 강에서 아름다운 시구가 온축되었으나 단지 취한 가운데라 찾아 얻지 못했다고 말한다. 그의 풍부한 상상력은 사람이 이목을 한층 새롭게 하기에 충분함이 있어, 소식의 예술적인 상상력이 결코 나이가 들어 몸이 쇠했다는 이유로 둔해지거나 고갈되지 않았다는 것을 얘기해 주고 있다.

이 이전의 소식 시의 시풍은 초매超邁함과 강직함이 주요 특징이었다면, 이 시기에는 생활과 사상의 변화에 따라 담백하고 고아한 풍격을 추구하려고 했다. 도연명과 유종원을 숭배하여 모범으로 한 것은 그러한 자세의 표현이다. 그는 "몸에 『도연명집』을 지니고 다녔으니, 울적함을 푸는 것은 바로 이 책에 힘입었을 뿐"(隨行有陶淵明集, 陶瀉伊鬱, 正賴此耳.「정전보 추관에게 답하여」答程全父推官)이라고 말했다. 후에 또 해남도에서 여자운黎子雲에게서 『유종원 문집』柳宗元文集을 빌릴 수가 있었다.(허의許顗, 『언주시화』彦周詩話) 그는 이 두 권의 책을 '남쪽으로 유배된 이후의 두 벗'(南遷二友)으로 삼았다.(「정전보에게 주는 편지」與程全父書) 소식의 평에 의하면, 유종원의 시는 "도연명의 아래에 있고, 위소주韋蘇州(위응물韋應物)의 위에 있다"라고 했다. 또 "바깥쪽은 메마른데 안쪽은 기름지고, 담담한 것 같으면서도 실은 아름다운데, 도연명과 유자후柳子厚(유종원)의 유가 바로 이러하다"(外枯而中膏, 似澹而實美, 淵明, 子厚之類是也.「한유와 유종원의 시를 평하다」評韓柳詩)라고 지적한다.「황자사의 시집 뒤에 쓰다」(書黃子思詩集後)에서도 유종원과 위응물의 시는 "소탈하고 예스러운 데서 섬세하고 아름다움을 발휘하고, 담박한 데에 지극한 맛을 붙였다"(發纖穠於簡古, 寄至味於淡泊)라고 하여, 도연명의 시격詩格으로 간주할 수 있다고 했다.

주자지周紫芝의 『죽파시화』竹坡詩話에서는 다음과 같이 말했다. "동파는 일찍이 조카에게 보내는 편지에서, '무릇 글이라고 하는 것은 젊었을 때는 모름지기 기상이 빼어나고 채색이 현란해야 한다. 그리하여 늙을수록 점점 익어 가며 평담하게 되는 것이다'(凡文字, 少小時須令氣象崢嶸, 采色絢爛, 漸老漸熟 乃造平淡, 其實不是平淡)[27]라고 하였다." '현란'絢爛한 가운데서 '평담'平淡함이 나오는 것이지, 오로지 '고담'枯淡한 것은 아니다. 이것이 바로 소식이 만년에 도달한 예술적 경지이다.

이처럼 예술적 경지를 추구한 뚜렷한 예는 바로 120여 수에 달하는 그의 화도시和陶詩(도연명의 시에 화답한 시)에 있다. 양주지주揚州知州 시절 일찍이 「도연명의 음주시 20수에 화답하여」(和陶飮酒二十首)를 지었으며, 혜주에 온 후 "그 시(도연명 시)를 모두 다 화답하고서야 그칠 뿐이다"(盡和其詩 乃已耳.「도연명의 '귀원전거' 6수에 화답하여, 서문」和陶歸園田居六首, 引)라고 결심했다. 그 결과 소철이 말한 바와 같이, "만년에는 도연명을 좋아하여 그 시를 추화追和(고인의 시를 화운함)한 것이 여러 번인데, 모두 4권이었다."(晚喜陶淵明, 追和之者幾遍, 凡四卷.「동파선생 묘지명」).

황정견의 「자첨의 화도시 발」(跋子瞻和陶詩)에서는,

> 자첨이 영남으로 귀양 가자
> 당시의 재상이 그를 죽이려고 하였다.
> 혜주의 밥을 배불리 먹고

---

27)「둘째 조카에게 1수」(與二郞姪一首), 『소식문집』, 2523쪽.

연명의 시에 세세히 화답했네.

팽택(도연명)은 천년의 사람이요,
동파는 백대의 선비라.
출사와 은퇴가 비록 같지 않지만
풍미는 서로 닮았네.

子瞻謫嶺南, 時宰欲殺之.
飽吃惠州飯, 細和淵明詩.
彭澤千載人, 東坡百世士.
出處雖不同, 風味乃相似.

라고 기록했다. 화도시가 험악한 정치 배경 아래에서 생산된 것이며,
또 도시陶詩와 화도시 양자의 유사한 풍격을 지적한 것이다. 이것은 옳
은 말이다. 이들 화도시 가운데에는 「도연명의 '형증영'에 화운하여」(和
陶形贈影), 「도연명의 '영답형'에 화운하여」(和陶影答形), 「도연명의 '신석'
에 화운하여」(和陶神釋), 「도연명의 '잡시' 11수에 화운하여」(和陶雜詩十一
首) 등 도연명에 핍진한 작품도 적지 않다.

비낀 햇살이 좁은 틈을 비추자
비로소 공중에 티끌이 있음을 아네.
가벼운 바람이 모든 구멍에 부니
누가 내가 내 몸을 잊었음을 믿으랴.

한번 웃으며 막내아들 과過에게 묻노니

나는 너와 어째서 이렇게 친밀한가.[28]

나를 따라 해남 땅으로 와

깊숙이 단절되어 사방에 이웃도 없다.

반짝반짝 이지러진 그믐달같이

홀로 장경성(금성)과 함께 새벽이 되네.

내 사는 길 진실로 이러하니

남을 원망하거나 탓해선 안 되리.

斜日照孤隙, 始知空有塵.

微風動衆竅, 誰信我忘身.

一笑問兒子, 與汝定何親.

從我來海南, 幽絶無四鄰.

耿耿如缺月, 獨與長庚晨.

此道固應爾, 不當怨尤人.[29]

이들 시 작품은 심원深遠하고 담박淡泊하여, 도연명의 면목과 아주 흡사하다.

선인들은 왕왕 이들 화도시和陶詩를 소식 시 예술의 최고봉이라

28) 왕수이자오 선생의 설명에 따르면 이 구절은 '나는 너와 일반적인 부자의 정을 넘을 정도로 친밀하구나'라는 의미이다.─역자 주석 보충
29) 「도연명의 '잡시' 11수에 화운하여, 제1수」(和陶雜詩十一首, 其一)

고 높였다. 소철은 "그 시가 두자미(두보)나 이태백에 비하여 남음이 있으며, 마침내 도연명과 비견된다"(其詩比杜子美, 李太白爲有餘, 遂與淵明比轍. 「도연명 시에 화답한 자첨의 시집 서문」子瞻和陶淵明詩集引)라고 했다. 홍매洪邁는 한 걸음 더 나아가 "도연명 시와 이에 화운한 소식의 화도시는 금석金石을 합주하여 한 손에서 나오는 것 같으니, 어찌 자유(소철)가 말한 '마침내 비견된다'에 그치겠는가?"[30]라고 하였다. 허의許顗는 "초연하며 동류를 초월하여 이태백과 두보, 도연명, 사령운謝靈運을 쫓을 수 있다"(超然邁倫, 能追逐李杜陶謝. 『언주시화』彦周詩話)라고 했다.

　　그러나 바로 도시陶詩가 결코 "전적으로 고요하고 온화한"(靜穆) 것이 아니었던 것과 마찬가지로, 화도시에도 표일飄逸한 일면만이 아니고, 또 "금강역사金剛力士가 눈을 부릅뜨고 있는 식"(金剛怒目式)의 일면도 있었다.[31] 「도연명의 '의고' 9수에 화답하여, 제6수」(和陶擬古九首. 其六)에서는 당시 두 관리인 주초평朱初平과 유의劉誼가 여족黎族 백성이 공출하는 침향沉香을 강탈하는 것에 대해, "주초평과 유의라는 두 미친 녀석은/타락함이 바람맞은 꽃과 같다./본시 못을 말리고 물고기를 잡고자 하나/내년을 어찌할꼬"(朱劉兩狂子, 隕墮如風花. 本欲竭澤漁, 奈此明年何)라고 이름을 거명하며 비난했다. 「도연명의 '권농'에 화답하여 6수, 제1수」(和陶勸農六首. 其一)의 첫 부분에서 "아 한족과 여족은/본래 모두 한 백성이라"라고 하여 형제 민족인 해남도 여족에 대한 차별을 경계하고, 그 위에 "탐하는 사내 더러운 관리/매처럼 잡고 이리처럼 먹는구나"(貪夫汚吏, 鷹摯狼食)라고 하여 여족에 대한 착취를 규탄했다. 또한

---

30) 홍매, 『용재삼필』容齋三筆 권3, 「동파화도시」東坡和陶詩 조.
31) 노신魯迅, 「제미정초 6」題未定草六, 「제미정초 7」題未定草七 참조.

여족의 땅은 메마르고 백성은 가난하여 "음식이 풍족하지 못하다"라고
할 만한 상황이었다. 소식은 이것을 동정하여 그들이 황무지를 개간하
여 벼와 곡식을 심어 생활을 개선할 수 있기를 희망했다.

「도연명의 '의고' 9수에 화답하여, 제8수」에서는 자신의 유배의 심
정을 묘사하고 있다.

성남에 거친 연못이 있어
자잘하니 누가 다시 연밥을 채취할까.
그윽한 자태의 작은 연꽃
향기와 빛깔이 유독 바뀌지 않네.

중원의 소식을 듣고자 하나
넓고 넓은 구름바다가 막히어 있네.
아련히 알겠다. 옥정玉井의 연꽃은
떨어진 꽃술을 기다리지 않음을.

거머잡고 위로 오름은 젊었을 때 하는 법
이미 그러한 후회를 용납하지 않네.

城南有荒池, 瑣細誰復採.
幽姿小芙蕖, 香色獨未改.
欲爲中州信, 浩蕩絶雲海.
遙知玉井蓮, 落蕊不相待.
攀躋及少壯, 已失那容悔.

담주성의 남쪽 광랑암桃榔庵 앞에 연꽃이 피는 연못이 있다. 그는 자신을 연꽃에 비유한다. 소식은 향기와 빛을 고치지 않고 지금도 마음은 중원으로 향하고 있다. 그러나 꽃은 떨어지고 연밥이 이루어져, 때는 사람을 기다리지 않는다. 그래도 과거를 후회할 필요는 없다. 기분을 전환하려면 할수록 나그네의 우수는 침통함을 더할 뿐이다. '화도시' 가운데서도 이 시들은 불평의 감정을 붙였기에 소식의 사회의식이 풍부하게 담겨 있다.

이 같은 화운和韻의 형식에 관해서 선인들은 다른 평가를 내렸다. 유극장劉克莊은 "도연명 시에 화답한 작품은 해동청海東靑이나 서극마西極馬와 같아서 일순간에 천 리를 가는데, 끝내 운韻 때문에 속박되지 않았다"(和陶之作, 如海東靑, 西極馬, 一瞬千里, 了不爲韻束縛)[32]라고 했다.

이에 대하여 왕약허王若虛는 다음과 같이 평했다.

차운次韻은 실로 작자의 큰 병폐이다. 시詩의 도道는 송인宋人에 이르러 이미 저절로 쇠퇴했다. 그래서 오로지 이 차운을 숭상했는데, 재주와 식견이 있는 동파 같은 이도 또한 동요를 면치 못하고 이를 따랐다. 소동파 시집 가운데 차운한 시가 거의 3분의 1이나 되니, 비록 기교를 다하여 한 시대를 감동시켰다 해도 본성의 자연스러움을 해친 것이 많다. 소동파로 하여금 이것이 없게 했다면 아마 고인과의 거리가 그다지 멀지 않았을 것이다.

次韻實作者之大病也. 詩道至宋人, 已自衰弊. 而又專以此相尙, 才識

---

32) 유극장,『후촌선생대전집』後村先生大全集 권174.

如東坡, 亦不免波蕩而從之. 集中次韻者幾三之一, 雖窮極技巧, 傾動
一時, 而害於天全者多矣. 使蘇公而無此, 其去古人何遠哉.[33]

　　소식은 숙련된 기교가 있었기 때문에 화운이라는 제약에 관계없
이, 시의 내용이 풍부하고 맛이 좋은 시를 짓는 것이 불가능하지 않았
다. 그러나 도연명 시에 화운한 시가 그때까지 100여 수나 된다는 사
실은, 그가 재주를 드러내고, 어려운 가운데서도 묘기를 보이려고 자
승자박에 빠졌음을 얘기해 주는 것이고, 또한 왕약허가 소식 자신이
시적 재주를 낭비시킨 것을 애석해함도 생각 못할 것은 아니다.

4. 문예 사상의 논술과 창작 경험의 총괄

　　소식에게는 전문적으로 문예 문제를 논술한 저작은 없다. 그러나 그
의 시문 가운데 산견되는 문예에 대한 견해에는 극히 귀중한 것이 있고,
그의 창작을 이해하는 데도 중요한 의의를 지닌다. 그 일부는 이미 소개
한 바 있다. 그가 만년에 후배들을 지도한 시문에는 두 가지 문제가 비교
적 집중적으로 논술되어 있다. 그 하나는 문학의 사상성 문제에 관한 것
이고, 또 하나는 문학 창작 가운데 '자유와 규율의 결합'의 문제이다.
　　소식은 그의 질손姪孫 소재정蘇在廷(자 원로元老)에게 보내는 편지 가
운데서, 글을 지을 때는 유행을 쫓지 말 것이며 "열심히 문자로 하여금
꽃과 열매가 상부하도록 적용하는 것을 잘하도록 기하라"라고 충고하

---

33) 왕약허, 『호남시화』湷南詩話 권2.

고, 또한 부친 소순의 가법家法을 강조했다.(「질손 원로에게 주는 편지」與姪孫元老書) 소순의 가법은 무엇인가?

그 하나는, 문학은 느끼는 바가 있어서 지어진 것이 아니면 안 된다고 말한 것이다. 소식은 일찍이 「강행창화집서」江行唱和集敍 가운데서 부친 소순의 가르침을 언급하여, "글을 짓는 데 능한 것을 훌륭하게 여긴 것이 아니라, 짓지 않을 수 없게 된 다음에 지은 글을 훌륭하게 여겼다"(非能爲之爲工, 乃不能不爲之爲工也)라고 기술했다.

또 하나는, 문학은 목적이 있어서 지어진 것이 아니면 안 된다고 말한 것이다. 소식은 예전에 밀주密州에서 창작한 「부역선생시집서」鳧繹先生詩集敍에 또 부친의 사상을 소개하며, 문장에서 "꽃을 귀하게 여기고 열매를 천히 여기는 것"(貴華而賤實)을 반대하고 "시문詩文은 모두 하고자 하는 바가 있어서 지은 것으로, 세련되고 예리하며 정확하고 절실하여, 그 말은 반드시 당시의 잘못에 적중해야 한다"(詩文皆有爲而作, 精悍確苦, 言必中當世之過)라고 강조했다.

이는 곧 문학 창작은 작자의 생활에 대한 관찰과 체험 그리고 감각에 뿌리를 둔 것이 아니면 안 되고, 병이 없는데 신음하는(無病呻吟) 것은 허용되지 않는다. 또 문학 창작에는 명확한 목적성이 없어서는 안 된다. '적용'을 중시하고 "꽃과 열매가 서로 부합됨"을 중시하여, "말을 함에는 당시의 잘못에 적중해야 함"을 중시해야 하며, 문장을 위한 문장은 허용되지 않는다. 그 중심은 문학의 사상성의 강조에 있다.

소식은 멀리 해남도 담주로 찾아온 갈연지葛延之에게 '문장 창작법'을 얘기할 때, 다음과 같은 생동적 비유를 사용했다. "담주에는 수백 가구가 모여 살지만 주민들은 필요한 것을 시장에서 취하면 충분하다. 그러나 공짜로 얻을 수는 없다. 반드시 한 가지 물건이 있어야 이것을 가지고, 그런 후에 자기가 쓰게 되는 것이다. 이른바 한 가지 물건이라는 것은 돈이다."(儋州雖數百家之聚, 州人之所須, 取之市而足. 然不可徒得也, 必有一物以攝之, 然後爲己用. 所謂一物者, 錢是也.) 화폐가 있어야 비로소 각종 물건을 사서 자기를 위해서 쓸 수 있다는 것이다. "작문도 역시 그러하다. 천하의 일은 흩어져 경자사經子史(경학經學, 자학子學, 사학史學) 중에 있고 빈손으로 부릴 수는 없다. 반드시 한 가지 물건으로 얻어야 이것을 가지고 난 이후에 자신이 쓸 수가 있다. 이른바 한 가지 물건이라는 것은 뜻(意) 그것이다."(作文亦然. 天下之事, 散在經子史中, 不可徒使, 必得一物以攝之, 然後爲己用. 所謂一物者, 意是也.) 문장에 '뜻'이 없다면 각종 재료를 통괄하여 자신의 것으로 부릴 수가 없다. 그 '뜻'이야말로 곧 '문장을 창작하는 요점'이다.(갈립방葛立方, 『운어양추』韻語陽秋 권3) 소식은 갈연지에게 그렇게 가르쳤다. 문학작품에 요구되는 첫째 조건은 뜻을 정확히 세우는 것이다. 이것은 지극히 중요하다. 소식은 또 "목적이 있어야 창작하는 것"(有爲而作)은 현실에 대해 명확한 시비의 판단과 강렬한 애증 감정이 없으면 안 된다고 생각했다.

　해남도 유배 시절에 그는 아들 소매蘇邁가 보내온 편지 문장에 "찬연하여 볼만한 것"이 있었기 때문에 시를 지어서 여러 아들 조카들에게 부쳐 훈계했다. "『춘추』春秋와 『고사』古史[34]가 바로 우리 집안의 가법家法이고/『시경』詩經과 「이소」離騷의 필법도[35] 또한 때로 사용한다./다만 문자로 하여금 다시 세상을 비추게 하려면/썩은 흙같이 하찮은

---

34) 소철은 사마천의 『사기』史記가 천근淺近하고 소략疏略하다고 여겨서 사마천의 옛것을 인해 『고사』古史를 지었다. 『소식시집』, 2305쪽, 시의 주석.—옮긴이 주
35) 원문에는 '詩筆離騷'로 되어 있어, 아마도 『시경』과 이소의 시 짓는 법을 가리키는 듯하다.—옮긴이 주

것을 꿈꾸기에 어찌 만족하랴"(春秋古史乃家法, 詩筆離騷亦時用. 但令文字還照
世, 糞土腐餘安足夢)[36]라고 말했다. 『춘추』는 공자孔子가 곤궁할 때 쓴 것
이라고 하며, 글자 한 자의 쓰임새에 따라 남을 칭찬하기도 하고 나무
라기도 한다는 '춘추필법'春秋筆法으로 역사적인 사건을 포폄褒貶(칭찬
하거나 깎아내림)했다고 알려져 있다. 굴원이 추방되었을 때 쓴 「이소」도
불충을 미워하는 강렬한 애국 우민의 정신을 토로한 것이다. 공자도
굴원도 육체는 비록 사라져 버렸지만, 그 작품의 빛은 천고의 세월을
비추고 있다. 그의 논점도, 문학은 목적이 있어야 창작할 수 있다는 사
상을 한 단계 깊게 하였다.

소식은 또한 「사민사에게 답하는 편지」(答謝民師書) 가운데 양웅揚
雄이 사부辭賦를 경시한 잘못에 대해 비평하고, 양웅의 잘못이 작품의
사상 내용에서 출발하지 않은 점에 있음을 지적했다. 굴원의 부賦나
가의賈誼의 부를, 단순히 '부'賦라는 이유만으로 마음대로 깎아내려도
좋은 것인가? 그는 그렇게 반문한다. 이렇듯 작품의 사상성 중시는 소
식의 일관된 문예관이었다.

「사민사에게 답하는 편지」는 소식이 해남도에서 사면되어 북쪽으
로 복귀하는 도중에 지은 것으로, 만년에 자신의 창작 경험을 총괄한
중요한 서간문이다. 그 가운데 다음과 같은 내용이 있다.

---

36) 「막내아들 소과蘇過가 정기 연락선상에서 큰 아들 소매蘇邁가 부쳐준 편지와 술을 받
고서 시를 지었다. 아우 소철의 아들 소원蘇遠이 그에 화답하였다. 이 모두 찬연히 볼
만하였다. 아우 소철(자유)가 편지로 축하하였다. 이로 인해 그 운을 사용하여 한 편을
짓고 아울러 아들들과 조카에게 부친다」(「過於海舶, 得邁寄書酒. 作詩, 遠和之, 皆粲
然可觀. 子由有書相慶也, 因用其韻賦一篇, 幷寄諸子姪」)

보여 주신 편지의 가르침 및 시와 부, 잡문을 숙독해 보았습니다. 대체로 흘러가는 구름이나 흐르는 물과 같아 처음부터 정해진 바탕이 없고, 다만 항상 가야 할 곳으로 가고 항상 멈추지 않아서는 안 될 곳에서 멈추고 있습니다. 문리文理가 자연스럽고 자태가 끊임없이 솟아나고 있습니다.

所示書敎及詩賦雜文, 觀之熟矣. 大略如行雲流水, 初無定質, 但常行 於所當行, 常止於所不可不止, 文理自然, 姿態橫生.

여기서는 사거렴謝擧廉(자 민사民師)의 시문을 높이 평가하면서도 실제로는 자신의 창작을 찬미한다. 그는 「문설」文說 가운데서도 같은 주장을 한 적이 있다.

나의 문장은 만 섬(만 곡斛. 1곡은 10두斗)이나 되는 샘의 원천과 같아서, 땅을 가리지 않고 용솟음쳐 나온다. 평지에서는 도도하게 콸콸 흘러 하루에 천 리를 가기도 어렵지 않다. 그것은 산의 돌멩이들과 어울려 꾸불꾸불 흐를 때는 사물에 따라 모양을 바꿔 나가지만 (그 원리는) 알 수 없다. 알 수 있는 것은 항상 마땅히 가야 할 곳으로 가고 항상 멈추지 않으면 안 될 곳에서 멈춘다는 것이니, 이와 같을 따름이다.

吾文如萬斛泉源, 不擇地而出. 在平地滔滔汨汨, 雖一日千里無難, 及 其與山石曲折, 隨物賦形而不可知也. 所可知者, 常行於所當行, 常至 於不可不止, 如是而已矣.

다시 말하면 문예 창작은 한편으로는 최대한의 자유를 추구하여, "흘러가는 구름이나 흐르는 물"과 같이 "샘의 근원에서 땅으로 용솟음 쳐 나오는" 것같이 생동적이어야 하며, 어떠한 고정된 틀에도 사로잡 혀서는 안 된다. 다른 한편으로는 이러한 자유로움이 표현에 부딪치면 예술적 규율에 대한 고도의 인식과 파악이 기초가 되어 있어야 하며, "마땅히 가야 할 곳으로 가고", "멈추지 않으면 안 될 곳에서 멈춘다는" 것을 조건으로 해야 한다. 마음이 하고자 하는 바에 따라 하면서, 그래 도 규율에 위배되어서는 안 된다. 그래야 "문리가 자연스럽고" 또 "자 태가 끊임없이 생기게 된다." 그가 원풍 8년(1085년, 50세)에 쓴 「오도자 그림의 뒤에 쓰다」(書吳道子畫後)에는 "법도 가운데서 새로운 뜻을 내고, 호방함 밖에 묘한 이치를 붙인다"(出新意於法度之中, 寄妙理於豪放之外)라는 두 구가 있는데, 이는 상술한 예술 원리를 비교적 이른 시기에 간결한 형태로 설명한 것이다. 이것과 관련하여 「사민사에게 답하는 편지」에서 는 '문사는 의미가 전달돼야 한다'라는 내용을 다음과 같이 설명했다.

　　사물의 묘를 구하는 것은 바람을 잡아매거나 그림자를 붙잡는 것 과 같다. 이 사물을 마음에 분명하게 와 닿도록 할 수 있는 사람은 대개 천만 명 가운데 한 명도 만나지 못한다. 그러니 하물며 입과 손에 익숙하게 되도록 할 수 있는 자라면야? 이것을 일러 '문사는 뜻을 잘 전달할 수 있어야 한다'(辭達)라고 하는 것이다.

　　求物之妙, 如繫風捕影, 能使是物了然於心者, 蓋千萬人而不一遇也, 而況能使了然於口與手者乎? 是之謂'辭達'.

"마음에 분명하게 와 닿도록 할 수 있는" 데서부터 "입과 손에 분명하게 되도록 할 수 있는" 데까지는, 객관 사물에 대한 예술적 파악을 말한 것으로, 여기에는 먼저 사물의 특징에 대한 깊은 관찰과 전면적인 인식이 없으면 안 된다. 그런 이후에 문자의 기능을 발휘하여 정확하고도 생동적인 표현이 가능해지는 것이다. 이는 유물론적 변증법의 인식론과 완전히 합치한다. "문사는 뜻을 잘 전달할 수 있어야 한다"는 견해는, 표현의 자유와 예술 규율을 결합해야 하는데, 그 관건은 작가가 생활을 절실히 전면적으로 인식하고 그것을 정확하고 생동적으로 표현하는 데 있다고 설명한다. 이와 같은 예술 창작에 대한 탁견은 참으로 연구할 가치가 있다.

원부元符 3년(1100년, 65세) 정월에 철종이 서거했다. 철종에게는 아들이 없었기 때문에, 아우 휘종徽宗 조길趙佶이 황제의 위를 이었다. 신종의 처 상씨向氏는 황태후의 신분으로 수렴청정을 했다. 5월에 소식은 사면을 받아 북쪽으로 회귀했다. 6월에 해남도를 뒤로하고 바다를 건너며 「6월 20일 밤에 바다를 건너며」(六月二十日夜渡海)를 지었다.

삼태성이 가로놓이고 북두칠성 빙 도는 깊은 밤 삼경 되려 하니
지루하게 종일토록 불던 비바람도 응당 개일 모양이다.
구름은 흩어지고 달 밝은데 누가 구름 하나 장식했는가.
하늘과 바다의 색깔은 본래 맑디맑은 것.

부질없이 옛날 공자님이 뗏목 타고 떠나려던 뜻 남아 있고
들려오는 파도 소리는 황제黃帝의 음악 연주 소리와 같다.[37]
남쪽 황무지에서 구사일생한 귀양살이 원망하지 않으리.

이번 놀이 기이한 절경 평생에 으뜸이어라.

參橫斗轉欲三更,[38] 苦雨終風也解晴.[39]

雲散月明誰點綴, 天容海色本澄清.

空餘魯叟乘桴意, 粗識軒轅奏樂聲.

九死南荒吾不恨, 玆遊奇絶冠平生.

삼경이 지난 후 여명을 맞이하여, 길게 계속되던 풍우도 맑아질 때
가 온다. 구름은 흩어지고 달은 밝고 하늘과 바다도 맑게 개었다. 7년
간의 억울한 죄도 마침내 눈 녹듯 녹았다. 그러나 해남도에서 겨우 목
숨을 부지하며 살았던 일도 한으로 생각하지 않는다. 그 땅에서 남국
의 진기한 광경을 본 것은, 평생 만나기 어려운 유쾌한 일이 아닌가.
이것이 장기간의 유배 생활에 대한 총괄이었다. 그가 '오대시안' 이후
에 쓴 시에도 보인 바와 같이 좌절이나 곤궁에 굴하지 않고 항상 꿋꿋
한 태도로 일에 대처할 수 있었다.

66세 되던 해(휘종 건중정국建中靖國 원년, 1101년) 7월, 소식은 상주常

---

37) 부질없이~같다: 『논어』「공야장」公冶長에 "공자가 말하기를, '도가 행해지지 않으니
뗏목을 타고 바다로 떠나겠다'"(子曰, 道不行, 乘桴浮於海)라고 했다. 桴(부)는 뗏목
이다. 『장자』莊子「천운」天運에, 황제가 "함지의 음악을 동정의 들에서 연주했다"(張咸
池之樂於洞庭之野)라고 했다. 아울러 음악을 빌려 노자老子의 현리玄理를 말했다. 이
두 구의 대의는 현재 이미 바다를 건너 북쪽으로 돌아가고 있는데, 도가 행해지지 않는
다고 한탄할 필요가 없다고 하고, 또 이미 노장老莊 사상의 "득실을 잊고 영화와 굴욕
을 똑같이 보는"(忘得失, 齊榮辱) 철리를 조금 알 만하다는 것이다.

38) 參(삼), 斗(두): 별이름으로 모두 28수宿의 하나이다.

39) 苦雨(고우): 오래 내리는 비. 終風(종풍): 종일 부는 바람.

州에서 병으로 서거했다. 병상에 있을 때, 그는 아들이 미불米芾의 부賦한 편을 낭독하는 것을 들었다. 소식은 침상에서 일어나 그 글을 극구 칭찬하고서는 곧 미불에게 편지를 썼다. "공은 오래지 않아 저절로 큰 이름이 있으리라. 우리 같은 무리가 말하는 것을 수고롭게 여기지 않을 것이다."(「미원장에게 주는 편지」與米元章書) 이것은 이전에 구양수가 소식을 칭찬했을 때의 일을 상기시킨다. 소식은 66세로 사망했다(구양수의 향년도 66세였다).

서거 소식이 일찍이 소식이 재직했던 지방으로 전해지자, "절서浙西, 회남淮南, 경동京東, 하북河北의 백성들은 저자에서 함께 곡하며 울었고," 태학생太學生들은 사원에서 추모제를 거행하는 등, 사람들은 그에게 깊은 애도를 표시했다.

13장
소동파의 문학적 성취와 그 특징

　소식은 정치적으로는 불우하여 곤란으로 가득 찬 일생을 보냈으나, 문학적으로는 전능全能의 작가로서 풍부한 업적을 남겼다. 그의 시는 2천여 수, 사는 300여 수, 그 위에 산문 작품도 방대한 양에 이른다. 그것은 동시대의 어느 작가보다 뛰어나서 북송 문학의 고봉高峰을 이루었다.[1]

---

1) 왕문고王文誥는『소문충공시편주집성, 전시도』蘇文忠公詩編注集成, 箋詩圖의 후기에 이렇게 썼다. "나는 공(소식)의 시를 편년編年하여 집성集成했는데, 모두 고금시체古今詩體 45권으로, 합계 2,389수이다. 그의 사는 원元 연우본延祐本『동파악부』東坡樂府에 수록된 것이 300수에 이르지 못하고,『강촌총서』彊村叢書,『전송사』全宋詞본 등에 350수 가량이 있다." 왕수이자오 선주選注,『소식선집』蘇軾選集, 전언前言, 1쪽: 시 2,700여 수. "소식은 2,700여 수의 시, 300여 수의 사, 그리고 4,800여 수의 산문을 남겼다." 왕수이자오, 주깡朱剛,『소식평전』蘇軾評傳, 난징대학출판부南京大學出版部, 2008, 422쪽.— 옮긴이 주석 보충

1. 시가

소식의 시는 그의 사나 산문과 비교해도, 또 동시대의 다른 시인들과 비교해도, 내용이 풍부하고 제재도 광범위하다.

(1) 정치시

사회시, 정치시의 비중은 그리 크지 않지만, 사회적·정치적으로 중대한 문제에 대한 태도와 견해의 표명은 소식 시詩의 중요한 내용 중 하나라고 하겠다.

소식은 사회의 모순과 정치적 폐단을 과감히 폭로하며 하층 백성의 고단한 생활을 시에 반영했다. 이와 같은 자세는 그의 일생을 통해 변한 적이 없다. 소식은 젊었을 때부터 사회문제에 관심을 기울여 「세밑 3수」(歲晚三首), 「자유의 '누에 시장' 시에 화답하여」(和子由蠶市) 등의 시를 지었다. 황주의 백성들에게 뻐꾸기의 울음소리는 '해진 바지를 벗어라'(脫却破袴: 현대 중국어의 표준 발음은 tuoque poku이다)라는 소리로 들렸다. 그는 이를 빌려 가렴주구를 비난했다. "사양하지 않고 바지를 벗으니 시냇물은 차다/물 속에 비추어 보는 세금 재촉의 흔적"(不辭脫袴溪水寒, 水中照見催租瘢.「오금언 5수, 제2수」五禽言五首, 其二)이라고 한 것이 그 예이다. 권세를 이용해 농민의 토지를 겸병한 것에 대해서는 다음과 같은 시를 지었다.

> 당시 백성의 밭을 뺏었는데
> 직업을 잃어도 어찌 감히 울 수 있겠는가.
> 어느 집 아름다운 농장이

재산을 몰수당해 돌려받지도 못한다네.
이 정자는 천 채의 집을 부수어
울창한 산등성이 기슭에 있네.

當時奪民田, 失業安敢哭.
誰家美園圃, 籍沒不容贖.
此亭破千家, 鬱鬱城之麓.[2]

당말唐末의 사실을 빌려와 비판한 것이다. 다음 작품에서는 파산한 농촌의 정월 모습을 묘사했는데, 그 필치가 동정으로 가득하다.

삼 년 동안 동쪽 지방은 가물어
도망간 집은 줄줄이 기둥이 쓰러졌다.
늙은 농부는 쟁기를 놓고 탄식하니
눈물이 주린 창자에 들어가 쓰리다.

三年東方旱, 逃戶連敧棟.
老農釋耒嘆, 淚入飢腸痛.[3]

말에서 내려 눈에 관한 시를 짓는데

---

2) 「이씨의 정원」(李氏園)
3) 「제야에 큰눈이 내려 유주에 머물렀는데, 설날 아침 맑게 개어 드디어 떠났다. 도중에 다시 눈이 내렸다」(除夜大雪留濰州, 元日早晴遂行, 中途雪復作)

온 땅에 회초리 흔적
우두커니 들판을 바라보며
슬피 백성을 위해 노래 부른다.

下馬作雪詩, 滿地鞭箠痕.
佇立望原野, 悲歌爲黎元.[4]

그리하여 만년에 이르기까지 '오대시안'烏臺詩案이라는 억울한 재판 사건 이후에도 그는 시로써 정치에 관여해 당시의 폐단을 규탄하기를 계속했다. 다음은 혜주에서 쓴「여지의 탄식」(荔枝嘆)이라는 작품이다.

십 리마다 하나인 역말에 먼지를 날리고
오 리마다 하나인 봉화대에는 전쟁 난 듯 재촉하여
구덩이에 넘어지고 골짜기에 쓰러져 시체가 베개 삼듯 뒤엉키니
여지荔枝와 용안龍眼을 헌상하러 오는 줄을 알겠네.

수레는 산을 날 듯이 넘고 배는 매처럼 바다를 가로질러[5]
가지와 잎에 바람 이슬 아직 남아 있어 방금 딴 듯 싱싱하구나.
궁중 미인 양귀비를 한번 웃게 하기 위해
먼지 속에 뿌린 피가 천년을 흘러왔네.

---

4)「정월 18일 채주로 가는 도중에 눈을 만나, 자유의 시에 차운하다 2수, 제2수」(正月十八日, 蔡州道上遇雪, 次子由韻二首, 其二)
5) 수레는~가로질러: 일설에 이 구는 수레가 날 듯이 빨리 산을 넘는 것이 마치 매가 큰 바다를 건너듯 신속하다는 것을 말한다고 한다.

한漢 영원 연간에 여지는 교주交州에서 실어 왔고[6]

당唐 천보 연간에 공물은 부주涪州에서 바쳤지.[7]

지금 이임보李林甫[8]의 고기를 씹어 먹고 싶어도

잔 들어 백유伯游[9]에게 술 따라 추모할 이 없구나.

바라노니 하늘이시여, 어린 백성 불쌍히 여겨

특산품을 내려 백성을 고통받게 마옵소서.

비바람 순조로워 오곡이 풍년 들어

추위와 배고픔을 면하는 것이 최상이라오.

그대는 보지 못했는가.

무이산武夷山 계곡 가의 속립아차粟粒芽茶[10]를

앞에는 정위丁謂가 뒤에는 채양蔡襄이 다투어 실어감을.[11]

제각기 신품으로 임금의 총애를 사려고

---

6) 한 영원~실어 왔고: 한나라 화제和帝 영원永元 연간에, 교주(지금의 베트남과 중국 광시 성, 광둥 성 일대)에서 여지와 용안을 진상했는데, 백성들의 고통이 컸다. 당강唐羌 (자 백유伯游)이 상서하여 간하자, 화제가 이를 받아들여 진상을 정지하도록 했다.

7) 당 천보~바쳤었지: 당 현종玄宗 천보 연간에, 매년 부주涪州(지금의 쓰촨 성 푸링涪陵) 일대에서 여지를 진상했는데, 권세 있는 재상 이임보李林甫가 이를 통해 당 현종에게 환심을 사고자 했다.

8) 이임보는 당나라 현종 때의 간악한 재상인데, 현종에게 여지를 진상하여 총애를 받았다.

9) 백유는 동한東漢 때 사람으로, 이름은 당강唐羌이고 자가 백유이다. 화제에게 여지 진상의 문제점을 상소하여 마침내 이를 폐지하게 했다.

10) 속립아차는 무이산(지금의 푸젠 성)에서 생산된 차의 이름이다. 속립아차는 이른봄 찻잎이 곡식 알갱이만큼 작을 때 따서 만든 차로, 무이차 가운데서도 상품이다.

11) 앞에는~실어감을: 당시 사람 정위, 채양이 무이차를 바구니에 담아 조정에 진상했다.

금년엔 차 품평회를 열어 최상품을 바치려 한다네.

우리 임금 부족한 게 어찌 이런 물건이랴.

육신이나 봉양한다면 얼마나 비루한 일이랴.

낙양의 충효가忠孝家 재상 전유연錢惟演의 집안에서도

가련하게 요황화姚黃花를 바쳤다네.[12]

十里一置飛塵灰, 五里一堠兵火催.[13]

顚阬仆谷相枕藉,[14] 知是荔枝龍眼來.

飛車跨山鶻[15]橫海, 風枝露葉如新探.

宮中美人一破顏, 驚塵濺血流千載.

永元荔枝來交州, 天寶歲貢取之涪.

至今欲食林甫肉, 無人擧觴酹伯游.

我願天公憐赤子, 莫生尤物爲瘡痏.[16]

雨順風調百穀登, 民不飢寒爲上端.

君不見

武夷溪邊粟粒芽, 前丁後蔡相籠加.

---

12) 낙양의~바쳤다네: 전유연은 오월왕吳越王 전숙錢俶의 아들로, 송에 투항한 뒤에 관
절도사官節度使, 가동중서문하평장사加同中書門下平章事(부재상)를 역임했기에, '상
군'相君이라 불린다. 요황화는 모란꽃의 명품종이다.

13) 置(치), 堠(후): 고대 중국의 역참.

14) 枕藉(침자): 시체가 서로 베개 삼아 누워 있음. 시체가 많이 널려 있는 모양.

15) 鶻(골): 바다 배를 가리킨다.

16) 尤物(우물): 뛰어나고 기이한 물품이나 인물. 瘡痏(창유): 재해를 가리킨다.

爭新買寵各出意, 今年鬪品充官茶.[17]

吾君所乏豈此物, 致養口體何陋耶.

洛陽相君忠孝家, 可憐亦進姚黃花.

당대唐代의 시인 두목杜牧도 이와 유사한 제재를 써서 "한 기병이 붉은 먼지 날리면서 달려오면 양귀비가 미소 짓는데/여지가 왔다는 것을 아는 이 없네"(一騎紅塵妃子笑, 無人知是荔枝來.「화청궁을 들러 절구 3수, 제1수」過華清宮絶句三首, 其一)라는 명구를 남겼다. 의미가 함축적인 '아는 이 없네'(無人知)와는 상반되게 소식은 이 시의 앞 부분에 의식적으로 '알겠네'(知是)를 써서, 또한 티끌 먼지 날리며 죽은 사람이 길에 가득 내버려져 있는 참상을 묘사했다. 소식의 시에서는 "궁중 미인 양귀비를 한번 웃게 하기 위해/(여지를 운반하느라) 먼지 속에 뿌린 피가 천년을 흘러왔네"라고 하여, 두목 시에서의 "양귀비가 웃는" 형상보다 더 생동적으로 묘사했는데, 그 대비가 선명하다. 두목 시의 함축은 당연히 완곡한 풍자를 포함하고 있다. 그리고 소식 시의 직설적이고 선명한 표현은 그의 정치에 대한 격렬한 분격을 말해 주고 있다. 여지를 헌상한 역사적 사실을 기술한 부분을 보면 그 당시 유행했던 차茶 공물(진상품)과 꽃 공물을 비판하며 그 당시 '명신'名臣이라 불렸던 정위, 채양, 전유연 등을 당대唐代에 여지를 헌납한 이임보에 비유하는 등 늙어도 쇠하지 않는 작자의 정치적 투쟁 정신이 발휘되어 있다.

소식의 정치시에는 작자 일생의 정치적 역정과 암흑의 정치를 비

---

17) 鬪品(투품): 차를 가리킨다. 옛날에 '투차'鬪茶의 풍속이 있었는데, 차의 품질이 좋고 나쁨을 겨룬 차 품평회라 할 수 있다. 官茶(관차): 공차貢茶.

판하는 정신이 반영되어 있을 뿐 아니라, 그가 정치적으로 넓은 시야를 가지고 있었음도 드러난다. 빈부의 대립, 가혹한 세금, 권력자의 토지겸병, 천재天災, 공물 등은 시인의 마음에 격한 파란을 일으켰다. 그의 시는 이외의 사회문제도 언급한다. 송나라를 위협하는 요遼와 서하西夏에 관해서는 저항과 실지失地 회복을 역설했다.

황주 유배 시절에 지은 시의 긴 제목이 이러한 소식의 생각을 반영한다. 「원풍 4년 10월 20일, 강남에서 왕문보를 배알했다. 좌중에 진계상의 편지를 받았는데, '이달 4일, 중악장군이 군대를 이끌고 적진 깊이 들어가 서하의 6만여 명을 살해하고 격퇴하여, 말 50필을 노획했다'고 했다. 모두들 기뻐하여 노래하고, 각기 큰 잔으로 술을 마셨다」(元豐四年十月二十日, 謁王文父於江南, 座上得陳季常書, 報是月四日, 仲諤領兵深入, 破殺西夏六萬餘人, 獲馬五十匹, 衆喜忭唱樂, 各飮一巨觥). 여기서는 시인의 기쁜 감정이 생동적으로 나타나 있다.

듣건대 관군이 걸은乞閩[18]을 함락했는데
장군의 깃발과 북이 귀신처럼 빨랐다고 하네.
알겠도다, 무정하無定河[19] 가의 버드나무가
우리 중원과 함께 하얀 버들개지 핀 봄을 맞을 것임을.

聞說官軍取乞閩, 將軍旗鼓捷如神.

---

18) 걸은乞閩은 乞銀(걸은)으로도 쓰는데, 은주銀州를 말하며 치소는 지금의 산시 성 위린榆林 동남부에 있다.
19) 무정하는 지금의 산시 성 북부에 있다.

故知無定河邊柳, 得共中原雪絮春.

　　변방의 버들개지가 중원의 하얀 버들개지와 같다고 말하여 실지失
地가 송조宋朝의 판도에 회복된 것을 기뻐했다. 그는 또한 거듭 나라를
위해 적을 부수겠다는 웅혼한 마음을 표현했다.

　　　영명하신 천자께서 만일 서량주부로 나를 임용하신다면
　　　흰 깃털 부채를 한번 휘둘러 전공을 세우리라.[20]

　　聖明若用西涼簿, 白羽猶能效一揮.[21]

　　　천금으로 전쟁 말을 사고
　　　보물로 칼집을 단장하여
　　　어느 때나 그대 따라가
　　　겨루어 오랑캐를 쳐부술까.

　　千金買戰馬, 百寶粧刀環.
　　何時逐汝去, 與虜試周旋.[22]

---

20) 흰 깃털~세우리라: 진晉의 서량주주부西涼州主簿 사애謝艾는 원래 서생인데, 흰 깃
　　털(白羽)을 흔들며 부대를 지휘하여 반란군을 격퇴했다. 여기서는 소식 자신에 비유한
　　것이다.
21) 「상산에서 제사 지내고 돌아와 사냥하다」(祭常山回小獵)
22) 「자유가 추위에 부쳐 준 시에 화답하며」(和子由苦寒見寄)

팔엔 활 들고 허리엔 화살 끼고 어느 때고 떠나서
곧장 음산陰山에 가서 가한可汗을 잡으리라.

臂弓腰箭何時去, 直上陰山取可汗.[23]

그의 시에는 계급 모순뿐만 아니라 또한 민족 모순까지 반영되어
있어, 그 시야가 넓다.

소식의 정치시에는 일정한 사상적 깊이가 있다. 백성의 고난에 대
해, 그는 냉담한 방관자가 아니었고 강렬한 애증이 교차하는 감정, 특
히 관리로서의 내면적인 자책과 부끄러움을 지니고 있었다.「자유의
'자첨이 장차 종남산 태평궁 계당에 가서 독서함을 듣고서'를 화답함」
(和子由聞子瞻將如終南太平宮溪堂讀書)에서는, "중간에 가뭄을 만나니 / 비
를 부르는 비둘기가 되고자 하였다. / 천 명의 인부가 나무 하나를 끄는
데 / 열 걸음 나아가는데 여덟아홉 번은 쉰다네"(中間罹旱暵, 欲學喚雨鳩. 千
夫挽一木, 十步八九休)라 하여, 가뭄에 괴로워하는 인부들의 모습을 묘사
했다. 이는 그로 하여금 "그들을 대하니 먹어도 배부르지 않아 / 다른
일을 다시 황급히 추구하겠는가?"(對之食不飽, 餘事更遑求)라고 하게 했
으며, 이로부터 "백성이 수고로우면 관리는 의당 부끄러운 법"(民勞吏宜
羞)이라는 원칙을 제기했다. 한 사람의 봉건 관리로서, 그는 항상 "시를
지음에 먼저 자신의 허물을 묻는다"(作詩先自劾.「이방직의 '기산에서 기우제를
지내니 느낌이 있어'에 화답하여」和李邦直沂山祈雨有感)라고 하여, 시가를 자아

---

23)「진계상이 암건을 준 데 감사하며」(謝陳季常惠一揞巾). 여기서 암건은 '둥글고 작은 모
자'이다.

비판의 도구로 사용했지, 그것으로 값싼 동정을 표시하지는 않았다.

「희녕 연간에 나는 이 군郡의 통판이 되었다. 제야에 도청에서 숙직했는데, 붙들어 매인 죄수들로 온통 가득 찼다. 날이 저물어도 숙소로 돌아가지 못했다. 이로 인해 벽에 시 한 수를 적어 놓았는데, 이제 20년이 되었다. ……, 앞 시」(熙寧中, 軾通守此郡. 除夜, 直都廳, 囚繫皆滿, 日暮不得返舍. 因題一詩於壁, 今二十年矣. ……, 前詩)에서는 다음과 같이 말한다.

> 섣달 그믐날 밤 일찍 귀가해야 마땅하나
> 관청 일로 묶여 있게 되었네.
> 붓을 들고 그들을 대하여 눈물 흘린다.
> 감옥에 수감되어 있는 죄수들 가여워라.

> 가난한 백성들 호구지책으로 저지른 일이
> 법망에 저촉되어 부끄러움도 모른다.
> 나 역시 관리의 적은 봉록에 연연하여
> 은둔하고픈 소원도 저버렸다.

> 어진 이 어리석은 이 따질 것 없이
> 모두 먹고살기 위해 하는 일
> 어느 누가 잠시나마 그들을 석방해 줄 수 있으랴.
> 민망하여 묵묵히 옛 현인에게 부끄럽다.

> 除日當早歸, 官事乃見留.

執筆對之泣, 哀此繫中囚.

小人營糇糧,[24] 墮網不知羞.

我亦戀薄祿, 因循失歸休.[25]

不須論賢愚, 均是爲食謀.

雖能暫縱遣, 閔黙愧前修.[26]

섣달 그믐날 밤, 감옥에 가득 들어찬 죄인들을 보며 소식은 그들이 법망에 걸린 것은 궁핍한 생활 때문에 일을 저지른 것이라고 그 연유를 규명했다. 그런데 자신도 비록 관리가 되기는 했지만 또한 생계를 위한 것이 아닌가? 여기서 '소인'小人과 '나 자신', '현명한 사람'과 '어리석은 사람'의 장벽도 무너뜨리고 있어 신선한 충격을 준다.

남송의 육유陸游는 소식이 "일신의 화복禍福으로 우국憂國의 정신을 바꾸지 않았다. 천년 이래로 생기가 늠연하다"(不以一身禍福, 易其憂國之心. 千載之下, 生氣凜然)[27]라고 평했다. 소식의 정치시는 이 평가에 합치하는 것이라고 말할 수 있다.

(2) 서정시

소식은 일생 동안 한 번 감옥에 수감되어 거의 생명을 잃을 뻔한 적이 있었고, 두 차례 유배되어 도합 12년을 유배지에서 보냈다. 그리고 두 차례 지방 관리로 재직했고, 또 통치 계급의 내부투쟁의 소용돌

---

24) 糇糧(후량): 건량乾糧. 여기서는 생계를 가리킨다.
25) 因循失歸休(인순실귀휴): 꾸물거리며 되는 대로 살다가 귀은歸隱하지 못하다.
26) 閔黙愧前修(민묵괴전수): 내심에 묵묵히 근심이 있어, 선배 명현名賢들에게 부끄럽다.
27) 육유, 『방옹제발』放翁題跋 권4, 「발동파첩」跋東坡帖.

이 가운데서 생활했다. 소식의 첩 조운朝雲이 말한 것처럼, 그는 "뱃속 가득 시의時宜에 맞지 않는"(一肚皮不入時宜)[28] 정치적 실의자였다. 그의 서정시는 재능과 이상을 드러내고 있으나 뜻을 이루지 못한 봉건 지식인의 정신 상황을 반영하고 있다.

소식은, "나는 본래 세상과 어긋나지 않았는데/세상이 나와 다르네"(我本不違世, 而世與我殊.「잠저작을 전송하며」送岑著作)라고 했는데, 이 때문에 이러한 개인적 불편을 서술한 시에도 여전히 일정한 사회적 의의가 있다. 봉건사회는 재능을 꺾거나 아름다운 이상을 소멸시키곤 했다. 그리하여 그는 "슬퍼라! 운명이 제짝을 만나지 못함이여/매양 재주 때문에 훼방을 만났구나"(哀哉命不偶, 每以才得謗.「경사에서 임준성을 곡하며」哀師哭任遵聖)라고 말하고, "인간세계에 갈림길이 얼마나 되는지 아는가?"(人間岐路知多少.「신성 가는 도중에 2수, 제2수」新城道中二首, 其二)라고도 말했다. 그는 다음과 같은 시를 지었다.

> 세상의 소인배들은 꺼리는 것이 많으니
> 유독 나를 참된 호걸이라고 허용하겠는가?
> 나를 위해 문수汝水 가에 밭을 사서
> 맹세코 그리로 돌아가 쑥대 베어 초가집 짓고 살겠네.
> 요컨대 티끌 아래에서 인생을 마칠 일이지
> 사람을 따라 부앙하며 남 하는 대로 따를까 보냐?

---

28) 명 모진毛晉 집輯, 『동파필기』東坡筆記 권상. 「시중하물」是中何物 조條. 비곤費袞, 『양계만지』梁谿漫誌 권4, 「시아대동파어」侍兒對東坡語 조條.

世上小兒多忌諱, 獨能容我眞賢豪.

爲我買田臨汶水, 逝將歸去誅蓬蒿.

要能終老塵土下, 俯仰隨人如桔槹.[29]

호숫가의 경치 춘하추동 다 보기에도 부족한데

오직 이내 인생은 물에 뜬 부평초처럼 나부낀다.

……

그대는 보지 못했는가?

전당에서 벼슬 따라 떠도는 나그네

아침에 죄수를 추궁하고,

저녁엔 판결함을.

어느 때나 남에게 끌려다니지 않고 쉴 수 있을까!

湖上四時看不足, 惟有人生飄若浮.

……

君不見,

錢塘遊宦客, 朝推囚,

暮決獄, 不因人喚何時休.[30]

여기서는 자유를 노래하며 산수를 동경하고 있지만, 실제로는 "임

---

29) 「궁궐로 가는 이공서를 전송하며」(送李公恕赴闕)

30) 「채준 낭중이 내게 서호 유람을 가자고 요청한 시에 화답하는 시 3수, 제1수」(和蔡准郎中見邀遊西湖三首, 其一)

기응변하여 남하는 대로 따르는" 세태와의 결렬이요, "아침에 죄수를 추궁하고, 저녁에는 재판을 판결하는" 관리 생활에 대한 염증을 표현한 것이다. 세속을 벗어나고자 하면 세상에 대해 화를 낼 수밖에 없다.

그의 서정시에는 또 항상 "나의 인생은 이 세상에 부쳐 사는 것일 뿐"(吾生如寄耳)이라는 소극적인 개탄과 동시에, 형제애·우정·고향에 대한 그리움 등 생활 속의 감동부터 구하여 찬미하려는 자세가 언제나 보인다. 「금산사에서 노닐며」(遊金山寺)는 고향에 대한 생각을 노래한 명작이다.

> 내 고향은 장강이 시작되는 발원지
> 벼슬길에 떠돌다가 곧장 하류까지 이르렀네.
> 여긴 큰 파도 한 길 높이 솟는다 하더니
> 추운 겨울이라 모래톱에 그 흔적 역력하네.
>
> 중령천 남쪽 물가에 우뚝 선 너럭바위
> 예부터 파도 따라 나타났다 꺼졌다 한다네.
> 정상에 올라 멀리 고향 촉 땅 바라보니
> 강남 강북의 첩첩 청산 막아섰구나.
>
> 나그네 향수에 밤이 무서워 돌아가는 배 찾으니
> 스님은 한사코 낙조를 보라고 만류한다.
> 넓은 강물에 미풍 부니 만경창파 고운 무늬 짓고
> 반공에 비낀 노을에 비치어 물고기가 붉네.
>
> 때마침 강물 위로 떠오르는 초생달

이경이라 밤 깊어 달 지자 칠흑 같은 밤.

강 가운데 갑자기 무엇인가 햇불처럼 피어오르니

산을 밝힌 그 불꽃에 깃들인 새 놀라 깨네.

쓸쓸히 절에 돌아와 자리에 누웠으나 마음엔 모를 일

귀신도 아니고 사람도 아니라면 도대체 무엇일까?

아름다운 고향 산천 두고 돌아가지 않는다고

강신江神도 나무라며 내 고집을 괴이하게 여기네.

내 강신에게 고하나니, 어쩔 수 없다네.

농사할 밭 있으면 반드시 고향에 돌아가리.[31]

我家江水初發源, 宦游直送江入海.

聞道潮頭一丈高, 天寒尙有沙痕在.

中泠南畔石盤陀,[32] 古來出沒隨濤波.

試登絶頂望鄕國, 江南江北靑山多.

羈愁畏晩尋歸楫,[33] 山僧苦留看落日.

微風萬頃鞾文細, 斷霞半空魚尾赤.

---

31) 내 강신에게~돌아가리: 강물에 스스로 맹세한다. 밭이 있으면 반드시 고향에 돌아가
   리라고.
32) 中泠(중령): 샘 이름. 盤陀(반타): 盤陁(반타)라고도 한다. 큰돌이 평평하지 않은 모양
   이다.
33) 羈愁(기수): 나그네의 향수. 楫(즙): 배를 가리킨다.

是時江月初生魄,[34] 二更月落天深黑.

江心似有炬火明, 飛焰照山栖鳥驚.

悵然歸臥心莫識, 非鬼非人竟何物.

江山如此不歸山, 江神見怪警我頑.

我謝江神豈得已, 有田不歸如江水.

이 시는 그가 희녕 4년 겨울 항주통판으로 부임하는 도중 진강鎭江
에서 쓴 것이다. 금산金山은 원래 장강長江 가운데 우뚝 솟은 산인데, 위
에는 금산사金山寺가 있다. 지금은 강안과 연결되어 있다. 세차게 동쪽으
로 흐르는 장강 물이 바다에 들어가는 것을 목도하자, 시인의 생각은 도
리어 강물이 발원하는 곳 고향 사천으로 향한다. 한 길이나 높다고 들었
던 만조의 웅장함은 이때에는 볼 수 없고, 조수가 밀려간 후의 모래 흔적
이 남아 있을 뿐이었다. 정상에 올라 멀리 고향 쪽을 바라보니 푸른 산에
막혀 있다. 여기에 망연한 분위기와 깊은 향수가 부각된다. 끝으로 강 중
심에 횃불이 나타난다. 이것은 벼슬을 그만두지 않은 작자를 경고하기
위해, 강신江神이 질책을 나타낸 것에 다름 아니다. 그와 같은 상상에 의
해 더욱더 벼슬살이에 대한 염증과 깊은 향수가 선명하게 묘사되었다.

---

34) 魄(백): 패霸와 통한다. 달이 이지러질 때 원형의 윤곽이 있으며 빛이 어두운 부분. 구
설舊說에 매월 음력 초사흘 이후에 이 부분이 점점 밝아지는데, 그것을 '성백'成魄이라
고 한다. '초생백'初生魄에 대해, 조선 시대 양경우梁慶遇는 『제호시화』霽湖詩話에 "동
파의 시 「금산사」金山寺에 '是時江月初生魄, 二更月落天深黑'이라 했는데, 2경二更에
떨어지는 것은 '생명'生明이지, '생백'生魄이 아니다"라고 하였다. 생명은 생백의 반대
의미이다. 양경우의 설이 타당하다.─옮긴이 주석 보충

(3) 사경시寫景詩(풍경을 묘사한 시)

소식의 발자취는 중국 각지에 두루 미치고 있다. 아미산峨嵋山 산마루에서 전당강錢塘江 강변에 이르기까지, 요遼와 가까운 변경에서부터 영남嶺南·해남도에 이르기까지, 그의 시집에는 중국의 명산·대천·호수·바다 및 도시·농촌의 수려한 자연경관이 한 폭 한 폭 담겨 있다. 소식의 사경시는 결코 자연 풍경의 단순한 재현이 아니며, 작자의 인생 사상과 미학 취미가 구현되어 있고, 고향을 사모하는 마음과 대지에 대한 애정이 강렬히 표현되어 있다. 그는 자신이 거주하는 지방을 제2의 고향이라고 간주하곤 했다. "스스로 생각건대 난 본래 항주 사람"(自意本杭人), "해남 만 리가 참으로 내 고향"(海南萬里眞吾鄕)이라고 말한다. 다음과 같은 칠언율시도 있다.

봄바람은 내가 산 구경 가는 줄 아는 듯
여러 날 낙숫물 소리를 처마에 바람 불어 멎게 했네.
고개 위 맑은 흰 구름은 하얀 솜 모자를 헤쳐 쓴 듯하고
갓 나온 해님은 나뭇가지 위에 구리 쟁반처럼 걸려 있네.

나지막한 대울타리 안에는 복사꽃이 활짝 웃음을 머금었고
맑은 모래 시냇가에는 버들이 흥겨워 한들거리네.
서쪽 산모퉁이 농가 살림은 마냥 즐거운 듯
미나리 부침 지지고 죽순 볶아 봄밭 가는 농부에게 새참 드리네.

東風知我欲山行, 吹斷檐間積雨聲.
嶺上晴雲披絮帽, 樹頭初日掛銅鉦.[35]

野桃含笑竹籬短, 溪柳自搖沙水清.

西崦人家應最樂, 煮芹燒筍餉春耕.[36]

    항주 서남쪽 농촌에서 비가 내린 후 맑아진 하늘하늘한 풍광을 묘사했다. 이 맑고 약동하는 시구를 통해 생활이 열정으로 충만하고 곳곳마다 생기가 넘치는 마음이 선하게 드러나지 않는가?

    소식 시가의 전체적인 예술적 특색은 자연 분방하며 자유자재함이다. "나의 문장은 만 섬 샘물의 근원과 같아 땅을 가리지 않고 솟아 나온다"(吾文如萬斛泉源, 不擇地而出.「문설」文說)라는 말은, 바로 이러한 특색에 대한 자평이자 자부심이다. 이는 "도도하게 콸콸 흘러감"(滔滔汨汨)과 가고 멈춤이 마땅히 통일되어야 함, 곧 자유와 규율의 결합임을 개괄한 것이다. 이러한 특색은 그의 시, 사, 산문에 모두 공통된다. 독자는 그의 시 가운데에서 일종의 호쾌한 미학적 기쁨을 만끽할 수 있을 뿐만 아니라, 막힘 없이 자유자재한 붓에 의해 읽는 쾌감을 느낀다. 그의 장편고시는 "쾌활하게 붓을 드니 일사천리이다."(放筆快意, 一瀉千里.『구북시화』甌北詩話 권5) 그의 근체시는 더욱 유창하여 일부 율시에 보이는 것 같은 판에 박은 듯 껄끄럽고 무미건조한 폐단이 적다. 시인은 분방한 재능과 정감, 풍부한 상상력으로 각종 예술 수법을 구사하여 자유로운 표현의 최고 경지를 창출함에 성공했다.

    이러한 소식의 풍격은 송대 시가의 시대적 특성을 띠고 있다. 남송

---

35) 鉦(정): 고대에 군대가 행군할 때 연주한 악기의 일종.

36)「신성 가는 도중에 2수, 제1수」(新城道中二首, 其一),『소식시집』, 436쪽. 희녕 6년 (1073년, 38세) 봄, 항주통판 시절에 지음.

의 엄우嚴羽는 『창랑시화』滄浪詩話 「시변」詩辨에서 일찍이 송시(주로 황정견과 강서시파)가, "문자로 시를 짓고, 의론으로 시를 지으며, 재주와 학문으로 시를 짓는다"(以文字爲詩, 以議論爲詩, 以才學爲詩)라고 비난했지만 실제로는 이것이야말로 송대 시가가 당대 시가와 구분되는 특징의 하나이며, 또한 결코 황정견에게서 시작된 것이 아니라, 소식의 시에도 이미 나타나 있고, 자유로운 표현의 추구와 밀접하게 관련되어 있다.

이 세 가지는 어디까지나 단순한 특징이고, 예술에서는 장점도 되지만 단점도 된다. 문제는 이것이 시가詩歌 형상화의 규율에 합치하느냐 위배되느냐에 있고, 이것을 기준으로 소식 시의 예술을 전면적으로 평가할 필요가 있다.

소식 시의 특징은 시가의 산문화散文化 즉 "문으로 시를 짓는"(以文爲詩) 경향인데, 당대唐代 대시인인 두보, 백거이, 한유의 작품에서도 이미 싹이 보였다. 그것은 주로 산문의 여러 가지 수법, 장법章法, 구법句法, 자법字法의 무엇인가를 시 가운데 넣으려는 것이다. 산문에서는 직서直敍와 대구對句의 배열 등의 수법이 쓰인다. 소식도 「금산사에서 노닐며」, 「백 보의 여울물 2수」(百步洪二道) 등에서 혹은 직접 유람을 서술하기도 하고, 경치를 묘사하기도 하며 이것을 채용했다. 이들 시에는 「금산사에서 노닐며」의 "스님은 한사코 낙조를 보라고 만류한다"(山僧苦留看落日), "때마침 강물 위로 떠오르는 초생달"(是時江月初生魄) 등 설명적인 어구도 보이나, 그 전체적인 기술을 보면 구체적이고 감성적인 묘사가 중심이 되어 그로 인해 여전히 시정詩情으로 충만하다고 하겠다. 산문의 구성법은 자유분방한 소식 시의 풍격 형성에 도움을 주었다. 특히 그의 고시에서는, "장편 고시는 모름지기 뜻을 다하여 세 번 꺾어야(억양이 있어야) 좋은 문장을 이룬다"(長篇須曲折三致意, 乃可成

章)³⁷⁾라고 말한 것과 같이, 구성상에 다양한 변화와 분명한 맥락이 중시되어 자못 예술적 독창성이 보인다.

그러나 산문화된 구법句法과 자법字法은 도리어 왕왕 시가詩歌 언어의 세련도와 형상성을 취약하게 했다. 예를 들어 "그대에게 묻노니, '구하는 것이 아닌가?'/ 나에게 대답하길, '그렇지 않고 그럭저럭 지내는 것일 뿐이지'"(問君無乃求之歟, 答我不然聊爾耳.「안복을 전송하며, 겸하여 왕공에게 부치다」送顔復兼寄王鞏), "소개인도 없이 스스로 나아가니 누가 알리오/ 재주가 있으면서 쓰이지 않았으니 이제 늙었구나"(無媒謀自進誰識之, 有才不用今老矣.「임급이 황주통판으로 떠나는 것을 전송하고 아울러 그의 형 임자에게 부치다」送任伋通判黃州兼寄其兄孜)에서처럼, 허자虛字를 많이 사용하여 대구를 삼는 것은 교훈으로 삼기에는 적합하지 않다.

소식 시의 다른 특징은 의론화議論化인데, 이것도 산문화의 한 형태이다. 소식 시에는 전반적으로 의론의 요소가 많다. 형상을 결합하고 감정을 이입한 의론은 시에서도 허용된다. 예를 들면 「봉상팔관」鳳翔八觀, 「손신로가 '묵묘정시'를 구하다」(孫莘老求墨妙亭詩), 「자유의 '서예를 논하여'에 화답하여」(和子由論書) 등은 의론의 부분이 자유로운 서술과 유창한 격조를 도와준 예이다. 그러나 추상적인 의론이 과다해지면 시의 형상성과 운율미에 손실을 주며, 시가의 언어가 산만해지지 않을 수 없다.

그러나 소식의 철리시哲理詩는 도리어 철리哲理와 형상의 결합이요, 이리理와 정情이 통일되어, 예술의 분야에 독자적인 일파를 힘차게 세웠다고 해도 좋다. 예를 들어 「거문고」(琴詩)를 보자.

---

37) 호인胡寅, 「제주변사」題酒邊詞.

만약 거문고 위에 거문고 소리가 있다면

갑 속에 넣으면 어이하여 소리가 울리지 않나?

만약 소리가 손가락 끝에 있다면

그대의 손가락 끝에선 어이하여 들을 수 없나?

若言琴上有琴聲, 放在匣中何不鳴.

若言聲在指頭上, 何不於君指上聽?[38]

　　이러한 시들은 비록 형상이 풍부하다고는 할 수 없지만 예민한 사고로 독자의 지혜를 계발시킨다. 앞에 인용한「서림사의 벽에 쓰다」(題西林壁)도 이와 같다.

　　"재주와 학문으로 시를 지음"(以才學爲詩)은 주로 전고典故의 사용을 말한다. 전고는 중국 고대 시가에서 자주 사용하는 표현 수단이며, 거기에 포함된 많은 내용들을 이용해 시가의 형상이나 경지를 충실하고 깊이 있게 표현함으로써 독자에게 연상과 사색의 여지를 주어, 보다 큰 예술 목적에 도달하게 한다. 소식의 시에는 전고를 써서 성공한 예가 많고 이것이 주요한 측면을 이루고 있으나 전고의 사용이 중첩되거나 고의로 재기才氣를 드러내는 곳도 있다. 예를 들면, 칠언율시「진술고의 아우 장이 아들을 낳다」(賀陳述古弟章生子)에서는 가규賈逵와 서경徐卿이 아들을 낳을 때의 이야기, 또 아이 출생 3일에 여는 축하연과 '농

---

38)「거문고」(琴詩), 왕수이자오 선주, 『소식선집』, 147쪽. 원풍 5년(1082년, 47세), 6월에 지음.

장'弄璋을 '농장'弄鸞으로 잘못 쓴 고사故事[39], 그 위에 왕혼王渾과 환온桓溫에 얽힌 출생 관련 고사를 전하는 등 매우 복잡하다. 그 결과 의미는 난해해지고 격조도 떨어져 자유분방한 소식의 풍격과는 정반대의 시가 되고 말았다. 이것은 대시인 소식이 후인에게 남긴 예술적 교훈이라고밖에 말할 수 없다.

2. 사詞

중국 사詞의 역사에서 소식은 호방사파豪放詞派의 창시자로 불린다. 왕작王灼은 그의 책 『벽계만지』碧鷄漫志 권2에서, "동파선생은 음률에 심취한 이는 아니다. 이따금 노래를 지으면 향상向上의 일로를 지적해 천하의 이목을 새롭게 하고, 붓을 마음대로 놀리는 자가 비로소 스스로 분발함을 알게 한다"(東坡先生非心醉於音律者, 偶爾作歌, 指出向上一路, 新天下耳目, 弄筆者始知自振)라고 했다. 소식은 사의 분야에서 많은 혁신을 행하여 천하의 이목을 새롭게 한 호방사파를 세워, 전통적인 완약사파婉約詞派를 교체하고 지배적 지위를 점유했다.

(1) 내용과 제재의 확대

사는 처음에 민간에서 생겨나 내용이 원래 광범위했다. 사와 시의

---

39) 당대 이임보가 '弄璋'(농장)을 '弄鸞'(농장)으로 잘못 쓴 오류. '弄璋'은 '아들을 낳다'라는 뜻. 옛날 사내아이를 낳으면 노리개로 장璋(옥으로 만든 반쪽 홀)을 주어 그 아이가 성장한 후 왕후王侯가 되기를 기원했다.─옮긴이 주

차이점은 주로 음악과 어울리는가, 노래로 부를 수 있는가에 있다. 그러나 후에 문인사가 성행하고 애정과 색정의 묘사를 사의 주 대상으로 삼았기에, 사는 '보잘것없는 기예'(小道), '염과'艶科(염려艶麗한 분야)로 불려져, 사람들의 마음에 시보다 지위가 낮다고 여겨지게 되었다. 사가 지속적으로 발전하려면, 내용을 확대하고 제재를 개척하며, 시와 사의 경계를 타파해야 한다.

소식이 창시한 호방사파는 바로 이러한 요구에 순응했다. 그의 사는 기유記遊·회고懷古·증답贈答·송별·설리說理 등 여러 가지로서, "들어갈 수 없는 뜻이 없고, 말할 수 없는 일이 없으며"(無意不可入, 無事不可言. 유희재劉熙載,『예개』藝槪 권4,「사곡개」詞曲槪) 참으로 "한결같이 비단처럼 향기나고 윤이 나는 태도를 씻어 버리고, 감정이 얽히고 말이 은근한 법도를 벗어 버렸다"(一洗綺羅香澤之態, 擺脫綢繆婉轉之度. 호인胡寅,「제주변사」題酒邊詞)라고 말해질 정도로, 전혀 새로운 면모를 보여 주었다.

(2) 새로운 경지와 풍격의 창신

전통적으로 문인사는 전적으로 남녀간의 애정, 애수와 이별의 슬픔을 묘사했기에, 청려淸麗하며 완곡하고 함축적(婉約)인 점이 특색이다. 또 비흥比興 수법에 뛰어났다. 그러나 사에 함축이 있고 깊이와 굴곡이 감추어져 있다고 하지만, 그 경계가 협소하며 풍격은 지나치게 섬세했다. 그에 비하여 소식은 별도로 하나의 길을 열어 고원高遠하고 청웅淸雄한 경지와 호매豪邁하고 분방한 풍격을 창조했다. 그는 또 대부분 가슴속의 생각을 직접 서술하는 데서 뛰어났다. 명대 서사증徐師曾의 『문체명변서설』文體明辯序說「시여」詩餘에서는, 사는 "곧 하나는 완약婉約(완곡하고 함축적임)이요, 또 하나는 호방豪放이다. 완약한 것은 글의 정감

(辭情)이 함축성이 있고, 호방한 것은 기상이 넓고 크다"[40]라고 했다. 대체로 두 파의 의경意境(경지)과 풍격은 그에 따라서 설명된다고 하겠다.

이 방면의 혁신적인 성과를 대표할 만한 소식의 사 작품은 곧 앞서 말한 바 있는 「염노교·적벽회고」와 「수조가두·병진중추」水調歌頭·丙辰中秋이다. 전자에 관해서는 남송의 유문표兪文豹가 다음의 고사를 기재했다.

> 동파가 옥당玉堂(한림원翰林院)에 있을 때, 노래를 잘 부르는 어떤 막사幕士에게, "나의 사詞는 유영柳永의 사에 비교하면 어떠한가?"라고 물으니, 대답하기를, "유영의 사는 열일고여덟 살 먹은 아가씨가 홍아판紅牙板을 잡고서 「양류안·효풍잔월」楊柳岸·曉風殘月을 노래하는 것에나 적합하고, 학사學士(소식)의 사는 관서關西의 대장부가 구리 비파와 철작판鐵綽板으로 '대강동거'大江東去를 노래해야 합니다"라고 했다. 동파가 이 말을 듣고 포복절도했다.

> 東坡在玉堂日, 有幕士善歌, 因問: '我詞何如柳七', 對曰; '柳郎中詞, 只合十七八女郎, 執紅牙板, 歌「楊柳岸·曉風殘月」. 學士詞, 須關西大漢, 銅琵琶, 鐵綽板, 唱'大江東去'. 東坡爲之絶倒.[41]

---

40) 서사증의 이 학설은 명대明代의 장탄張綖에게서 취했다. 장탄이 편한 『시여도보』詩餘圖譜 「범례」凡例에 의거하면, 장탄이 아마 최초로 완약婉約과 호방豪放의 호칭을 제기한 사람일 것이다. 왕사정王士禎의 『화초몽습』花草蒙拾과 왕우화王又華의 『고금사론』古今詞論, 심웅沈雄의 『고금사화』古今詞話 「사품」詞品 권상, 강훈이江順詒의 『사학집성』詞學集成 권5, 진정작陳廷焯의 『백우재사화』白雨齋詞話 권1 등에도 장탄의 학설이라고 인용하여 칭하고 있다.
41) 유문표, 『취검속록』吹劍續錄

이 고사는 소식과 유영의 풍격의 상이함, 그리고 두 파의 사풍의 차이점을 생동적으로 설명한다. 소식은 일찍이 그의 사가 "또한 스스로 일가를 이루었다"라고 자부했던 적이 있으니(「선우자준에게 주는 편지」 與鮮于子駿書), 그의 사詞가 의경과 풍격을 향상시켜서 스스로 하나의 일가를 이룬 것은 사실이다.

(3) 형식과 음률의 초월

사는 원래 음악과 어울려 노래를 하는 것이다. 사의 격률格律은 때로는 율시보다도 엄하다. 완약사파의 사론詞論에서는 사가 음악과 어울려야 하고 노래할 수 있어야 함을 강조한다. 예를 들면 이청조李淸照의 『사론』詞論에서는 곧 사가 음률에 어울려야 함을 요구했다. 평측을 구분하고 또한 오음五音, 오성五聲, 육률六律, 청탁경중淸濁輕重을 나누어야 한다. 그리하여 그는 소식의 사가 "모두 구두의 길이가 나란하지 않은 장단구長短句로 된 시일 뿐이며, 또 왕왕 음률에 맞지 않는다"라고 비평했다. 적지 않은 사람들이 소식의 사가 격률을 돌파한 것에 대해 불만을 표시했다.[42]

---

42) '소문육군자'蘇門六君子의 한 사람인 진사도陳師道조차도 "퇴지退之(한유)는 문장을 짓는 태도로 시詩를 짓고(以文爲詩), 자첨子瞻(소식)은 시를 짓는 태도로 사를 지으니(以詩爲詞), 교방敎坊의 뇌대사雷大使의 춤같이 비록 천하의 훌륭함을 다했다 해도 요컨대 본래의 모습(本色)은 아니다"라고 말했다.(『후산시화』後山詩話)
『철위산총담』鐵圍山叢談 권6에 의거하면, 북송 말년에 교방사敎坊司에서 춤추는 사람으로 뇌중경雷中慶이 있는데, "세상에서는 모두 뇌대사라고 부른다"라며 그 춤의 수준 높은 솜씨를 칭찬했다. 『후산시화』에서는 그가 본색本色이 아님을 말하고 또한 맞지 않는다고 말했다. 그러나 선인들은 대부분 『후산시화』가 타인이 진사도의 이름을 빌려 지은 것이라고 말한다.

우리는 사의 발전이라는 측면에서 소식이 격률을 깬 것의 의의를 고찰해야 한다. 사의 발전에는 서로 연계되는 두 가지 경향이 있다. 하나는 제재와 내용에서 시와 사의 엄격한 구별을 타파하여, 시와 사를 합류하고자 하는 경향이다. 두 개가 합류하지 않으면 사의 발전은 없다는 쪽으로 이미 제기되었다. 또 하나는 사를 음악에서 분리하여 독립된 서정 수단으로 삼으려는 경향이다. 사에서 음악이 분리되지 않으면 서정 예술의 다양화가 저해될 것이라고 고찰하는 쪽이다. 이 두 추세는 통일적이다. 음률을 굳게 지키면 내용을 충실히 할 수 없고, 내용의 혁신은 필연적으로 형식의 혁신을 불러온다. 소식의 사는 곧 이러한 발전의 추세에 적응한 것이다.

그러나 소식이 사율詞律을 임의로 파괴한 것은 아니다. 육유는 소식에 관해서, "노래를 할 수 없었던 것이 아니라, 호방하여 성률聲律에 맞추기를 좋아하지 않았다"(『노학암필기』老學庵筆記 권5)라고 하고, 또 소식의 사에 관하여 "노래하여 곡이 마치면 하늘과 바다의 비바람이 사람에게 달려오는 것을 느낀다"(歌之, 曲終, 覺天風海雨逼人.「동파 칠석사의 발문」跋東坡七夕詞後)라고 했다. 전자가 강조한 바와 같이 소식이 결코 음률을 이해 못하는 것이 아닐 뿐 아니라, 단지 "호걸처럼 씩씩하여 스스로 곡자曲子 가운데 속박될 수 없는 것"(橫放傑出, 自是曲子中縛不住者)[43]이다. 바꾸어 말하면, 사상 내용과 예술 표현이 음률로 옮겨 감으로써 손해를 입기를 원하지 않는 것이다. 후자는 소식의 사가 높은 음악적 효과를 구비하고 있음을 구체적인 실험으로 증명하고 있다. 소식의 사는

---

43) 조보지의 말. 『능개재만록』能改齋漫錄 권16, 「황노직의 사는 '착강시'라고 부를 만하다」黃魯直詞謂之著腔詩 조條.

길이가 들쭉날쭉한 형식을 이용하는 데 능하여 운율에 리듬을 주며, 용자用字, 조구造句에도 음향의 아름다움을 추구한다. 소식의 「수조가두」도 당시의 가수 원도袁綯에 의해 노래되었는데,[44] 오늘날 읽어도 여전히 그 음률의 미를 느낄 수 있다. 당연히 소식에 의한 '사의 시화詩化' 내지는 '사의 산문화'가 유폐流弊를 수반함도 부정할 수는 없다. 의론이 지나치게 많고 구句가 너무 산만하고 거칠고 천박하다는 결점이 거기에 있다. 이는 그가 사의 혁신을 위해 치러야 할 대가이다.

이상 세 가지는 모두 호방사파의 특징을 설명한 것이다. 그러나 소식은 완약사파를 결코 완전히 배척하지는 않았다. 그가 쓴 전통적인 애정 제재의 사 작품은 여전히 완약婉約으로서 뛰어났다. 그는 완약사파 사인詞人의 진지하고 섬세한 서정성을 취했으며, 또한 깊고 순박한 자신의 면목을 발휘했다. 예를 들어 「강성자·을묘년 정월 이십일 밤 꿈을 적다」(江城子·乙卯正月二十日夜記夢)를 보자.

> 십 년 동안 이승과 저승에 아득히 갈라져
> 생각하지 않으려 해도 잊을 수 없네.
> 머나먼 천 리 밖 외로운 무덤이여
> 가슴속 이 슬픔 호소할 곳 없네.

---

44) 채조, 『철위산총담』 권4: "가수 원도袁綯는 천보天寶 연간의 이귀년李龜年과 같은 명가수이다. 선화宣和 연간에 궁궐의 예인藝人으로 있었다. 일찍이 나(채조)에게 말하길, '동파공은 전에 손님과 더불어 금산을 유람했는데 마침 중추절의 저녁이었다. 하늘의 푸른 빛이 사방에 드리웠는데 끝이 없었다. 더욱이 강물이 깊고 넓어 갑자기 달빛이 그림과 같았다. 드디어 함께 금산의 정상 묘고대妙高臺에 올라, 원도에게 「수조가두」를 노래'하라고 명했다. '明月幾時有, 把酒問青天'의 노래가 파하자 동파는 일어나 춤을 추고는 돌아보며 말했다. '이것이 바로 신선이로구나.'"

설사 만난대도 날 알아보기 어려우리
먼지 가득한 얼굴에 서리 내린 귀밑머리.

한밤중 꿈결에 홀연 고향으로 돌아가니
작은방 창가에서 막 화장하고 있었지.
우리 서로 보기만 하고 말도 없이
하염없이 눈물만 주루룩 얼굴을 적시네.
생각건대 그대 해마다 비통해하고 있겠지
달 밝은 밤 작은 소나무 그 언덕에서.

十年生死兩茫茫.
不思量, 自難忘.
千里孤墳, 無處話凄涼.
縱使相逢應不識, 塵滿面, 鬢如霜.

夜來幽夢忽還鄉.
小軒窓, 正梳妝.
相顧無言, 惟有淚千行.
料得年年腸斷處, 明月夜, 短松岡.

이는 죽은 아내 왕불王弗을 추모하며 쓴 사이다. 사별하고 10년이
란 세월이 흘렀으나, "생각하지 않으려 해도 잊을 수 없네"(不思量, 自難
忘)라 했다. 영원히 잊을 수 없는 부부간의 애정을 한층 깊이 그려냈다.
상봉했는데도 알아보지 못한다는 가상, 꿈속에서 서로 대하고도 말이

없다는 묘사에 위로할 수 없는 슬픔이 표현되어 있다. 결구에는 꿈에서 깬 후의 감정을 묘사했다. 이후 해마다 죽은 아내의 외로운 묘지는 애간장을 태우는 비통한 곳이 될 것이 아닌가. 이 사는 심금을 울리는 두터운 애정을 묘사했다. 그 외에 「접련화」蝶戀花(花褪殘紅靑杏小), 「수룡음·장질부의 양화사에 차운하여」(水龍吟·次韻章質夫楊花詞), 「하신랑·갓 태어난 제비가 집안을 날며」(賀新郞·乳燕飛華屋) 등은 모두 동류의 명작이다. 요컨대 소식 사의 풍격은 다양화, 그것이었다.

3. 산문

소식은 구양수의 뒤를 이은 송대 고문운동의 지도자였다. 그의 걸출한 산문 작품은 서위西魏에서 발단하고 당송唐宋을 거친 고문운동의 빛나는 성과였다고 말할 수 있다. 그의 중대한 공헌 중 하나는 구양수와 함께 안정되고 성숙된 산문의 풍격, 곧 평이하고 자연스러우며 유창하고 은근한(流暢婉轉) 산문의 풍격을 수립한 것이다. 이는 당대唐代 산문에 비해서 더욱 설리적說理的이고 서사적이며 서정적인 표현에 적합하여, 후세 산문 작가가 학습하는 주요 모범이 되었다. 청대淸代의 장상남蔣湘南은 "송대 여러 작가는 가파르고 엄함(峭厲)을 평이하고 유창함(平暢)으로 변화시켰고, 서정적 정취를 길게 펴서 얼기설기 얽히게 했다. 그러므로 허자虛字가 많다. 자첨子瞻(소식의 자)의 재기는 예리하고 날래다(廉悍). 그러므로 구조가 광활하다. 후세의 법령문의 법은 태반이 양가兩家(구양수와 소식)에서 나왔다. 곧 고문을 짓는 자는 또한 양가를 처음 실타래(初桄)로 삼았다."[45]

이러한 산문 풍격의 형성은 당대唐代 한유의 고문운동을 계승하고 발전시킨 것이며, 또한 북송 고문운동을 통한 투쟁의 산물이다. 우선 한유 당시의 문단에서, 그리고 한유의 고문 이론과 창작 면에서는 모두 고문 창작의 기준이 되는 문제에 마주쳤다. 그 기준은 어려움(難)인가 쉬움(易)인가, 어려움(難)인가 기이함(奇)인가 하는 점이었다. 한유는 양자를 통일하려고 했으나, 어려움(難)과 기이함(奇)을 숭상하는 경향이 강했다는 것을 부정할 수 없다. 송대의 고문 작가는 문장에서 사상을 더욱 잘 표현하기 위해서, 당대의 고문 전통을 진지하게 분석하고 취사선택을 했다. 구양수는 '한유를 존중함'을 부르짖었음에도, 한유가 칭찬한 번소술樊紹述[46]의 기괴한 문풍을 비평했다.(시 「강수거원지」絳守居園池) 소식도 '자연'自然과 '창달'暢達을 주장하여, 「사민사에게 답하는 편지」에서 "어렵고 깊은 문장을 써서, 얕고 쉬운 내용을 꾸미는 것을 좋아하는"(好爲艱深之辭, 以文淺易之說) 양웅의 태도를 비평했다. 양웅은 바로 한유가 거듭 칭찬한 적이 있는 작자였다.[47] 구양수와 소식 두 사람의 견해는 송대 고문가의 공통적인 인식을 대표한다.

그다음으로, 송대 고문운동에는 대립되는 두 가지 좋지 않은 문장 기풍이 있다. 그 하나는 당송오대唐宋五代의 연약하고 내용 없이 문구만 번지르르한(柔糜浮艷) 문장 기풍이며, 또 하나는 송초宋初 고문 작자

---

45) 장상남, 「전숙자와 고문 제2서에 대해 논하다」(與田叔子論古文第二書), 『칠경루문초』 七經樓文鈔 권4.
46) 번소술은 당대唐代의 산문가로 한유의 친구이다.─옮긴이 주
47) 한유의 「진학해」進學解, 「답유정부서」答劉正夫書, 「답최립지서」答崔立之書, 「여풍숙논문서」與馮宿論文書, 「송맹동야서」送孟東野序 등에 보인다.

가 부염浮艶한 문풍을 반대하여 나타난 새로운 폐단인데, 즉 간략하고 고졸古拙함을 추구함으로써 난삽하고 편벽한 데로 흘러 들어가는 것이다. 구양수는 과거 심사위원장(지공거)으로 재직할 때, 신기新奇함을 숭상하는 당시의 문장을 폄하했다. 소식도 구양수에게 보내는 편지에서 "남은 기풍이 없어지기도 전에 새로운 폐단이 다시 일어나고 있다"라고 지적했다. 그가 말한 '남은 기풍'이란 곧 "부교浮巧하고 경미輕媚하며, 총착叢錯하고 채수釆綉한 문장이다." 그가 말한 새로운 폐단이란 "심오함을 추구하는 자는 간혹 우활한 데 이르고, 기이함을 추구하는 자는 너무 괴벽하여 읽을 수 없는 정도에 이르는 것"을 가리킨다.(「구양 내한〔구양수〕에게 올리는 편지」上歐陽內翰書) 송대 고문운동은 이와 같은 두 가지 측면의 투쟁 가운데서, 비로소 평이하고 유창한 산문 풍격을 확립하는 것을 기본 목적으로 삼았다. 이는 당연히 소식 산문의 기본 풍격이 되었다.

소식은 여러 체재의 산문을 썼으나 주요한 것은 (1) 정론政論과 사론史論, (2) 기記와 서序, (3) 수필(서간, 제발題跋, 잡기 등을 포함)의 세 종류이다.

(1) 정론과 사론

소식의 「책략」策略, 「책별」策別, 「책단」策斷 등의 정론政論과 「유후론」留侯論, 「한비론」韓非論, 「가의론」賈誼論, 「조착론」晁錯論, 「평왕론」平王論 등 사론史論은 모두 문맥이 잘 통하고 용어 사용이 적절하며(文從字順) 조리가 분명하다는 특색이 있다. 언어 면에서는 한유의 문장이 언어의 단련 공부에 집중하고 강렬한 색채의 참신한 어구를 선택한 것과는 달리, 소식의 문장은 명석하고 정확함을 추구한다. 또한 구성 면에서는 한유의 문장이 종횡으로 열고 닫으며 갑자기 일어났다가 갑자기 떨어지는 데에 중점을 둔 것과는 달리, 소식의 문장은 곡절이 완만하고 거침없이 써 내려감을 중시하고 있다. 이 두 가지가 바로 소식의 평이한 풍격을 구성하는 중요한 요소이다.

예를 들면 「평왕론」의 주된 뜻은 주周 평왕平王이 적을 피해 도읍을 낙양洛陽으로 옮기고는 적극적으로 방어하지 않은 것을 비난한 데 있는데, 이는 남송 시대에 일정한 정치적 작용을 일으켰다. 전문이 700자에도 미치지 못하지만, 한 번에 13개의 천도遷都에 관한 역사적 사실을 인용하여, 평왕의 '동쪽 천도의 오류'를 논증했다. 그것들은 결코 이민족의 침입이 두려워서 천도한 것이 아닌 예, 이민족의 침입이 있었음에도 천도를 하지 않고 결과적으로는 융성하게 된 나라의 예, 또 주 평왕의 예처럼 천도한 이후에 멸망한 예 등 여러 가지이다. 한 조목 한 조목 명확하게 분석하여 단숨에 문장을 이루어서, 여전히 왕성한 문기文氣를 유지하고 있다. 한유의 문풍文風 또한 웅장한 것이지만, 그 구성 요소가 소식과는 같지 않다.

소식의 정론과 사론의 또 다른 특색은 문장의 전개와 배치에 있고, 그 주도면밀한 분석, 도도한 변론, 일사천리의 필세에는 그 자신이 말한 바 "샘물의 근원이 용솟음쳐 나오며"(泉源湧出), "흘러가는 구름, 흐르는 물"(行雲流水)과 같은 풍격이 구비되어 있다. 이는 또한 송대 논설문의 공통된 경향이다. 한유와 유종원柳宗元의 정치론은 대체로 1천 자 이내가 일반적이며, 비유와 인용도 비교적 적다. 한유의 「백이송」伯夷頌이나 유종원의 「오동잎으로 아우를 제후에 봉했다는 것을 따지는 글」(桐葉封弟辨) 등의 사론史論은 단순명쾌한 판단을 내린 간결함, 그것이 문체이다. 소식의 논설문에는 장편의 역작이 많다. 「상황제서」上皇

帝書는 만언서라고 칭해진다. 「책략」·「책별」·「책단」은 한 조組가 25편에 달하는 것도 있는, 체계가 완성된 책론策論이다. 이들 문장은 폭넓게 역사적 일을 증명하고 의론을 전개하여, 추상적인 논증을 행한 적이 없고 형상화된 논리를 설명하려고 힘을 기울였다.

「책별」 가운데 '교전수教戰守' 편은 백성에게 군사훈련을 시행해서 싸울 수도 있고 지킬 수도 있게 하여, 요나라 및 서하의 위협과 침략에 대처할 것을 주장했다. 여기에는 "편안함을 알면서 위험은 알지 못하고, 안일할 줄은 알고 수고로울 줄은 모른다"(知安而不知危, 能逸而不能勞)라는 위험성을 논증하기 위해, 당대唐代의 안사安史의 난 등의 역사적 교훈을 인용하는 외에, 또 인생의 양생養生에 비유하여, 다음과 같이 의론을 폈다.

> 천하의 세勢는 하나의 몸에 비유할 수 있다. 왕공王公과 귀인이 그 몸을 기르는 데 어찌 지극하지 않겠는가? 그러나 평상시에도 항상 많은 병으로 고통을 당한다. 그런데 농부나 서민들의 경우 1년 내내 부지런히 일하여 수고스럽지만, 아프다고 말하지 않는다. 이는 무슨 까닭인가? 비바람과 서리와 이슬, 추위와 더위의 변함, 이것이 질병이 생기는 까닭이다. 농부나 서민들은 무더운 여름에 힘써서 일을 하고 엄한 추위에 몸을 드러내어, 그 힘줄과 뼈가 서리와 이슬에 닿고 살갗이 젖어, 서리와 이슬을 가벼이 여기고 풍우에 익숙하다. 그러므로 추위와 더위가 그들에게 해독을 입힐 수 없다. 지금 왕공과 귀인은 높은 집에 거처하며, 외출할 때에는 수레를 타고, 바람이 불면 가죽옷을 껴입고, 비가 오면 우산을 써서 가린다. 우환을 염려하여 갖춤이 주도면밀하지 않음이 없다. 두려

위험이 너무 심하고 보양함이 너무 지나쳐서, 조금이라도 뜻과 같지 않다면(방비하지 않는다면) 추위와 더위가 거기에 끼어들게 된다.

그러므로 자기 몸을 잘 기르는 사람은 능히 편안하게 할 수 있고 수고롭게 할 수도 있어, 항상 걷고 운동하여 사지四肢로 하여금 추위와 더위의 변화에 익숙하게 한다. 그런 뒤에 강건하고 힘이 억세어져 험한 것을 경험해도 몸이 상하지 않는다.

天下之勢, 譬如一身. 王公貴人所以養其身者, 豈不至哉. 而其平居常苦於多疾. 至於農夫小民, 終歲勤苦而未嘗告病. 此其故何也. 夫風雨霜露寒暑之變, 此疾之所由生也. 農夫小民, 盛夏力作, 而窮冬暴露, 其筋骸之所衝犯, 肌膚之所浸漬, 輕霜露而狎風雨, 是故寒暑不能爲之毒. 今王公貴人處於重屋之下, 出則乘輿, 風則襲裘, 雨則御蓋, 凡所以慮患之具莫不備至; 畏之太甚而養之大過, 小不如意, 則寒暑入之矣. 是故善養身者, 使之能逸而能勞, 步趨動作, 使其四體狃於寒暑之變; 然後可以剛健彊力, 涉險而不傷.

이것은 '왕공·귀인'과 '농부·서민'을 대비한 것이다. 전자는 안일하고 따뜻하고 배부른 가운데서 생활한 까닭에 자주 질병에 걸린다. 후자는 눈보라를 무릅쓰기에 면역력을 얻는다. 대조의 묘와 적절한 비유로 결코 이것을 두려워함이 너무 심하거나, 몸을 보양함이 너무 지나치지 말아야 하는 이치를 치밀하고도 이해하기 쉽게 서술했다. 전편에 걸쳐 선명한 색채로 충만한 필의筆意는 독자를 이치로 복종할 수밖에 없게 하고, 정감으로 감동하게 한다.

소식은 또한 역사적 사실을 논평함에 있어 정설定說을 번복하는 문장(飜案文章: 반대의 학설을 진술하는 문장)에 뛰어났다. 전통적인 견해를 벗어나 새로운 견해를 제기한 것도 있다. 「유후론」에 의하면, 장량張良이 유방劉邦을 보좌하여 천하를 평정할 수 있었던 것은 그가 "작은 분을 참고 큰일을 도모해 나간다"(忍小忿而就大謀)는 책략을 구비하고 있었기 때문이다. 이러한 사상은 바로 '다리 위의 노인'(圯上老人)이 장량에게 가르친 것이었다. 어느 날 장량은 다리 위에서 황석공黃石公과 우연히 마주쳤다. 황석공은 장량에게 자신이 떨어뜨린 신발을 줍게 하고 이어서 그에게 신기게 하는 동작을 반복함으로써 그의 인내심과 의지력을 시험했다. 장량은 화나는 것을 참고 시킨 대로 했다. 황석공은 "가르칠 만한 젊은이구나"(儒子可教也)라고 하여, 곧 장량에게 『태공병법』太公兵法을 주었다고 한다. 통설에는 장량이 이 병서를 가지고 유방의 천하 평정을 도왔다고 전한다.

소식은 이 전설에서 신비적이고 미신적인 부분을 없애고, 현실의 문제에서 검토를 더했다. "다리 위의 노인은 생각건대 자방子房(장량)의 재주가 충분히 있어도 도량이 부족함을 걱정한다. 그래서 깊이 그 젊은이의 강하고 날카로운 기를 꺾어, 그로 하여금 작은 분노를 참고 큰일을 도모하도록 하였다."(夫老人者, 以爲子房才有餘, 而憂其度量之不足, 故深折其少年剛銳之氣, 使之忍小忿而就大謀.) 그리하여 비로소 "이는 진실로 진시황도 (장량을) 놀라게 하지 못하고, 항우도 (장량을) 성나게 하지 못한 까닭이다."(此固秦皇之所不能驚, 而項籍之所不能怒也.) 이처럼 장량은 맹목적 행동과 모험을 피할 수 있었다. 소식의 논증은 일리와 식견을 표시한다고 말할 수 있다. 당연히 유방이 천하를 평정한 것은, 결코 개별적 역사 인물의 사상적 수양 때문에 가능했던 것만은 아니고, 또한 깊은 사회적·정치적 원인을 가지고 있어, 소식의 견해도 약간 일면적임을 면할 수는 없다. 또 일부 정설에 반대하기 위해서 고의로 과격한 말을 농하고 무리하게 논의를 진행한 문장도 보이며, 때로는 역사적 사실의 창작까지도 하고 있다.[48]

(2) 기記와 서序

소식이 정자(亭), 누대(臺), 당堂, 각閣에 대해 쓴 기문(記)과 서문(序)은 정론과 사론에 비하면 더욱 높은 문학적 가치를 구비하고 있다. 그의 정자와 누대에 관한 기문은 먼저 서사敍事하고 그다음에 묘사하고 뒤에 의론議論을 하는 기記의 일반적 순서와 형식을 타파하여, 세 가지 요소를 주제 전개의 필요성에 따라 조합하여 변화가 풍부한 구성을 보인다.

「초연대기」超然臺記, 「방학정기」放鶴亭記, 「능허대기」凌虛臺記를 예로 들어 보자. 이 3편의 기記의 주제는 노장老莊의 은둔 사상을 개진한 것으로서 소극적 요소를 띠고 있으나, 예술적 구성의 면에서 보면 독창성이 있고 일정한 계시啓示 작용을 가지고 있다. 40세 때 밀주에서 쓴 「초연대기」는 모두冒頭에 의론을 놓아, "(저 세상 사람들은) 사물의 안

---

48) 예를 들면, 이 책의 서두에서 구양수가 격찬한 「상벌은 충후한 마음이 지극해야 한다는 것을 논함」(刑賞忠厚之至論)에서도 전고典故를 조작한 부분이 있다. 육유의 『노학암 필기』老學庵筆記 권8에는 이런 말이 있다. "동파선생은 성시省試 「상벌은 충후한 마음이 지극해야 한다는 것을 논함」에서 '요堯임금의 시대에 고요皐陶가 대법관이 되자, 장차 사람을 처형하려 했다. 고요는 〔사형시켜라〕하고 세 번 말했으나, 요임금은 〔용서해 주어라〕라고 세 번 말했다'(皐陶爲士, 將殺人. 皐陶曰, '殺之.' 三, 堯曰, '宥之.' 三)라고 했다. 구양수는 이 전고가 어느 책에서 나온 것인지 몰라, 그 자리에서 소식에게 물으니, 그는 마침내 '어찌 출처가 필요하리오!'라고 대답했다."

에서 노닐지 사물의 밖에 노닐지 않는다"(彼遊於物之內, 而不遊於物之外)라고 하는 설을 기술하여, 일종의 표홀飄忽한 정서를 조성하고 나서 서사로 전환한다. 최후에 누대 이름을 '초연'超然이라고 명명한 유래를 밝히며, 이는 "내가 어느 곳에 가든지 즐기지 않는 것이 없는 것이 사물의 밖에 노닐고 있었기 때문"(以見余之無所往而不樂者, 蓋遊於物之外也)임을 본 것이라고 맺어서 모두의 글과 호응하게 했다.

서주에서 쓴 작품인 「방학정기」는 의론을 중간에 놓고 정자를 지은 유래와 정자의 경치를 서술한 후에, '학'鶴으로부터 의론을 끌어내는 형식을 취한다. 학은 "맑고 고고하며 한가하고 편안함"(淸遠閑放)의 상징이지만, 춘추시대 위衛나라의 의공懿公은 학을 좋아해 나라를 망쳤다. 이어서 갑자기 '술'(酒)이 나온다. 술은 사람을 미혹시키고 어지럽게 하는 것이지만, 위진魏晉의 유령劉伶과 완적阮籍은 술로 자기를 완전히 하여 후세에 이름을 남겼다. 이에 의하여 밝힌 바와 같이 "남면하는 (임금의) 즐거움"을 가지고서도 "은거하는 즐거움"으로 바꿀 수는 없다. 젊은 시절에 봉상鳳翔에서 쓴 「능허대기」는 의론을 최후에 놓고, 상투적인 수법을 밟은 것같이 생각되나, 제1단락의 서사를 의론과 교차시키는 등 상투적 수법 가운데서도 변화를 취했다.

그의 서문(序)인 「범문정공문집서」范文正公文集敍, 「왕정국시집서」王定國詩集敍, 「육일거사집서」六一居士集敍, 「부역선생시집서」鳧繹先生詩集敍 등은 혹은 인물을 서술하고 혹은 예술을 논한 것으로 널리 세상에 전해져 읊어지고 있다.

(3) 수필
소식의 서간·제발·잡기 등의 문장은 대체로 문학적 산문으로, 소

식의 산문 가운데서는 예술성이 높은 작품들이 많다. 이 작품들은 내
용이 극히 풍부하여 언급되지 않은 것이 거의 없다고 해도 과언이 아
니다. 거기에는 혹은 인생의 감개가 서술되고, 혹은 신변의 자질구레
한 일이 얘기되고, 혹은 일화나 세상에 드러나지 않은 일이 기록되고,
혹은 풍토나 인정이 서술되어 있다. 예술 면에서 말하면, 손 가는 대
로, 입에서 나오는 대로, 붓이 가는 대로 쓴 수필隨筆의 특징이 드러난
다. 그는 자신의 문장을 평할 때, "한가하게 자득하며, 맑고 아름다워
입에 맞다"(閑暇自得, 淸美可口.「모방에게 답하는 편지」答毛滂書), "언어가 아주
소박하여, 수식한 바가 없다"(詞語甚樸, 無所藻飾.「용도각학사 매지梅摯에게 올
리는 편지」上梅龍圖書)라 말하고 있는데, 이러한 문장이 소식 수필의 예술
적 면모를 보여 주는 좋은 예이다. 이제 다른 시기에 쓴 다른 체재의
문장 3편을 들어 그 특징을 살펴보자.

> 가우嘉祐 계묘년癸卯年 정월대보름 밤, 왕유의 붓 자취를 보러 왔
> 다. 이때 밤은 이미 깊어 꺼져 가는 등불이 깜박깜박하는데, 그림
> 속 스님(畫僧)의 홀로 쓸쓸히 걷는 모습이 하도 생동적이어서, (나
> 는) 황홀하여 아주 오래도록 있었다.

> 嘉祐癸卯上元夜, 來觀王維摩詰筆. 時夜已闌, 殘燈耿然, 畫僧踽踽欲
> 動, 恍然久之.[49]

황주 정혜원의 동쪽, 작은 산 위에 해당화 한 그루가 있는데, 특히

---

49)「봉상 동원의 왕유의 그림이 그려진 벽에 쓰다」(題鳳翔東院王畫壁)

무성했다. 매년 해당화꽃이 활짝 피면, 반드시 손님을 데리고 술을 차렸는데, 이미 다섯 번이나 그 꽃 아래에서 취했다.

금년에 다시 참료스님과 그 외 두세 사람과 함께 그곳을 방문하고 보니, 정원은 이미 주인이 바뀌었다. 주인은 상인이지만 나 때문에 그곳을 약간 가꾸었다. 산 위에는 늙은 탱자나무가 많았는데, 나무의 특성이 바싹 마르고 강인하며, 나무줄기의 결이 거칠고 울퉁불퉁한 것이 마치 노인의 목덜미 같았다. 그 꽃은 흰색이고 둥글어 큰 구슬이 주렁주렁 달린 것 같았고, 향기와 색깔이 모두 평범하지 않았다. 이 나무는 사람들에게 환영을 받지 못해, 점점 베어져 버렸으나, 나 때문에 이제는 베어지지 않게 되었다.

이미 술을 다 마시고 상씨尙氏의 저택에 가서 쉬었다. 상씨 또한 상인이다. 거처가 깨끗하여 마치 오월吳越(강소, 절강) 사이의 사람 같았다. 대나무 숲과 꽃밭이 다 좋았다. 나는 목판으로 지은 작은 누각 위에 취해 누웠다. 술이 조금 깨자 좌객 최성로崔成老가 뇌씨雷氏의 거문고(악기 이름)를 연주하는 소리를 들었다. 슬픈 바람과 새벽 달빛 분위기에 그 소리 쟁쟁하여, 인간 세상이 아닌 것 같았다.

저녁 무렵 성 동쪽으로 걸어 나왔다. 큰 나무 분盆을 샀는데, 맑은 샘물을 부어 오이나 자두를 씻을 수 있겠거니 생각했다. 드디어 작은 개천가를 따라 하씨何氏 집과 한씨韓氏 집에 들어갔다. 그때 하씨는 대숲 사이에 당堂을 짓고 있었는데, 이미 터를 골라 놓았다. 드디어 대나무 그늘 아래에 술을 차려 놓았다. 유당년劉唐年 주부主簿라는 자가 기름으로 지진 전병煎餅을 선물로 주었는데, 그 이름이 '위심소'爲甚酥로 맛이 지극히 좋았다. 손님이 아직 술을 마시고 싶어했으나, 나는 홀연 흥이 다하여 곧장 돌아왔다.

오는 길에 하씨의 작은 채마밭을 지나다가 귤나무 한 떨기를 달라 하여, 설당雪堂의 서쪽에다 옮겨 심었다. 좌객 서득지徐得之[50]가 장차 민중閩中으로 떠나가려 하여 이후에 만날 기약을 할 수 없는 고로, 나를 청하여 기록하게 해, 훗날 손뼉을 치며 웃자고 하였다. 이때 참료스님은 홀로 술을 마시지 않고 대추탕으로 대신했다.

黃州定惠院東, 小山上, 有海棠一株, 特繁茂. 每歲盛開, 必攜客置酒, 已五醉其下矣.

今年復與參寥師二三子訪焉, 則園已易主, 主雖市井人, 然以予故, 稍加培治. 山上多老枳, 本性瘦靭, 筋脈呈露, 如老人項頸, 花白而圓, 如大珠纍纍, 香色皆不凡. 此木不爲人所喜, 稍稍伐去. 以予故, 亦得不伐.

旣飮, 往憩於尙氏之第. 尙氏亦市井人也, 而居處修潔, 如吳越間人. 竹林花圃皆可喜, 醉臥小板閣上. 稍醒, 聞坐客崔成老彈雷氏琴, 作悲風曉月, 錚錚然, 意非人間也.

晚乃步出城東, 鬻大木盆, 意者謂可以注淸泉瀹瓜李. 遂贲緣小溝,[51] 入河氏韓氏. 時何氏方作堂竹間, 旣闢地矣, 遂置酒竹陰下. 有劉唐年主簿者, 饋油煎餌, 其名'爲甚酥', 味極美. 客尙欲飮, 而予忽興盡, 乃徑歸.

---

50) 서득지는 서대정徐大正으로, 자가 득지得之이다. 당시 황주지주黃州知州 서대수徐大受(군유君猷)의 아우이다.

51) 贲緣小溝(인연소구): 개천가를 따라서 가다.

道過何氏小圃, 乞其藂橘,[52] 移種雪堂之西. 坐客徐君得之, 將適閩中, 以後會未可期, 請予記之, 爲異日拊掌. 時參寥獨不飮, 以棗湯代之.[53]

당손堂孫(질손姪孫) 원로元老 수재秀才야. 오래도록 네 소식을 듣지 못했구나. 모르겠구나, 요즘 신체 건강한지. 생각건대 촉蜀에 있는 친척들의 안부는 끊임없이 듣고 있겠지. 이 할애비(소식 자신)는 전처럼 여전히 바다 밖에서 지내고 있다. 다만 요즘에는 병이 많고 초췌해져 이제 다시는 지난날 같지 않구나. 남은 여생에 우리 다시 만날 수 있을지 모르겠구나.

순주循州와 혜주惠州[54]의 편지를 받아 보지 못한 지 오래되었다. 그들도 나그네(謫居) 생활에 썰렁하고 의탁할 데 없음을 말을 안 해도 알 만하다. 또 해남도에는 해마다 흉년이 들어 음식과 일용품을 구하기 어렵고, 게다가 천주泉州와 광주廣州[55]에서 오는 선박들이 끊어져 오지를 않아, 약과 물품, 간장과 식초 등 생활용품이 모두 없구나. 액운과 궁핍함이 이 지경에 이르니 운명에 맡길 따름이다.

나는 아들 과過와 서로 마주하여 앉아 있으니, 마치 두 고행승苦行

---

52) 藂橘(총귤): 떨기 귤나무. 藂(총): 총叢. 떨기.
53) 「정혜원 유람기」(記游定惠院)
54) 순주循州의 치소는 귀선歸善(지금의 광둥 성 후이양 현惠陽縣 동쪽)에 있다. 당시 소철은 순주에 유배되어 있었다. 혜주의 치소가 지금의 광둥 성 후이양에 있다. 당시 소식과 막내아들 소과는 해남도 담주儋州에 있었고, 가족은 혜주에 남아 있었다. 즉 아우 소철과 가족의 편지를 말한다.
55) 천주泉州(치소는 지금의 푸젠 성 취안저우泉州)와 광주廣州는 당시 해상무역의 중심지였다.

僧과 같을 뿐이구나. 그러나 가슴속은 또한 초연超然 자득自得하여 법도法度를 고치지 않으니, 네가 안다면 근심은 면할 것이다.

부탁한 묘표문墓表文[56]은, 다만 (내가) 수년 안에 죽지만 않는다면 쓰게 될 것이니, 식언食言이 아니다. 당손堂孫, 너는 동파의 가까운 친척이라, 사람들이 주의해 볼 것이다. 서울(변경汴京)에 거주함에, 모든 일들을 두루 엄히 예방해야 할 것을, 간절하고 간절하게 빈다. 이제 편지를 써서 허주許州[57]에 있는 가족에게 준다. 또 아마 진호陳浩 수재秀才는 허주를 지나지 않을 것이니, 단지 그를 시켜 네게 보내니, 되도록 빨리 인편을 구해 보내길 바란다. 나머지는 오직 천만 자중하길 바란다.

姪孫元老秀才. 久不聞問, 不識卽日體中佳否? 蜀中骨肉, 想不住得安信. 老人住海外如昨, 但近來多病, 瘦悴不復往日, 不知餘年復得相見否?

循惠不得書久矣. 旅況牢落, 不言可知. 又海南連歲不熟, 飲食百物艱難. 及泉廣海舶絶不至, 藥物醬酢等皆無. 厄窮至此, 委命而已.

老人與過子相對, 如兩苦行僧耳. 然胸中亦超然自得, 不改其度, 知之免憂. 所要志文, 但數年不死便作, 不食言也. 姪孫旣是東坡骨肉, 人

---

56) 소식이 한 후배를 위해 쓴 묘표문을 가리킨다. 소식의 다른 편지 「질손姪孫 원로에게」(與元老姪孫)에서, "십구랑十九郎의 묘표墓表는 본래 내가 쓰고자 한 것, 지금 어찌 거절하겠는가!"라고 했다.

57) 허주許州의 치소는 지금의 허난 성 쉬창許昌이다. 소식은 「서득지에게 답하는 편지」(答徐得之書)에서, "일가가 지금 네 곳에 있으니, 혜주惠州, 균주均州, 허주許州, 상주常州에 거주하고 있다"라고 했다. 당시 소식 형제 양가의 가족은 혜주, 허주 등지에 흩어져 거주하고 있었다.

所覷看, 住京凡百倍加周防, 切祝切祝. 今有書與許下諸子, 又恐陳浩秀才不過許, 只令送與姪孫, 切速爲求便寄達, 餘惟千萬自重.[58]

첫째 인용문은 28세(가우 8년, 1063년) 봉상 시절에 쓴 제발題跋이다. 간결한 필체로 아득한 경지를 묘사해서, 부르면 응하여 나올 듯한 박진감 있는 화면을 표현했다. 두 번째 인용문은 황주 시절(47세)의 유기遊記 소품으로, 감정을 억제하지도 않고 조작하지도 않아 소박하고 자연스러운 속에 곡절과 뜻을 다하고 있다. 셋째 인용문은 해남 시기에 친척 후손에게 준 서간문인데, 누추한 적거 생활과 '초연 자득'한 심경을 묘사하여, 골육간의 깊은 정을 표하며 일상의 자질구레한 일을 말하여, 진지한 정감이 드러나 그 사람을 눈앞에 보는 듯하다.

소식은 일생을 문학 창작에 바쳤다. "평생 문자가 나의 누가 되었다"(平生文字爲吾累)라고 통한을 안고 탄식한 적도 있으나, 문학은 그의 생명과 언제나 연관되어 있어, 도리어 문학이야말로 그의 참 생명이었다고 말할 수밖에 없다. 그의 작품은 그가 살았던 시대의 반영이며, 그의 생활과 사상의 구현이며, 동시에 그가 일생 동안 심혈을 기울인 결정체이기도 했다.

---

58) 「질손 원로에게」(與元老姪孫)

14장
소동파 문학이 후세에 미친 영향

　소식의 문학 창작은 북송 문학의 최고의 성과를 대표하는 것이다. 당시의 작가들 사이에서도 극히 높이 평가되었다. 구양수가 소식을 발탁하고 키웠던 것과 같이 소식도 문학에 빼어난 인재들을 발굴하고 육성하는 것을 중시했다. 그는 '소문사학사'蘇門四學士, '소문육군자'蘇門六君子뿐만 아니라 많은 후배들에게 열정적으로 자기의 창작 경험을 전수하여 자신의 문학적 영향력을 확대하려 했다. 그의 작품은 이미 당시부터 천하에 이름이 나, 중원 일대에서 광범위하게 전송傳誦되었을 뿐만 아니라, 요遼 및 고려高麗 등 인접 국가에도 많은 독자를 가지고 있었다.

　그의 시, 사, 산문은 후대에 더욱 깊은 영향을 끼쳤다. 소식 시는 송대의 시가 전체에 영향을 미쳤고, 금대金代에는 '소시운동'蘇詩運動이 일어났다. 명대에도 원굉도袁宏道, 원종도袁宗道 같은 공안파公安派 작가들이 소식의 시를 숭배하여, 이를 빌려 시는 성당盛唐 시기를 으뜸으로 삼는다는 '시필성당'詩必盛唐을 표방한 '전후칠자'前後七子에 반대를 부르짖었다. 청대의 전겸익錢謙益, 송락宋犖, 사신행査愼行 등 종송파宗宋派 시인도 소식의 영향하에 있었다.

그가 창시한 호방사파豪放詞派는 남송南宋의 대사인大詞人 신기질辛棄疾에 의하여 직접 계승되어, 신기질 전후에는 장원간張元幹, 장효상張孝祥, 진량陳亮, 유과劉過, 유극장劉克莊, 유진옹劉辰翁 등 일군一群의 애국사인愛國詞人이 속출하여, 호방사풍豪放詞風의 신파사인辛派詞人 그룹을 형성했다. 청대에는 진유숭陳維崧, 조정길曹貞吉, 고정관顧貞觀, 장사전蔣士銓 등이 모두 소식과 신기질을 모범으로 삼았다.

소식의 산문도 후세 문장가가 숭상하는 바가 되었다. 그의 소품문小品文의 문학적 영향은 더욱 커 갔다. 명대 공안파가 '홀로 성령을 편다'(獨抒性靈)는 기치를 표방하여 의고주의擬古主義를 반대할 때, 소식의 『지림』志林에서 서정적 소품의 창작을 배웠다. 청대의 원매袁枚, 정판교鄭板橋의 산문에서도 이를 계승한 실마리를 찾을 수 있다.

소식의 작품집은 그가 살아 있을 때 편집되었다. 삼소三蘇가 합편合編한 『남행집』南行集 이후에, 원풍 4년 소식이 황주에 유배되었을 때 진사중陳師仲이 소식이 밀주密州에서 지은 시를 모아 『초연집』超然集을, 서주徐州에서 지은 시를 모아 『황루집』黃樓集을 편編했다.(「진사중에게 답하는 편지」答陳師仲書) 유면劉沔도 그를 위해 시문집 20권을 편집했다. 소식은 이 책에 한 편도 위작僞作이 섞이지 않았다고 칭찬했다.(「유면에게 답하는 편지」答劉沔書) 소박邵博의 『문견후록』聞見後錄 권19에 의하면, '경사인본京師印本 『동파집』東坡集'의 오자誤字를 소식이 지적했다. 그 외에도 여러 가지 명칭의 많은 판본이 있다. 소철의 「동파선생 묘지명」에서는 소식이 지은 것으로 『동파집』東坡集, 『후집』後集, 『주의』奏議, 『내제』內制, 『외제』外制, 『화도시』和陶詩 등을 들었다.

그러나 소식은 사후死後 오래지 않아, 송 휘종徽宗 숭녕崇寧 원년(1102), '원우당적'元祐黨籍에 포함되어 관직을 추탈당했고, 저작도 금서가 되었다. 남송 고종高宗 건염建炎(1127~1130) 때에 이르러서야 비로소 누명을 벗고 복권되었다. 남송 효종孝宗 때에 소식은 '문충'文忠에 추증되어, 그의 문집은 여러 종류의 판본이 제작되어 널리 유전되었고, "사람들은 원우元祐의 학문을 전하고/집에는 미산眉山의 책이 있다"(人傳元祐之學, 家有眉山之書)라고 할 정도로 성황을 이루었다.

현존하는 소식의 전집은 『동파칠집』東坡七集본이 비교적 완전하다. 청인淸人이 명간본明刊本을 기초로 교인校印한 것으로서, 신중국 수립 전에 중화서국中華書局에서 출판한 『사부비요』四部備要본이 있다. 내용은 『동파집』, 『후집』, 『주의』, 『외제집』, 『내제집』, 『응조집』應詔集, 『속집』續集 등 칠집七集으로 나누었다. 여기에는 사詞 작품은 포함하지 않았다. 신중국 수립 후 상무인서관商務印書館에서 중인重印한 『국학기본총서』國學基本叢書본은 제목을 『소동파집』蘇東坡集으로 바꾸었는데, 칠집의 순서만 약간 바뀌었을 뿐, 그 내용은 완전히 동일하다.

소식 시의 전주본箋注本도 북송 시대에 시작되어, 이미 조차공趙次公 등 오가五家의 주석본이 나왔다. 남송의 왕십붕王十朋이 서명署名한 『집주분류동파선생시』集注分類東坡先生詩는 구주舊注를 광범하게 수집하고 분류하여 배열했다. 시원지施元之 등의 『주동파시』注東坡詩도 주석을 보충했다.

청대의 소식 시 연구자는 더욱 많은데, 소장형邵長衡의 『소시왕주정와』蘇詩王注正訛, 사신행查愼行의 『보주동파선생편년시』補注東坡先生編年詩, 심흠한沈欽韓의 『소시사주보정』蘇詩查注補正, 옹방강翁方綱의 『소시

보주』蘇詩補注, 기윤紀昀이 평점評點한 『소문충공시집』蘇文忠公詩集 등은 모두 참고할 만하다. 그 가운데 또 늦게 나온 풍응류馮應榴의 『소문충공시합주』蘇文忠公詩合注, 왕문고王文誥의 『소문충공시편주집성』蘇文忠公詩編注集成 두 판본은 청대淸代 소시 연구의 성과를 총괄한 것으로서, 취재取材 범위가 넓고 주석도 상세하여 독자에게 큰 도움이 되고 있다.

현존하는 소식 사집詞集 『동파악부』東坡樂府의 가장 오랜 각본刻本은 원대元代 연우延祐 7년(1320)의 남부서당본南阜書堂本인데, 고전문학출판사古典文學出版社의 1957년 영인본이 있고, 상해고적출판사上海古籍出版社의 1978년 신교본新校本은 그것을 저본으로 했다. 그후에 또 명대明代 모진毛晉의 『송명가사』宋名家詞본, 청대의 왕붕운王鵬運의 『사인재소각사』四印齋所刻詞본, 주효장朱孝臧의 『강촌총서』彊村叢書본이 나와 있다. 주효장의 판본은 편년의 배열로서, 수록한 사도 가장 많다. 소사주본蘇詞注本으로는 남송 부간傅榦의 『주파사』注坡詞가 있다. 근인近人의 『동파악부전』東坡樂府箋은 교교와 주注가 모두 비교적 정밀한데, 상무인서관본商務印書館本이 있다.

소식 산문의 선집選集으로 가장 이른 것은 남송 낭엽郎曄의 『경진동파문집사략』經進東坡文集事略인데, 대표적 문장을 모았고 주석도 간단명료하여 요점을 얻었다. 신중국 수립 전에 상무인서관에서 『사부총간』四部叢刊본으로 출판되었고, 신중국 수립 후에는 문학고적간행사본文學古籍刊行社本이 있다. 명대 모곤茅坤이 편선編選한 『송대가소문충공문초』宋大家蘇文忠公文鈔는 『팔대가문초』八大家文鈔의 하나이며, 비교적 중요한 선집이다.

신중국이 성립된(1949년) 후 소식의 연구 및 소개 작업은 새롭게 발전되었다. 쓰촨 성 메이산 현眉山縣 소식의 고거故居에는 원래 명대 홍무洪武 때(1368~1398년)에 지은 삼소사三蘇祠가 있는데, 세월이 오래되어 훼손된 것을 보수했고, 1959년에는 삼소기념관三蘇紀念館으로 정식으로 발족되었다. 대문의 양 옆에는 "일문부자삼사객一門父子三詞客／천고문장사대가千古文章四大家"라는 영련楹聯(기둥 위의 대련對聯)이 걸려 있어, 삼소三蘇에 대한 평가를 표시한다. 후베이 성 황강黃岡에도 비각碑閣, 이부당二賦堂, 뇌강정酹江亭 등 동파적벽東坡赤壁의 건축군建築群을 새롭게 단장하여 이곳이 이 시인을 추모하는 장소가 되었다. 각지에서 소식에 관해 적지 않은 전설이 전해 오고 있으며, 동파건東坡巾, 동파육東坡肉, 동파병東坡餅 등 동파라는 이름과 관련된 것이 있다. 이는 모두 소식이 깊은 영향을 준 대작가임을 말해 주며, 또한 그의 시대가 사라진다 해도 사라지지 않을 것이다. 그가 남긴 풍부한 문학 유산은 중화 민족 신문화의 귀감이 되어, 학습하고 연구할 만한 가치가 충분하다.

부록 /

/

	폄적貶謫 시기	지방관 시기	중앙관 시기
1기 과거 응시기 및 사환仕宦 전기		봉상첨판鳳翔簽判 (첫 부임지: 26~29)	과거 합격(21, 22, 26) 모친상 귀향(22~24) 판등문고원(30) 직사관(30) 부친상 귀향(31~33) 감관고원(34~36) 지방관 자청(36) 오대시안(44)
		항주통판(36~39) 밀주지주(39~41) 서주지주(42~44) 호주지주(44)	
2기 황주 유배기	황주단련부사(45~49) 여주단련부사의 명命 (49) 부임 도중(49~50) 은거 목적의 상주常州 거주 인가, 상주 의흥 宜興 도착(50)		
3기 사환仕宦 후기		등주지주(50) 항주지주(54~56) 영주지주(56~57) 양주지주(57) 정주지주(58~59) 혜주 안치 명命(59)	예부낭중(50) 기거사인(50) 중서사인(51) 한림학사지제고(51) 한림학사(52~54) 지방관 자청(54) 한림학사승지(56) 지방관 자청(56) 병부상서(57) 예부상서단명전학사 겸한림시독학사(57~58) 예부상서(58)

	폄적貶謫 시기	지방관 시기	중앙관 시기
4기 혜주, 남해도 유배기 및 북귀北歸	혜주 안치(59~62) 경주별가창화군 안치 명(62) 담주 폄적(62~65) 염주 안치 명(65) 염주 도착(65) 서주단련부사, 영주 거주 명(65)	조봉랑, 제거성도옥국관 提擧成都玉局觀 거주 자유(65) 상주 도착, 치사致仕(66) 별세(66)	

※ 괄호 안의 숫자는 나이

1. 고려에서 진봉하는 데 대해 논한 서장 論高麗進奉狀

원우元祐 4년(고려 선종 6년, 1089년) 11월 3일에 용도각학사 조봉랑 지항주龍圖閣學士 朝奉郎 知杭州 소식蘇軾이 서장書狀을 올려 아룁니다.

　신臣이 삼가 보건대, 희녕熙寧 이후로 고려 사람들이 여러 차례 들어와 조공을 바쳤는데, 원풍元豐 말년에 이르기까지 16, 17년 동안에 관소館所에서 접대하고 고려 왕에게 하사해 주는 물품 등의 비용이 이루 헤아릴 수 없이 많이 들었습니다. 이에 양절兩浙, 회남淮南, 경동京東 삼로三路에서는 성을 쌓고 배를 만들고 정관亭館을 세우느라 농민과 공인들을 조발하고 상인들을 침해한 탓에 곳곳마다 소요가 일고 공사公私 간에 모두 괴로움을 당했습니다.

---

1) 〔부록2〕와 〔부록3〕은 한국고전번역원의 한치윤韓致奫, 『해동역사』海東繹史 권56(정선용 역)에 수록되었던 「소동파의 고려관련 주의문奏議文 6편」과 「증공曾鞏의 고려관련 문장 1편」을 약간의 손을 본 후 전재轉載하였다. 상주上奏하여 그 시비를 의론하는 것을 주의奏議(상주문)라고 하고, 문체의 하나이다. 자신의 의견을 임금에게 아룀, 또는 그 글을 말한다. 소식의 고려 관련 주의문은 모두 7편이나, 여기서는 「행상들이 외국으로 건너가는 것을 금지해 주기를 청하는 상소문」(乞禁商旅過外國狀)은 아직 번역되지 않았다.

그러나 조정朝廷에는 털끝만치의 이로움도 없고 오랑캐들만 적지 않은 이득을 보았습니다. 사신들은 이르는 곳마다 산천의 형세를 그림으로 그리고 서책을 구매하였습니다. 이에 의논하는 자들이 말하기를, "고려인들이 하사받아 가지고 가는 물품은 태반이 거란契丹(요遼나라)에게로 간다" 합니다. 비록 사실 여부는 분명하게 알 수가 없지만, 거란의 강함은 고려를 마음대로 하기에 충분합니다. 만약 서로 간에 몰래 계략을 꾸미지 않았다면 고려에서 어찌 감히 공공연하게 중국에 들어와서 조공할 수 있겠습니까. 식견이 있는 선비들은 이 점을 몹시 걱정하고 있습니다.

이성二聖[2]이 황제의 자리를 이어받은 뒤로 고려에서 몇 년 동안 오지 않자, 회남·양절·경동의 관리와 백성들은 편히 쉬는 기쁨을 맛보고 있습니다. 그런데 오직 복건福建 일로一路만은 대부분의 사람들이 바다에서 장사하는 것을 업으로 삼고 있는바, 그들 가운데에는 흉특한 자들이 있어 감히 고려 사람들과 교통하여 그들을 끌어들여서 후한 이득을 얻기를 바라고 있습니다. 신이 그런 사실을 얼핏 듣고서 현재 그들을 적발해서 조처를 취하려고 하고 있습니다.

이달 3일에 수주秀州에서 사람을 차임해 보내어 천주泉州의 백성인 서전徐戩을 압송해 왔습니다. 그는 제멋대로 배 안에 고려의 승통僧統 의천義天의 수하手下 시자侍者인 승僧 수개壽介·계상繼常·영류穎流와 원자院子인 김보金保·배선裴善 등 다섯 명을 태우고 왔습니다. 그들은 고려의 예빈성禮賓省에서 보낸 첩문牒文을 가지고 왔는데, 그 첩문에 이

---

2) 이성은 송나라 인종仁宗과 영종英宗을 가리킨다. 이때 고려는 송나라와 사신을 통하지 않았다.

르기를, "본국 왕의 분부를 받들어 수개 등으로 하여금 의천의 제문祭文을 가지고 가서 죽은 항주杭州의 승려 원사리源闍梨[3]에게 제전祭奠을 올리게 한다" 하였습니다. 이에 신이 이미 본주에 지휘를 내려 승천사承天寺에 보내어 쉬게 하고, 관원 2원과 병사 10인을 차임하여 항상 살펴보면서 출입하거나 다른 사람을 만나지 못하게 하였습니다. 그리고 행실이 바르고 불경을 아는 승려를 선발하여 그들과 말을 나누게 하고 적당히 물품을 공급해 주어 그곳을 떠나지 못하게 하였습니다. 그런 다음에 이미 사유를 갖추어 모든 사실을 아뢰고서 조정의 분부를 여쭈었습니다.

또 고려의 승려 수개가 가지고 온 서장에 칭하기를, "출발하던 날에 국모國母의 지휘를 받드니, 우리들로 하여금 금탑金塔 두 개를 싸 가지고 가서 황제皇帝와 태황태후太皇太后의 성수聖壽를 축수祝壽하게 하였습니다" 하였습니다.

신이 그들의 뜻을 살펴보건대, 대개 두 분 황제(송 인종仁宗과 영종英宗)께서 황제의 자리를 이어받은 뒤 몇 년 동안이나 감히 함부로 들어와서 조공을 바치지 못한 탓에, 자못 후한 이익을 놓쳤으므로 다시금 사신을 파견하고자 한 것입니다. 그러면서 또 성상의 뜻을 헤아릴 수가 없으므로 원사리에게 제전을 올린다는 명분으로 오면서, 이를 인해 금탑을 바쳐 조정을 시험해 보아 조정에서 그들을 접대하는 뜻이 후한가 박한가를 재어 보려고 한 것입니다. 그렇지 않다면 어찌 금탑을 바

---

3) 원사리는 정원선사淨源禪師를 가리킨다. 정원선사는 북송北宋의 승려로, 호는 잠수潛叟이고, 자는 백장伯長이다. 항주의 혜인원惠因院 등에 있었으며, 의천義天에게서 금으로 쓴 『화엄경』華嚴經 세 가지 역본譯本 180권을 받아서 장경각藏經閣을 짓고 봉안하였다.

쳐 축수하고자 하면서 사신을 보내어 표문을 받들지 않고 단지 죽은 승려에게 제전을 올리는 일을 인하여 국모의 뜻을 전하려 하였겠습니까. 이는 대개 중국에서 받아들이지 않을까 의심스러워 이처럼 구차스러운 예禮를 행하여 조정의 뜻을 한번 떠보려고 한 것입니다. 만약 조정에서 그들을 대우하는 것이 조금이나마 후하면, 그들은 탐욕스러운 마음을 다시 싹 틔워서 빈번하게 조공을 바칠 것인바, 반드시 무궁한 걱정거리가 될 것입니다. 그리고 그들이 이미 도착한 뒤에 거절한다면, 또 은혜를 상하게 될 것입니다.

삼가 생각건대, 성상께서는 이런 정황을 환하게 알고 계실 것이고, 묘당廟堂의 의논은 참으로 이에 대해서 잘 대처할 방도가 있을 것입니다. 신은 시종侍從의 자리에 있으면서 일로一路에 사신으로 나왔는데, 가슴속에 품은 생각을 감히 다 진달드려서 채택하시는 데 대비합니다. 삼가 조처하는 방도에 대해 다음과 같이 말씀드립니다.

1. 복건福建의 교활한 상인들 가운데에는 제멋대로 고려와 내통하면서 그들을 끌어들여 이익을 노리기를 서전徐戩처럼 하는 자가 아주 많습니다. 서전에게 들어 보니, "항주杭州에서 고려로부터 돈과 물품을 미리 받아서 본문 사이에 주석을 달면서 『화엄경』華嚴經을 새기고 있는데, 비용을 아주 많이 들여 인판印板을 만들어서는 공공연하게 배로 실어가서 바치고 본국(고려)으로부터 후한 상을 받고 있다. 그런데도 관가 사람이나 일반 사람 중에는 한 사람도 이런 사실을 아는 자가 없다" 하였습니다. 신은 이런 조짐은 자라나도록 내버려두어서는 안 된다고 생각합니다. 만약 이런 폐단을 불러온다면 적국의 간첩들이 어디인들 이르지 않겠습니까. 그리고 이번에 온 고려의 승僧들을 끌어들인 것

은 반드시 서전이 주모한 것입니다. 이에 신이 이미 그를 묶어서 좌사리원左司理院으로 압송하였는바, 철저히 규명하여 즉시 죄안罪案을 갖추어서 아뢸 것입니다. 그러니 법조문 이외의 중형重刑으로 다스림으로써 일로一路의 간사한 백성들과 교활한 상인들을 경계시키시기 바랍니다.

1. 고려의 승僧 수개가 가지고 온 서장에 쓰여 있기를, "출발하는 날에 국모가 우리들로 하여금 금탑을 싸 가지고 가서 축수하게 하였다" 하였습니다. 신의 생각으로는, 이는 고려가 죽은 승려에게 제전祭奠을 올리는 일로 인하여 국모의 뜻을 전달하려고 한 것인 만큼, 구차스럽고 무례하기가 이보다 더 심할 수가 없습니다. 만약 조정에서 그를 받아들이고 보답하지 않거나 혹 보답하더라도 가볍게 할 경우, 오랑캐들이 구실로 삼아 말할 거리가 있게 될 것입니다. 그리고 만약 이를 받아들여서 후하게 보답한다면, 이것은 중한 예물로 구차스럽고 무례한 자에게 갚아 주는 꼴이 됩니다. 이에 신이 이미 일방적으로 담당하는 관원으로 하여금 그 서장을 되돌려주면서 이르기를, "조정이 맑고 엄하여 수신守臣이 감히 마음대로 아뢸 수가 없다"라고 하게 하였습니다.

신이 헤아려 보건대, 이 승려들은 형세상 여기에서 그치려고 하지 않을 것입니다. 필시 "본국에서 우리들을 파견하여 금탑을 바치면서 축수하게 하였는데, 지금 만약 조정에 아뢰지 않는다면 귀국해서 무거운 죄를 받을 것이다" 할 것입니다. 이에 신은 이 승려들이 가지고 온 서장 뒤에다가 판부判付하기를, "주사州司가 조정의 전지(朝旨)를 받들지 않았으며, 본국에서도 보내온 글이 없기 때문에 조정에 올리기가 곤란하다. 이에 도로 서장을 가지고 귀국하게 하였으니 참조하라" 하였습니다. 이와 같이 조처한다면, 이는 단지 신이 일방적으로 지휘한 것이지, 조정에서 그들이 바치는 것을 거절한 것은 아니어서 자못 온

당하고 편할 듯합니다. 올바른 조처라고 여기신다면, 그대로 시행하도록 지휘를 내려 주시기 바랍니다.

1. 고려의 승려 수개가 싸 가지고 온 고려 예빈성禮賓省의 첩문牒文에 이르기를, "원사리에게 제전을 올리고 이어 여러 곳으로 스승을 찾아가서 불법佛法을 배우라" 하였습니다. 신의 생각에는 수개 등은 단지 의천義天의 수하 시자일 뿐, 국왕의 친속親屬은 아닙니다. 또 그들이 온 것은 이에 사사로이 제전을 바치기 위한 것이지, 본디 나라의 일로 온 것이 아닙니다. 그러니 그들을 대우하는 경중은 마땅히 의천과는 현격하게 달라야 합니다.

바라건대 단지 제전을 올리는 이외에 그 나머지 스승을 찾아서 불법을 배우거나 출입하면서 유람하는 따위의 일들은 모두 허락하지 마소서. 그리고 이어 기한을 정하여 배를 차출해서 그들을 명주明州(현재의 절강성 영파寧波)에 실어 보내, 명주에서 편의에 따라 고려로 가는 배에 태워서 돌려보내게 하고, 다시 사람과 배를 차출해 보내지는 말게 하소서. 또 매매賣買할 물건이 있을 경우에는 적당히 헤아려서 매매해 돌아가는 행장을 꾸리게 하고, 많은 물품을 매매하지는 말게 하소서.
【『동파집』東坡集】

2. 고려가 진봉하는 데 대해 논한 두 번째 서장
論高麗進奉第二狀

원우 4년 11월 13일에 용도각학사 조봉랑 지항주 소식이 서장을 올려서 아룁니다.

신이 얼마 전에, 고려의 승려 수개가 가지고 온 서장에 칭하기를, "출발하는 날에 임하여 국모의 지휘를 받들었는데, 금탑 2개를 수개가 가는 편에 가지고 가서 황제와 태황태후의 성수聖壽를 축수祝壽하게 하라고 하였습니다"라고 아뢰었습니다. 이에 대해 신이 일방적으로 그 서장을 되돌려주고 이어 본주本州에서 차임한 반화승伴話僧 사의思義로 하여금 단지 자신의 뜻이라 하여 그들이 금탑을 바치려는 곡절에 대해 탐지하게 하였습니다. 그러자 고려의 승려 수개가 신이 조정에 아뢰지 않았다는 것을 알고는 비로소 승통僧統 의천義天이 그에게 준 문서를 꺼내어 사의에게 보였는데, 그것은 바로 장차 금탑 2개를 항주의 혜인원惠因院에 희사하여 성수를 축수하고자 한 것이었습니다. 이어 그가 말하기를, "내가 맡아서 가지고 왔으니 봉한 것을 마음대로 뜯어서는 안 된다. 뒤이어 소문疏文이 도착하는 날짜를 기다려서 바야흐로 시주해 바칠 것이다" 하였습니다. 여기에서 고려 사람들이 장차 이 금탑을 가지고 우리 중국 조정의 뜻을 시험해 보려고 한다는 것이 분명하게 드러났습니다.

신이 이미 그 서장을 되돌려주었으니, 앞으로 반드시 이 금탑을 혜인원 등의 장소에 희사할 것입니다. 이미 사사로운 마음으로 승원僧院에 시주했다면 조정에서 되돌려주기는 곤란할 것입니다. 만약 금탑을 받아들이고 보답하지 않는다면, 오랑캐들은 성품이 탐욕스러워서 혹 원망하는 마음이 생길지도 모릅니다.

삼가 조정에서는 신이 전에 아뢴 내용을 잘 살펴보고서 일찌감치 지휘를 내려주시기 바랍니다. 그리고 수개 등이 장차 위에서 말한 금탑을 희사한 데 대해서도 단지 신臣의 뜻이라고 하여 일방적으로 "조정의 분부를 받들지 못하여 감히 승원으로 하여금 받아들이게 하지 못하겠다"라고 회답하게 해 주시기 바랍니다. 귀한 바는 후환을 끊어 버리는 것입니다. 삼가 사실대로 기록하여 아뢰고서 칙지勅旨가 내려지기를 기다립니다.

첩황貼黃[4]합니다. 신이 탐지해 본 결과 혜인원의 죽은 승려 정원淨源은 본디 용렬한 사람입니다. 단지 복건福建의 해상海商들과 자주 왕래함으로써 상인들이 고려 국중國中에다 망녕되이 떠들어대었습니다. 이 때문에 의천이 멀리까지 와서 불법을 배웠으며, 이로 인하여 본원本院(혜인원)에서 후한 시주를 받게 되었습니다. 그러나 회남淮南, 양절兩浙 지방의 관아와 백성들은 모두 소요가 일었습니다. 이번에 또 조사해 본 결과, 그들이 오게 된 것은, 본원의 행자行者로 성이 안씨顔氏인 자가 정원의 진영眞影과 사리舍利를 싸 가지고 장사하는 배를 타고 바다를 건너감으로써, 의천이 다시 사람을 차임하여 제전祭奠을 올리도록 한 것입니다.

신은 유사有司가 철저하게 캐물은 것을 보고서 사실에 의거하여 아뢸 것입니다. 이번에 만약 혜인원에 희사한 금탑을 남겨 두게 한다면, 이것은 바로 간사하고 교활한 자가 스스로 후한 이익을 도모해 나라에 일이 생기게 할 것이니, 몹시 불가합니다.【『동파집』】

---

4) 첩황은 상소 등을 올리면서 뜻이 미진한 데가 있으면 누런 종이를 끝에다가 첨부하여 부언하는 것을 말한다.

3. 고려의 승도僧徒들을 천주에서 귀국시키게 하기를 청하는 서장 乞令高麗僧從泉州歸國狀

원우 4년 12월 3일에 용도각학사 조봉랑 지항주 소식이 서장을 올려서 아룁니다.

　신臣이 얼마 전에, 천주泉州의 상인 서전徐戩이 고려국의 승통인 의천의 수하 시자 승려 수개 등을 항주에 데리고 와서 죽은 승려 정원에게 제전을 올리게 하고 이를 인하여 금탑 2개를 가지고 온 일에 대하여 사유를 갖추어서 아뢰었습니다. 이에 대해 이미 조정의 전지를 받들었는데, 수개 등으로 하여금 죽은 승려 정원에게 제전을 올리도록 허락하였고, 사람과 배를 차임하여 그들을 명주明州(지금의 저장 성 닝보寧波)로 실어 보내어 편의에 따라 해상海商의 배에 태워 귀국시키도록 허락하였으며, 정원의 도제徒弟가 그들에게 보답하는 물품을 주기를 원하는 일에 대해서는 즉시 적당히 헤아려서 물품을 주도록 허락하였습니다.

　이에 본주本州에서 이미 지휘한 데에 의거하여 수개 등으로 하여금 정원에게 제전을 올리도록 하여 이미 마쳤으며, 정원의 도제가 적당한 양의 토산물을 보답하는 물품으로 주었는데, 수개 등이 이미 그것을 받아서 가졌습니다. 그들이 가지고 온 금탑 2개에 대해서는, 수개 등이 감독하는 관원으로 하여금 신에게 고하게 하기를, "아마도 본국으로 도로 가지고 돌아가면 중한 죄를 받을까 염려스럽다" 하였습니다. 이에 신이 이미 원래 아뢴 말대로 서장에 판부判付를 써서 축승逐僧(쫓아 보내는 승려)에게 부쳐 보내 본국으로 돌아가 조회하게 하였습니다. 그러고는 본주에서 즉시 사람과 배를 차임하여 수개 등을 싣고 가게 하였으며, 또한 미면米麵(쌀가루)과 납촉蠟燭(밀랍으로 만든 초) 따위도 편의에 따라 주어 보내었습니다.

축승逐僧이 11월 30일에 출발하여 떠났는데, 탐지해 보니, 명주明州에서는 근래에 고려로 들어가는 상인들이 드물다고 합니다. 그들이 아마도 오랫동안 머무르게 될 것 같은데, 축승이 그곳에 있기가 불편할 것입니다. 듣건대 천주泉州에는 고려를 왕래하면서 매매하는 해선海船이 많다고 합니다. 그리고 이미 명주에 첩문牒文을 보내어 조사하게 하였는데, 수개 등이 타고 돌아갈 배가 내년까지 없다고 합니다. 이에 즉시 아뢰는 바이니, 천주로 가서 배를 태워 귀국시키게 하소서. 이에 주문을 올립니다.

이상의 일에 대해 삼가 조정에서는 특별히 명주에 지휘를 내려 속히 조사해 보고서 이에 의거하여 시행하게 하소서. 중요한 것은 그들이 오래도록 머물러 있지 못하게 하는 것입니다. 삼가 사실을 갖추어 아뢰고서 칙지가 내려지기를 기다립니다.【『동파집』】

4. 고려에서 서적을 사 가는 것의 이해利害에 대해 논하는 차자 3수, 제1차 論高麗買書利害箚子三首, 其一

원우 8년(선종 10년, 1093년) 2월 1일에 단명전학사 겸 한림시독학사 좌조봉랑 예부상서端明殿學士兼翰林侍讀學士 左朝奉郎 禮部尚書 소식은 차자箚子(간단한 서식의 상소문)를 올려 아룁니다.

신臣이 근래에 도성都省에서 국자감國子監에 내려 보낸 서장을 보니, "관반고려인사소館伴高麗人使所에서 올린 첩문牒文에 '고려의 사신들이 구매하기를 요청한 국자감의 서책書册을 살펴보고서 인간印刊하여 당소當所에 가지고 와 교할交割하게 하라' 하였다" 하였습니다. 국자감에서 『원우령』元祐令(북송 원우元祐 연간의 '령'令이라는 의미))을 조사해 보니, 번국藩國에서 조공을 바치려고 온 사신이 구매할 서책을 이름을 갖추어서 상서성尚書省에 보고하였는데, 이번에는 감히 값을 지불하고 사들이지 못하였습니다.

도성都省에서 예부에 보낸 문서를 받고 상세히 살펴보고서는, 신이 본부本部에 지휘하여 본부로 하여금 구매하게 할 서책 이외에 "『책부원귀』册府元龜, 역대의 사서史書, 『태학칙식』太學勅式에 대해서는 본부에서 감히 마음대로 구매하도록 하지 못하겠습니다. 삼가 바라건대 조정에서 상세히 참작하여 지휘하여 주시기 바랍니다"라고 도성에 신품申稟하게 하였습니다. 얼마 뒤에 도성에서 보내온 서장을 보니, 이르기를, "조사해 본 결과 전에 고려의 사신이 관문關門에 도착하였을 때 일찍이 『책부원귀』와 『북사』北史를 구매하도록 허락한 적이 있었다. 그런데 지금 본부에서는 모두 체례體例를 조사하지 못하였다. 사신들이 구매하기를 요청한 서적은 정월 27일까지 예부에서 지휘해 보내 구매하도록 허락하라. 이를 시행한 아전들은 심문하라" 하였습니다.

신이 삼가 보건대, 고려의 사신들이 한 차례 들어와서 조공을 바칠 적마다 조정朝廷과 회절淮浙 양로兩路에서 하사하는 물품, 보내주는 음식물, 잔치에 들어가는 비용이 대략 10여만 관貫이나 되는데, 정관亭館을 수리하고, 시장市場을 소요시키고, 사람과 배를 조발하는 등의 비용은 여기에 포함되지도 않습니다. 그런데도 관리들이 약간의 선물을 받는 이외에는 털끝만치도 전혀 이익되는 바가 없으며, 다섯 가지 해가 되는 일만 있으니, 이를 진달드리지 않을 수가 없습니다.

그들이 가지고 와서 조공으로 바치는 물품들은 모두가 쓸데가 없는 완호玩好하는 물품들인 데 비해, 그들에게 들어가는 것은 모두가 창고를 채우는 물품들로, 백성들의 고혈입니다. 이것이 첫 번째 해입니다. 그들이 오면 사람과 말 및 집물什物을 차출하거나 빌려주고, 시장을 소요시키고, 정관을 수리하느라 민력民力이 모르는 새에 배는 들어갑니다. 이것이 두 번째 해입니다. 고려에서 받아 가지고 가는 하사품을 거란契丹에게 나누어주지 않는다면, 거란에서 어찌 그들이 와서 조공하는 것을 허락할 리가 있겠습니까. 이는 적군에게 군사를 빌려주고 도적들에게 식량을 대주는 것이나 마찬가지입니다. 이것이 세 번째 해입니다. 고려에서는, 명분은 의를 흠모하여 와서 조공하는 것이라고 하지만, 사실은 이익을 노리고 오는 것입니다. 그들의 본심을 헤아려 보건대, 끝내는 반드시 북로北虜(거란, 요나라)들에게 붙을 것입니다. 어째서 그렇겠습니까? 북로들은 그들의 목숨을 마음대로 할 수 있는 데 비해 우리는 그렇지 못하기 때문입니다. 지금 사신들이 이르는 곳마다 산천의 형승을 그림으로 그려서 허실虛實을 엿보아 살피고 있으니, 어찌 다시 좋은 뜻이 있겠습니까. 이것이 네 번째 해입니다. 경력慶曆 연간에 거란이 맹약을 어기고자 하여 먼저 당박塘泊[5]을 더 설치한 것을 가지고 우리 중국의 잘못이라고 꼬투리를 잡았습니다. 그런데 지금 거란의 여국與國 사신을 불러와 해마다 들어와 조공하게 하고 있으니, 이는 당박을 더 설치한 것을 가지고 중국의 잘못이라고 꼬투리를 잡은

---

5) 당박은 송나라 때 거란을 막기 위하여 하북성 웅주雄州에서 바다에 이르기까지 900리에 걸쳐서 설치했던 방어선으로, 보루와 역참·배 등을 갖추어 놓고 항시 왕래하면서 순시하였으므로, 거란의 기병騎兵들이 이를 꺼리어서 감히 이 길로는 침입하지 못하였다.

것보다 더 심한 꼬투리입니다. 다행히 지금은 거란이 공손히 순종하여서 감히 사단을 일으키지 않고 있습니다만, 이 뒷날에 만일 교활한 오랑캐가 있어서 이것으로 평계를 댈 경우에 조정에서는 어떻게 답할지 모르겠습니다. 이것이 다섯 번째 해입니다.

　신은 마음속으로 이 다섯 가지 해를 알고 있습니다. 이 때문에 희녕 연간에 항주의 통판으로 있을 적에 그들이 선사품을 주면서 보내온 글에 조정의 정삭正朔을 칭하지 않은 것을 인하여 그 물품을 물리치고자 하였으며, 그들이 고쳐 써서 연호年號를 칭한 다음에야 그 물품을 받았습니다. 이어 곧바로 출발하도록 독촉하여 그들로 하여금 머물러 있지 못하게 하였습니다.

　근년에 들어서 항주지사로 있을 적에는 그들이 보내온 금탑을 물리치고 상주하여 아뢰지 않았으며, 획일적으로 조처하여 연도沿道에서 접대하는 일을 지나치게 하지 않도록 하였습니다. 이어 교활한 상인과 승려들을 이곳저곳으로 유배 보내기를 청하고, 아울러 조종조의 『편칙』編勅에 의거하여 항주와 명주明州(지금의 닝보)에서 선박을 보내어 고려에 가게 하는 것을 모두 허락하지 말되, 이를 위반하는 자는 도이년徒二年에 처하고 재산을 몰수하여 상을 주는 데에 충당하도록 청하였습니다. 그리고 원풍 8년(선종 2년, 1085년) 9월에 처음으로 만든, 해상海商들이 마음대로 외이外夷를 데리고 들어와 조공하는 것을 허락한 것과 장사하는 것을 허락한 법 조항을 삭제하도록 청하였습니다. 그리하여 이 모두에 대해 조정에서 일일이 시행하는 은혜를 입었습니다. 이것은 모두가 신의 평소의 뜻으로, 그 일에 대해 점점 억제하여 그들로 하여금 점차 오지 않게 해서 조정을 위하여 오래된 폐해를 없애고자 한 것입니다.

지금 이미 예조禮曹의 관원으로 있으니 이런 것들이 바로 직무입니다. 근래에 관반館伴을 맡은 중서사인中書舍人 진헌陳軒 등이 신품한 것을 보니, 상국사相國寺의 상점들을 모두 차출해 관소館所 안에 점포를 설치하게 해 사신들이 매매하는 데 대비하도록 청하였습니다. 이는 시장을 옮기고 백성을 동원하여 소국의 배신陪臣을 받드는 것이라서 국가의 체모에 손상이 있을 뿐만 아니라, 또한 경사京師(서울, 곧 변경汴京)에 있는 상점들을 억압하여 서리胥吏들이 두루 갈취하는 것을 돕는 것이니, 폐해가 적지 않습니다. 이 때문에 도성都省에 신보申報하여 시행하지 말기를 청했던 것입니다. 그런데 도리를 어기고 폐해를 일으킨 관리들이 모두 조금도 심문을 받지 않았습니다. 이번에는 진헌 등이 신청하기를 기다리지도 않고 곧장 국자감國子監에 첩문牒文을 보내어 여러 서책을 수매收買하게 하였는데, 그 안에 『책부원귀』, 역대의 사서史書, 『태학칙식』이 들어 있었습니다. 국자감에서는 그것이 온당치 않다는 것을 알고 도성에 신품하고 예부에 내려 보내 상세히 조사하게 하였습니다.

신이 삼가 『한서』漢書를 살펴보건대, 동평왕東平王 유우劉宇[6]가 조회하러 와서 상소를 올려 제자諸子 및 『태사공서』太史公書를 달라고 하였는데, 당시의 대신이 아뢰기를, "제후들이 조빙朝聘하는 것은 문장文章을 고찰하고 법도法度를 바로잡기 위한 것으로, 이치가 아닌 것은 말

---

6) 동평왕 유우는 한나라 선제宣帝의 아들로 동평왕에 봉해졌는데, 간사한 자들과 내통하면서 자주 법을 범하였다. 성제成帝 때 조회하면서 글을 올려 제자諸子와 『태사공서』太史公書를 내려주기를 청하였는데, 대장군으로 있던 왕봉王鳳이 "그런 서책이 제후왕의 집에 있는 것은 마땅치 않다"라고 아뢰어 마침내 주지 않았다. 『한서』 권80 「선원육왕전宣元六王傳 동평사왕王東平思王」

하지 않는 법입니다. 그러니 지금 동평왕이 들어와 조회하면서는 예절을 지키고 법도를 삼가 위반하거나 실수하는 일이 없도록 해야만 합니다. 그런데 여러 서책을 구하였으니, 이는 조빙하는 의리가 아닙니다. 제자諸子의 책은 혹 경술經術에 위배되거나 성인의 글이 아니며, 혹 귀신鬼神을 밝히거나 물괴物怪를 신빙하는 내용이 들어 있습니다. 그리고 『태사공서』에는 전국시대 종횡가縱橫家들의 권모술수, 한漢나라가 일어나던 초기의 모신謀臣들의 기책奇策, 천관天官의 재이災異, 지형地形의 험난함 등의 내용이 실려 있습니다. 이는 모두 제후왕諸侯王의 집에 있는 것은 마땅치가 않으니, 주어서는 안 됩니다" 하였는데, 조서를 내려서 이에 따랐습니다. 신이 삼가 생각하기에, 동평왕은 골육의 지친으로서 특별히 번신藩臣이 된 사람입니다. 그런데도 오히려 서책을 하사해 주지 않았습니다. 그런데 더구나 해외의 오랑캐로서 거란의 심복인 나라이겠습니까.

신이 듣건대, 하북河北의 각장榷場[7]에서는 서책을 반출하는 데 대한 법이 몹시 엄하다고 하는데, 이는 한갓 거란 때문에 그런 것입니다. 지금 고려와 거란이 뭐가 다릅니까. 만약 고려에 주어도 된다면 각장의 법도 역시 폐할 수 있는 것입니다. 또 듣건대, 지난날에 고려의 사신이 『태평어람』太平御覽을 하사해 주기를 청하자, 선제先帝께서 조서를 내려 관반館伴으로 하여금 동평왕의 고사故事를 말해 주면서 물리치게 했다고 하였습니다. 그러니 오늘날에도 다시 조서를 내려 선제의 유지

---

7) 각장은 송, 요遼, 금, 원나라 때 변경에 설치하고서 인근의 나라들과 호시互市를 열었던 시장을 말한다. 이곳에서는 전매세專賣稅를 거두었으며, 관부에서 발행한 증명서가 있어야만 교역할 수 있었다.

遺旨로써 핑계 대고 주지 마소서. 이번의 역대 사서史書와 『책부원귀』가 『태평어람』과 무슨 차이가 있습니까.

신이 비록 전에 『책부원귀』와 『북사』北史를 고려에서 사 가도록 허락하였다는 것을 알고는 있습니다. 그러나 신은 전에는 본디 주어서는 안 되는 것을 준 것이라고 여깁니다. 만약 이를 가지고 전례로 삼는다면, 위로는 선제의 유지에 어긋나고, 아래로는 이번에 『태평어람』을 하사해 주지 않은 성지聖旨와 차이가 있어서 몹시 온당치 못합니다. 그러므로 도성都省에 신품하여 상세히 참작해서 지휘를 내려주기를 청한 것으로, 이는 지나친 것이 아닙니다. 그런데 문득 아전들에게 견책을 내려 죄를 캐묻고 죄명을 써넣었습니다. 신은 삼가 그들에게는 써넣을 만한 죄목이 없다고 여깁니다. 그리고 비록 죄를 캐묻는다고 하더라도, 이는 지극히 말단적인 일로, 신에게는 또한 털끝만치도 손상이 없습니다.

신은 이를 위하여 글을 올려 논하는 것이 아닙니다. 애석한 것은 끝없는 욕심을 가진 오랑캐들이 요구하는 것을 사안마다 반드시 곡진하게 따라 주는 것입니다. 그리하여 관리들은 그들의 뜻에만 따르면서 비록 백성들을 동원하고 물품을 손해보더라도 죄로 여기지 아니하며, 이를 억제하려는 뜻이 조금이라도 있으면 문득 힐책을 가합니다. 이에 지금 이후로는 그들의 요청에 대해 감히 거스르는 자가 없어서 그들로 하여금 교만한 마음을 가지고 멋대로 하게 하여, 오는 것이 더욱 더 빈번해지고 걱정거리가 더욱 더 깊어질 것입니다. 이 때문에 극력 논하는 것입니다.

이어 이번의 일에 대한 합당한 조처를 아래와 같이 갖추어 올립니다.

1. 신이 항주杭州를 맡고 있을 적에, 명주明州와 항주에서는 지금 이후로 모두 선박을 띄워 고려로 가지 못하게 하라고 아뢰어서 청하였는데, 이미 법조문을 만들어서 내려 보냈습니다. 이번에 온 고려의 사신은 바로 민상閩商인 서적徐積의 배를 타고서 조공하러 들어온 것입니다. 철저하게 캐물어 본 결과, 법조문이 내려지기 전에 출발한 것이라고 하였습니다. 신이 생각하기에, 법조문을 세운 지 이미 몇 년이 경과하여 해외에서도 모두 들어서 알고 있을 것입니다.——진헌陳軒이 아뢴 말에 의거하면 바로 고려에서도 이 조문을 알고 있습니다.——그런데도 서적徐積은 오히려 전에 내린 법 조항의 공빙公憑[8]을 가지고서 사상私商들을 받아들여 감싸 주면서 해외를 왕래하고 있습니다. 그러니 비록 법 조항이 있기는 하지만, 실은 없는 것이나 마찬가지입니다. 바라건대 특별히 지휘를 내려서 복건福建과 양절兩浙의 바닷가 주현州縣에 방문榜文을 내걸어 앞으로 반년 안에 전에 발행한 공빙을 모두 바치게 하되, 기한 안에 바치지 않고 감히 그대로 사용하는 자가 있을 경우, 고발하여 체포해 법조문에 의거해서 시행하도록 허락하소서.

　　1. 이번에 온 고려의 사신들이 구매하고자 하는 역대의 사서史書와 『책부원귀』, 『태학칙식』은 모두 구매하는 것을 허락하지 마소서.

　　첩황貼黃합니다. 도성에서 서장을 내려 지휘한 것을 보건대, 사신들이 구매하는 서책 가운데 『태학칙식』이 있는데, 만약 외이外夷로 하여금 이 책을 구매하게 한다면 이것은 사체가 온당치 못합니다. 상세

---

8) 공빙은 관가에서 발행한 증빙 문건을 말한다.

히 살펴보건대, 도성에서는 본디 『책부원귀』와 『북사』는 전전번에 구매하게 한 체례體例(전례, 관례)가 이미 있으므로 예부에서 조사해 보지 않았다는 것으로써 죄목을 삼았습니다. 모르겠습니다만, 『태학칙식』을 구매하게 한 데에 무슨 체례가 있어서 똑같이 구매하게 한단 말입니까?

1. 이번에 관반館伴이 신품한 바를 보건대, 고려의 사신으로 하여금 금박金箔 100관貫을 사게 해서 항주에서 불상佛像을 꾸미게 하자고 하였습니다. 이에 대해 신은 감히 허락하지 못하겠기에 이미 도성都省에 신품하였는데, 도성에서 다시 이것으로 죄를 줄까 염려됩니다. 금박은 본시 금물禁物인데, 사신들이 불상을 꾸민다는 것을 명분으로 삼아 오랫동안 항주에 머물러 있으려고 하므로 공사公私 간에 소요하고 있습니다. 삼가 듣건대, 근세에 서번西蕃의 아리골阿里骨[9]이 금박을 구매하기를 청하자, 조정에서는 그 일을 어렵게 여겨 양을 줄여서 구매하게 했다고 하였습니다. 이번에 온 고려의 사신들이 조정을 하직할 날짜가 이미 박두하였으니, 관반에게 지휘를 내려 그로 하여금 만들어 내지 못하였다고 핑계 대어 다시 구매하지 못하게 하소서.

1. 요즈음 관반이 신품한 바를 보건대, 고려의 사신에게 곡보曲譜를 베껴서 주자고 하였습니다. 신의 생각으로는 정위鄭衛의 음악[10]이 해외에서 유행하는 것은 황제의 덕을 보여 주는 것이 아닙니다. 만약 조정에서 특지를 내려 베끼게 한다면 이것은 더욱 더 온당치 못합니다. 그 서장은 신이 이미 중지시키고 시행하지 못하게 하였습니다.

---

9) 아리골은 청해성靑海省 부근에 있는 부족의 이름이다.
10) 정위의 음악은 정鄭나라와 위衛나라의 음악으로, 음란한 음악을 뜻한다.

첩황貼黃합니다. 신이 전에 항주를 맡고 있을 적에 고려에서 진헌한 금탑金塔을 받지 않은 것에 대해서 일찍이 비밀리에 아뢰었습니다. 이는 본디 신의 사사로운 뜻으로 거절한 것으로 만들고자 해서였습니다. 겸하여 앞으로 관반館伴들이 오랑캐의 사신이 요청하는 것을 들어주기가 곤란할 경우에는 일방적으로 유시하기만 하여 들어주지 않고, 중대한 일일 경우에는 거절하고서 몰래 아뢰게 하고자 해서였습니다. 지금 진헌陳軒 등은 일마다 곡진하게 따라 주면서 문득 신청申請하고 있습니다. 그러면서 만약 시행되지 않으면 즉시 조정에서 허락하지 않는다는 것을 드러내어, 오랑캐의 사신으로 하여금 자신에 대해서는 좋게 여기고 조정에 대해서는 원망하게 하고 있습니다. 이는 관반으로서의 체모가 전혀 아닙니다.

이상은 도성에 신품한 서장입니다.

역대의 사서와 『책부원귀』 및 『태학칙식』에 대해서 상세히 참작해 지휘를 내려 시행하기를 청한 것은 모두 신의 뜻에서 나온 것으로, 요속僚屬과 아전들의 일과는 관계가 없습니다. 조정에서 만약 이것으로 죄가 있다고 여긴다면, 신이 그 책벌을 혼자서 받겠으니 아전들에게는 죄를 캐묻지 마소서. 결정을 내려 주시기 바랍니다.

첩황합니다. 신이 삼가 『춘추』春秋를 살펴보건대, 진晉나라는 맹주盟主였고, 정鄭나라는 소국小國이었습니다. 그런데도 진晉나라의 집정執政 한기韓起가 정나라 상인商人에게서 옥환玉環을 사려고 하자, 자산子産이 끝내 허락하지 않으면서 말하기를, "대국에서 요구하면서 만약 예로써 절제함이 없다면, 이는 우리 정나라를 비루하게 보는 것입니다" 하였습니다. 그리고 또 진晉나라 평공平公이 그의 신하인 범소范昭

로 하여금 제齊나라에 가서 정사를 살피게 하였는데, 범소가 제나라 경공景公에게 술잔을 올려서 축수하기를 청하자 안자晏子가 허락하지 않았고, 또 성주成周의 음악을 연주하도록 하자 태사太師가 허락하지 않았습니다. 그러자 범소가 돌아와서 진나라 임금에게 아뢰기를, "제나라는 정벌할 수가 없습니다. 신이 그 나라의 예를 문란하게 하려 하자 안자가 그것을 알아차렸고, 그들의 음악을 문란하게 하려 하자 태사가 알아차렸습니다" 하였습니다.

지금 고려의 사신은 거란(요나라)의 당여黨與이면서 우리의 배신陪臣입니다. 그런데 감히 조정에 요구하여 금법禁法을 어기면서 물품을 구매하려고 하고, 정위의 곡보를 베껴 전하려고 하였으니, 설만褻慢함이 심합니다. 그러고 보면 교활한 북로北虜(거란, 요나라)가 이런 일을 꾸며서 조정의 깊고 얕음과 쉽고 어려움을 탐지하려는 것이 아닌 줄을 어찌 알겠습니까. 그런데도 진헌 등은 사사건건 신청을 하면서 오직 그들의 뜻을 어길까만을 걱정하고 있으니, 신은 몹시 의혹스럽습니다. 또 진헌 등의 어록語錄에 근거하여 보면, 고려의 사신들이 말하기를, "해상海商들이 멋대로 거란을 왕래하므로 본국의 국왕이 이들을 잡아 상국上國에 보냈으니, 바라건대 다시금 약속을 엄하게 내려달라" 하였으니, 아마도 온편하지 못한 듯합니다. 그런데 진헌 등은 이에 대해 답하기를, "바람이 순조롭지 않은 탓에 태풍을 만난 것이다" 하였습니다. 이것은 바로 민중閩中의 교활한 상인들과 교묘한 말로 맞추어서 그들로 하여금 경계를 넘어가게 한 것입니다.

삼가 생각건대, 사사로이 북쪽으로 국경을 넘어가는 것에 대해서는 금법禁法이 지극히 중하여, 해외의 배신조차도 이를 준수하면서 조정에 여쭐 줄을 알고 있습니다. 그런데 진헌은 이내 바람 탓으로 허물을 돌려 그들의 죄를 가볍게 하려고 하고 있으니, 이 어찌 몹시 어긋나고 전도된 것이 아니겠습니까. 신은 시종의 자리에 있으면서 일이 이해에 관련된 것을 감히 아뢰지 않을 수가 없습니다.【『동파집』】

5. 고려에서 서적을 사 가는 것의 이해에 대해 논하는 차자 3수, 제2차 論高麗買書利害箚子三首, 其二

원우元祐 8년(선종 10년, 1093년) 2월 15일에 단명전학사 겸 한림시독학사 좌조봉랑 수守 예부상서 소식은 차자를 올려 아룁니다.

　신이 근일에 고려의 사신들이 서적 및 금박을 구매하는 등의 일에 대해 상주上奏하여 논하였습니다. 이에 대해 상서성尙書省에서 차자를 올려, 2월 12일에 삼성三省과 추밀원樞密院이 함께 성지聖旨를 받들었는데, 그 성지에 "구매하는 서적들 가운데 일찍이 구매하였던 책은 전례대로 구매하도록 허락하고, 금박은 특별히 구매하도록 허락하며, 나머지 아전들을 심문하는 것을 면제하는 것에 대해서는 아뢴 대로 하라" 하였습니다. 신이 구구하게 논하여 아뢴 것은 본디 고려는 거란의 여국이라서 서적을 사가게 해서는 안 되기 때문이지, 아전들의 심문을 중지시키기 위해서가 아닙니다. 그런데 지금 아전들을 심문하는 것만 면제하게 하고, 서적은 그대로 구매하도록 허락하였습니다. 신은 이에 대해 삼가 의혹스럽게 생각합니다.

　원우 연간의 『편칙』編勅을 조사하여 보니, 모두 숙철熟鐵(단련한 쇠, 무쇠) 및 서적이나 금지 품목을 외국의 사신과 교역했을 경우, 죄가 가벼운 경우에도 도이년徒二年이었습니다. 이 조문을 상세히 살펴보면 단지 서책이라고만 하였지, 해로움이 있고 없고의 여부는 따지지 않고 대뜸 도이년에 처하였습니다. 그렇다면 이런 법을 만든 뜻을 잘 알 수가 있습니다. 이것은 서책이 여러 나라에 흘러 들어가는 것은 해로움만 있고 이로움은 없기 때문에 이런 중한 법을 만들어서 뜻밖의 환란을 방비하고자 한 것입니다. 앞서 『책부원귀』와 『북사』를 구매하도록 허락한 것도 이미 잘못된 것입니다. 옛사람이 말하기를, "한 번 한 것도 이미 심하다고 하겠는데 두 번씩이나 할 수가 있겠는가" 하였습니다. 지금 이에 현재 시행하고 있는 『편칙』의 법을 폐기하고서 한때의 잘못된 전례를 썼습니다. 그러니 뒷날에 다시 올 적에는 으레 더욱 더 익숙해져, 비록 천백 부를 구매하더라도 유사有司가 감히 다시 안 된다고 고집하지 못할 것입니다. 그럴 경우 중국의 서적이 고려에 산처럼 쌓이고 거란에 구름처럼 퍼질 것입니다. 신은 이 일이 중국의 입장에서 온편한 것인지 모르겠습니다.

옛날 제齊나라 경공景公이 사냥을 할 적에 대부大夫를 부를 때 쓰는 정旌(깃발)을 가지고 사냥터를 지키는 관원을 부르자 사냥터를 지키는 관원이 오지 않고는 말하기를, "우인虞人을 부를 적에는 피관皮冠으로 부르는 것입니다" 하니, 공자가 장하게 여겨 말하기를, "신하로서 도리를 지킴에 있어서 직분을 지키는 것만 한 것이 없다" 하였습니다. 무릇 정旌으로 부르거나 피관皮冠으로 부르거나 일에 있어서는 해가 되지 않는데도 그것을 지켰습니다. 지금 서책을 구매하게 하느냐에 따른 이해관계는 이와 같고 『편칙』의 조문條文은 저와 같습니다. 이것은 정旌으로 부르느냐 피관皮冠으로 부르느냐와는 역시 차이가 있는 것입니다. 이에 신은 전의 의논을 고집하면서 거듭거듭 논하여 아뢰는 것도 피하지 않겠습니다. 삼가 성상께서는 일찌감치 지휘를 내려 주소서. 결정하시기 바랍니다.

첩황합니다. 신이 관반사館伴使의 공안公案을 조사하여 본 결과, 그 안에 "접수한 구매 서책의 목록 가운데 구매할 첫 번째 항목의『책부원귀』와『태학칙식』은 일찍이 판 적이 없었다"고 하였습니다. 그러니 고려의 뜻을 역시 잘 알 수가 있습니다.

또 첩황합니다. 신이 이미 본부本部로 하여금『편칙』의 조문을 갖추어 기록하여 고려의 사신이 지나가는 주군州郡에 내려보내 약속을 시행하게 하였습니다. 이 역시 상주하여 알립니다.【『동파집』】

6. 고려에서 서적을 사 가는 것의 이해에 대해 논하는 차자 3수, 제3차 論高麗買書利害箚子三首, 其三

원우 8년 2월 26일에 단명전학사 겸 한림시독학사 좌조봉랑 예부상서 소식은 차자를 올려서 아룁니다.

신이 근래에 재차 차자를 올려서 고려의 사신이 서책을 수매하는 일에 대해 논하여 아뢰었습니다. 지금 칙서에 의거하여『국조회요』國朝會要를 조사해 본 결과, 순화淳化 4년(고려 성종 12년, 993년), 대중상부大中祥符 9년(고려 현종 7년, 1016년), 천희天禧 5년(고려 현종 12년, 1021년)에 일찍이 고려에 구경九經 ·『사기』史記 ·『한서』漢書 ·『후한서』後漢書 ·『삼국지』三

國志·『진서』晉書·제자諸子·역일曆日·『성혜방』聖惠方·음양서陰陽書·지리서地理書 등을 하사하였습니다.

성지聖旨를 받들고 보니, 전에 내린 지휘에 의거해서 하도록 하였습니다. 신이 앞서 고려가 들어와서 조공하면 조정에 다섯 가지 해가 있다고 논하여 아뢴 것은 사리가 분명하니, 다시금 자세히 논하지 않겠습니다. 근래에 또 현재 시행하고 있는『편칙』을 조사해 보고서 재차 논하여 아뢴 것도 역시 조정에서 상세하게 이해利害가 참작되지 못하고『편칙』의 법의에 따라 시행되지 못하였습니다. 그러고는 단지 『국조회요』만 조사해 보고서 이미 일찍이 하사해 준 것은 다시금 구매하도록 허락하였습니다.

삼가 신이 논하여 아뢴 바는 이해를 헤아려 볼 때 가볍지 않아서 발론한 것이지, 본디 전례가 있고 없고를 따지기 위해 발론한 것은 아닙니다. 일에 참으로 해가 없을 경우에는 비록 전례가 없더라도 시행할 수가 있는 것이며, 일에 해가 있을 경우에는 아무리 백 가지 전례가 있다고 하더라도 써서는 안 되는 것입니다. 더구나『국조회요』라는 책은 조정에서 검열檢閱하는 데에 대비하기 위한 책이지,『편칙』과 같이 하나하나를 마땅히 시행해야 하는 것은 아닙니다. 신은 단지 조정에서 이 일을 상세히 논하여『편칙』만을 준행하고,『국조회요』는 살펴보기만 하기를 청합니다.

신이 걱정스러운 것은 서책이 고려에 산처럼 쌓이고 북로北虜(거란, 요나라)에 흘러 들어가, 적국 사람들로 하여금 우리 중국 산천山川의 험요險要와 변방邊防의 이해利害에 대해 두루 알게 하지는 않을까 하는 점입니다. 이는 지극히 큰 걱정거리로, 일찍이 서책을 내려주었다고는 하지만, 그것은 지난날의 잘못된 계책입니다. 그러니 지금부터라도 중지하는 것이 계속해서 사 가도록 허락하여 전혀 금법이 없는 것보다는 오히려 나을 것입니다.

또 고려 사람들이 들어와 조회하면서는 걸핏하면 하고자 하는 바를 이루어서 해마다 자주 들어와 다섯 가지의 폐해를 불러왔습니다. 그런데도 이와 같은 유類에 대해 모두 조정에서는 성찰하지 않고 있습니다. 고려 사람들이 다시 오게 된다면 마침내 정례定例가 될까 몹시 염려스럽습니다. 이 때문에 재삼 논하여 아뢰는 것입니다. 그리고 이번에 온 고려 사람들이 이미 출발하고 나면 시행할 길이 없습니다. 재결을 바랍니다.

첩황합니다. 이번에 내려진 조지朝旨에서는 단지 고려에 이미 일찍이 이 책들을 하사해 주었다는 이유로 잇달아 구매하도록 다시 허락하였습니다. 이것을 『편칙』에서 다른 나라 사신과 숙철熟鐵 교역을 금한 것에 비유해 보면, 어찌 외국에 숙철이 하나도 없어서 금하는 것이겠습니까. 이미 있다고 하여 도리어 다시 금하지 않는다면, 이는 크게 잘못된 것입니다. 【『동파집』】

1. 명주에서 고려의 사신이 주는 예물을 사양해야 한다는 뜻 으로 조정에 올리기 위해 썼던 주장奏狀

明州擬辭高麗送遺狀

삼가 생각건대,[1] 고려[2]는 오랑캐들 가운데에서 문자에 통달하여 자못 지식이 있으므로, 덕으로 품어 주어야지 힘으로 굴복시키기는 어렵습니다. 그러므로 수隋나라의 전성기였던 양제煬帝 때에도 대군이 세 번이나 출정하여 천하를 소란하게 했지만 고구려의 임금을 조회하게 하지 못하였습니다. 당나라 때에 이르러서는 무략에 뛰어났던 태종太宗과 뛰어난 장수였던 이적李勣이 있어 이들 군신君臣이 모두 동쪽으로 가서 직접 싸움을 독려했지만 그 나라의 성을 하나도 함락시키지 못하였습니다. 이 때문에 신이 힘으로는 굴복시키기가 어렵다고 하는 것입

---

1) 『원풍유고』元豐遺稿 권35에는 "삼가 생각건대" 앞에 "竊見接送高麗使副儀內一項 高麗國進奉使副 經過州郡 送知州通判土物 並先答謝書候 進奉使回日 依例估價 以係官生帛 就整數 量加回答 檢會 熙寧六年高麗國進奉有使副 送明州知州通判土物 共估錢二百貫以上 九十九陌 熙寧五年及九年 有進奉使 無副使 送明州知州通判土物 共估計價錢一百貫以上 九十九陌 其土物 奉聖旨 並依例令收 估價回答 臣今有愚見 合具奏聞者 右謹具如前"이라는 글이 있다.

2) 여기서 고려는 고구려와 고려의 통칭으로 보인다. 중국인은 예로부터 고구려와 고려를 구분하지 않는 경우가 많았다.

니다.

송나라가 일어나서는 건륭建隆 이후에 그 나라의 왕인 왕소王昭(고려 광종光宗) 이후로 여섯 왕이 잇달아 와서 조공을 바쳐 사신들이 줄을 이어 오갔습니다.[3] 그러다가 그 중간에 강한 오랑캐들에게 압제를 받아 천성天聖(송 인종仁宗의 연호) 이후로는 비로소 중국과 사신을 통하지 못하였습니다. 그 뒤에 폐하께서 즉위한 이후로 교화가 사방에 미치자, 그 나라에서 소문을 듣고는 감히 그대로 있지 못하였습니다. 이에 강한 오랑캐가 억누르는 어려움도 꺼리지 않고, 큰 바다가 중간을 가로막고 있는 것도 두려워하지 않은 채 토산물을 바쳤는데, 동주東州나 서주西州처럼 5년 동안에 세 차례나 이르면서 오로지 뒤늦게 올까만을 걱정하였습니다. 이렇게 그들을 오게 한 것은 군사의 위엄 때문이 아닙니다. 이 때문에 신이 덕으로 품어 주어야 한다고 하는 것입니다.

폐하께서도 그들이 만리 멀리서 정성을 바치면서 덕이 있는 자에게 성심으로 귀복하는 것을 어여삐 여겨, 그들을 거두어 품어 주면서 은혜와 예우를 매우 도탑게 하였습니다. 그리고 고려의 사신이 지나는 주군州郡에서는 그들을 맞이하여 위로하고 잔치를 열어 전송함으로써 폐하께서 고려의 사신을 총애하면서 대우한 뜻을 선양하였는데, 이는 지방을 맡고 있는 신하의 직분인 것입니다.

고려의 사신들이 지나가는 고을에 그들이 토산물을 예물로 바쳐 지방을 맡고 있는 신하들에게 호의를 표하는 것에 대해서는, 폐하께서

---

3) 건륭建隆은 송나라 태조太祖의 연호이고, 왕소王昭는 고려 광종光宗의 이름이다. 건륭 3년(광종 13년, 962년)에 광종이 정사正使 이흥우李興佑, 부사副使 이면희李勵希, 판관判官 이빈李彬 등을 파견하여 조공하였다. 『송사』宋史 권487 외국열전外國列傳 3 「고려」高麗

는 은혜를 내려 그것들을 모두 받도록 하였으며, 관용官用에 보태어 사신들에게 보답하는 폐백으로 쓰도록 하였습니다. 그러나 고려의 사신이 한두 번 올 동안에는 이처럼 하도록 허락하되, 상례常例로 삼지는 말아야 합니다. 지금 고려의 사신이 자주 오는데도 지방을 맡은 신하들에게 그들이 바치는 예물을 받도록 법령에 명시하여 상례로 삼는다면, 신은 그렇게 하는 것이 옳은 것인지 의심스럽습니다.

옛날에 서로 교빙交聘할 때에는 규장珪璋[4]을 예물로 바쳤다가 일이 끝난 뒤에는 모두 되돌려주어, 재물을 가벼이 여기고 예의를 중하게 여기는 뜻을 분명하게 보였습니다. 지금 오랑캐 나라의 사신이 올 때에는, 지방을 맡은 신하가 그들과 서로 접하면서 재물을 가벼이 여기고 예의를 중하게 여기는 뜻을 보여, 그들로 하여금 중국에서 귀하게 여기는 바가 무엇인지를 알게 해야 합니다. 이것은 인사人事에 있어서 마땅히 먼저 해야 할 바입니다. 그러니 그들이 바친 예물을 돌려주기를 옛날에 교빙하면서 규장을 돌려주던 것처럼 해야 합니다. 이것은 의리에 있어서 그만둘 수 없는 것입니다.

또 옛날에 예물을 가지고 임금을 알현하는 경우, 임금이 자신의 신하에게서는 바치는 예물을 받았고, 자신의 신하가 아닐 경우에는 바친 예물을 되돌려주었습니다. 지금 오랑캐 나라에서 귀복歸服하여 와서는 그 나라의 방물方物을 바치면서 신하가 되겠다는 뜻을 표하였습니다. 그러니 천자는 그것을 받아서 천하에 홀로 존귀함과 신하로 삼아서 길러 주는 의리를 밝혀야 합니다. 이것은 바꿀 수 없는 법칙인 것입니다. 그리고 지방을 맡고 있는 신하는 사신과 접하면서 신하로 대하지 않는

---

4) 규장은 옥으로 만든 기물로, 옛날에 조빙朝聘하거나 제사 지낼 때 쓰던 물품이다.

의리로서 예물로 바친 것을 돌려주어, 예법을 지켜 감히 뛰어넘지 못한다는 뜻을 분명히 보여야 하니, 이것 역시 바꿀 수 없는 법칙인 것입니다. 이렇게 하여 서로 가다듬어서 천자의 높음과 중국의 귀함을 밝히고, 중하게 여길 것이 예의이고 가벼이 여길 것이 재물임을 밝게 보여야 합니다. 오랑캐 나라를 대우하는 도리에서는 이것보다 앞서는 것이 없습니다.

그리고 그들이 가지고 와서 예물로 바치는 것을 명주 한 고을의 경우만을 가지고 헤아려 보면, 지주와 통판이 받는 돈이 30만 관貫[5]이나 되는데, 그것을 받는 것도 이미 의리에 있어서 온당치 못한 것입니다. 고려의 사신은 명주를 거쳐서 서쪽으로 와 경사京師에 도착하는데, 그 사이에 거치는 고을이 10여 고을이나 되는바, 그곳에 모두 예물을 바칩니다. 저들의 물력物力으로 헤아려 볼 때 작은 오랑캐 나라로서는 재물이 아마도 여유롭지 못할 듯합니다. 가령 그들이 중국에 귀부하려는 마음이 있어도 혹 재물이 부족한 것을 걱정하게 된다면, 신의 생각으로는 중국으로서의 의리를 손상시키는 점이 있고, 폐하께서 길러 주고 사랑해 주는 뜻이 아닐 듯합니다.

신의 어리석은 생각으로는, 지금부터 고려의 사신이 오면서 토산물을 예물로 바쳐 지방을 맡은 신하들에게 호의를 표하는 것은, 조지詔旨를 내려 모두 되돌려주어야 한다고 생각합니다. 그리고 관용官用에 보태어서 보답하는 폐백으로 삼게 하는 것은 이미 고사故事가 있으니, 이에 대해서는 모두 조지朝旨를 내려 예전처럼 주어야 한다고 생각

---

5) 원래 번역본에는 3만 관으로 되어 있는데, 『증공집』曾鞏集 하 권35(중화서국中華書局, 2004)에 의거하여 30만 관이라 하였다.

합니다. 폐하께서는 상세히 살펴서 결정하시되, 확충하여 시행할 만한 것이 있을 경우에는 다시금 법령에 밝히시기 바랍니다.

바친 예물을 돌려주어 이로써 그들의 물력이 부족할까 걱정하는 데 미치고, 내려주는 물품을 후하게 하여 이로써 그들이 오기가 쉽지 않음을 살피는 데에 미치는 것은, 이른바 의리를 숭상하고 어짊으로 품어 주는 것입니다. 중국에서 오랑캐를 대우함에 있어서는 이보다 더 나은 방도가 없습니다. 고려는 조금이나마 지식이 있습니다. 그러니 돌아가서 서로 고할 경우, 반드시 모두들 마음속으로 감복하고 기뻐하면서 영원토록 의로움을 사모할 것입니다. 이는 말하지 않아도 알 수 있는 것입니다.

어리석은 신은 위에서 말한 것을 옳다고 여기는 것이 아니라, 참으로 오랑캐 나라를 대함에 있어서는 재물을 가벼이 여기고 예의를 중하게 여기는 의를 보이는 것을 불가불 먼저 해야 한다고 생각하는 것입니다. 그럴 경우 조금이나마 덕을 가지고 먼 데 사람을 품어 주는 폐하의 체모에 허물이 없을 것입니다. 이 때문에 감히 말씀드리지 않을 수가 없습니다. 오직 폐하께서는 재량하여 채택하시기 바랍니다. 【『남풍집』南豐集】

북송北宋
인종仁宗(1022~1063)

· 1036(경우 3년) 1세   12월 19일(양력 1037년 1월 8일) 사천성四川省 미산
현眉山縣 사곡행紗縠行에서 소식蘇軾(호 동파거사사東
坡居士) 출생. 부친은 소순蘇洵, 모친은 정씨程氏.

· 1038(보원 1년) 3세   형 경선景先 죽음.

· 1039(보원 2년) 4세   아우 소철蘇轍 출생.

· 1043(경력 3년) 8세   소학小學에 들어가 미산현 천경관天慶觀의 도사
道士 장이간張易簡에게 배움.

· 1045(경력 5년) 10세   부친 소순이 환학宦學 여행을 떠나 모친에게서
배움.

· 1047(경력 7년) 12세   조부 소서蘇序 돌아가심. 부친 환학에서 돌아오심.

· 1054(지화 1년) 19세   미주眉州 청신현인青神縣人 향공진사鄕貢進士 왕
방王方의 딸 왕불王弗(당시 16세)과 결혼.

· 1055(지화 2년) 20세   부친 소순이 성도成都를 유람하여, 장방평張方平
을 배알하니, 장방평이 일견一見에 국사國士로
예우.

· 1056(가우 1년) 21세   3월, 부친 소순을 따라 아우 소철과 함께 경사京
師(수도 개봉開封)에 감. 5월, 경사에 도착. 8월, 아
우 소철과 함께 개봉부시開封府試에 합격.

- 1057(가우 2년) 22세 　정월, 예부시禮部試에 진사進士 급제. 구양수歐陽
　　　　　　　　　　　　修, 매지梅摯, 왕규王珪, 범진范鎭, 매요신梅堯臣이
　　　　　　　　　　　　시험관임. 3월, 전시殿試에 급제. 5월, 모친상으
　　　　　　　　　　　　로 귀향.

- 1059(가우 4년) 24세 　모친의 복상服喪을 마치고, 10월, 부친 소순을
　　　　　　　　　　　　모시고 아우 소철과 함께 개봉을 향해 촉蜀을 출
　　　　　　　　　　　　발. 12월 8일, 형주荊州에 도착.

- 1060(가우 5년) 25세 　정월 5일, 형주를 출발, 2월 15일, 경사에 도착,
　　　　　　　　　　　　하남부河南府 복창현福昌縣 주부主簿를 제수 받
　　　　　　　　　　　　았으나 부임하지 않음.

- 1061(가우 6년) 26세 　제과制科에 응시하여, 소식은 제3등, 아우 소철
　　　　　　　　　　　　은 제4등으로 급제. 대리평사大理評事, 봉상부첨
　　　　　　　　　　　　판鳳翔府簽判에 임명됨. 11월, 부친 및 아우 소철
　　　　　　　　　　　　과 첫 이별. 12월 14일 봉상부에 도착. 16일, 공
　　　　　　　　　　　　자묘孔子廟의 석고石鼓를 참관.

- 1062(가우 7년) 27세 　봉상鳳翔에 재직.
- 1063(가우 8년) 28세 　봉상에 재직.

영종英宗(1063~1067)

- 1065(치평 2년) 30세 　정월, 조정에 귀환. 등문고원登聞鼓院의 판관判
　　　　　　　　　　　　官에 임명. 직사관直史館에 임명. 5월, 아내 왕불
　　　　　　　　　　　　죽음.

- 1066(치평 3년) 31세 　부친 소순이 『태상인혁례』太常因革禮 100권의 편
　　　　　　　　　　　　찬을 마치고, 4월에 서거. 이로 인해 상구喪具를
　　　　　　　　　　　　이끌고 6월에 향리로 향함.

· 1067(치평 4년) 32세　　4월, 향리에 도착. 8월, 선친을 미주眉州에서 장
　　　　　　　　　　　　　사 지냄.

신종神宗(1067~1085)

· 1068(희녕 1년) 33세　　7월, 부친의 복상을 마침. 첫 부인 왕불의 종매
　　　　　　　　　　　　　從妹 왕윤지王閏之(당시 21세)와 결혼. 가족을 이끌
　　　　　　　　　　　　　고 아우 소철과 개봉으로 향함.
· 1069(희녕 2년) 34세　　2월, 개봉으로 돌아옴. 왕안석王安石과 정견이
　　　　　　　　　　　　　충돌. 감관고원監官告院이 됨. 5월, 왕안석의 과
　　　　　　　　　　　　　거 시험 개혁에 반대 의견 표명. 12월, 「상신종
　　　　　　　　　　　　　황제서」(上神宗皇帝書) 제출.
· 1070(희녕 3년) 35세　　「재상신종황제서」(再上神宗皇帝書)을 제출하여 신
　　　　　　　　　　　　　법 반대. 5월, 차남 태迨 출생.
· 1071(희녕 4년) 36세　　지방으로의 전출을 요청하여, 6월에 항주통판杭
　　　　　　　　　　　　　州通判을 임명받아, 11월 28일, 착임着任.
· 1072(희녕 5년) 37세　　항주통판에 재직. 4월, 삼남三男 과過 출생. 6월,
　　　　　　　　　　　　　망호루望湖樓에 오름. 12월, 호주湖州로 여행.
· 1073(희녕 6년) 38세　　항주통판에 재직.
· 1074(희녕 7년) 39세　　항주통판으로 재직시 조운朝雲을 시첩侍妾으로
　　　　　　　　　　　　　맞음. 9월, 밀주지주密州知州를 임명 받음. 12월,
　　　　　　　　　　　　　착임.
· 1076(희녕 9년) 41세　　11월, 하중부지부河中府知府를 임명 받음. 12월,
　　　　　　　　　　　　　밀주密州를 떠남.
· 1077(희녕 10년) 42세　2월, 서주지주徐州知州를 임명 받음. 4월, 서주지
　　　　　　　　　　　　　주에 착임.

· 1078(원풍 1년) 43세 　서주徐州에 재직. 8월 12일, 황루黃樓(서주성徐州 城의 동문에 황토黃土로 쌓은 누각) 낙성.

· 1079(원풍 2년) 44세 　3월, 호주지주湖州知州에 임명됨. 4월 20일, 호 주湖州에 착임. 8월 18일, 오대시안烏臺詩案으로 어사대의 감옥에 수감. 12월 26일, 황주黃州로의 유배를 명령 받음.

· 1080(원풍 3년) 45세 　2월 1일, 황주에 착임. 정혜원定惠院에 거주. 4월, 임고정臨皐亭으로 이거移居. 6월, 아우 소철과 무 창武昌에 유람. 8월, 아들 매邁와 적벽 유람. 9월, 홀로 적벽 유람.

· 1081(원풍 4년) 46세 　황주 유배 계속. 정월, 기정岐亭에 가 봉상 시절 의 벗 진조陳慥를 만남(황주에서의 4년 남짓 유 배 기간에 진조는 7번 오고, 동파는 3번 가서 만 남). 이해 마몽득馬夢得의 호의로 황무지를 경 작, 그곳을 동파東坡라고 이름 지음.

· 1082(원풍 5년) 47세 　황주 유배 계속. 2월, 동파 옆에 설당雪堂을 지 음. 7월, 적벽을 유람하고 「적벽부」赤壁賦를 지 음. 10월, 다시 적벽을 유람하고 「후적벽부」後赤 壁賦를 지음.

· 1083(원풍 6년) 48세 　황주 유배 계속. 5월, 남당南堂 낙성. 10월 12일 밤에 마몽득과 승천사承天寺 유람.

· 1084(원풍 7년) 49세 　3월, 여주단련부사汝州團練副使의 명 받음. 4월, 황주를 떠남. 여산廬山 구경. 7월, 금릉金陵의 왕 안석王安石을 방문. 10월 19일, 상서를 올려 상 주거주常州居住를 요청.

· 1085(원풍 8년) 50세 　다시 상서를 올려 상주거주를 요청. 여주단련부 사 상주거주를 명 받음. 3월, 신종이 죽고, 어린

철종哲宗이 즉위, 고태후高太后의 섭정. 5월, 상
주 폄소貶所 도착. 6월, 조봉랑朝奉郎에 복직, 등
주지주登州知州에 임명됨. 10월, 등주登州 착임.
예부낭중禮部郎中으로 소환召還의 명 받음.

철종哲宗(1085~1100)

· 1086(원우 1년) 51세	3월, 중서사인中書舍人에 임명됨. 9월 1일, 사마 광司馬光이 죽음. 조정에서는 정이程頤로 하여금 사마광의 장례를 주관하게 하였는데, 정이가 고 례古禮를 따르려 하자 소식이 그를 희롱하여 원 한을 맺음. 9월, 한림학사 지제고翰林學士知制誥 로 옮김.
· 1087(원우 2년) 52세	한림학사翰林學士로 재직.
· 1088(원우 3년) 53세	한림학사로 재직.
· 1089(원우 4년) 54세	상주하여 지방관으로 전출을 요청. 3월, 항주지 주杭州知州에 임명되고, 7월에 착임. 11월 3일, 「고려에서 진봉하는 데 대해 논한 서장」(論高麗進 奉狀)을 상주, 11월 13일, 「고려가 진봉하는 데 대해 논한 두 번째 서장」(論高麗進奉第二狀)을 상 주, 12월 3일, 「고려의 승도僧徒들을 천주에서 귀국시키게 하기를 청하는 서장」(乞令高麗僧從泉 州歸國狀)을 상주함.
· 1090(원우 5년) 55세	항주지주杭州知州로 재직. 항주 서호西湖에 제방 (소제蘇堤)을 축조. 8월 15일, 「행상들이 외국으 로 건너가는 것을 금지해 주기를 청원하는 상소

문」(乞禁商旅過外國狀)을 상주함.

· 1091(원우 6년) 56세	2월, 한림학사승지翰林學士承旨로 소환을 명 받음. 7월, 지방관으로 전출을 요청하여 허락을 얻음. 8월, 영주지주潁州知州에 임명되어 영주에 착임.
· 1092(원우 7년) 57세	2월, 양주지주揚州知州에 임명됨. 8월, 병부상서兵部尙書로 소환됨. 11월, 예부상서禮部尙書 단명전학사 겸한림시독학사端明殿學士兼翰林侍讀學士가 됨.
· 1093(원우 8년) 58세	예부상서에 재직. 2월 1일, 2월 15일, 2월 26일 각기 「고려에서 서적을 사 가는 것의 이해利害에 대해 논하는 차자 3수」(論高麗買書利害箚子三首)를 상주함. 8월, 아내 왕윤지가 죽음. 9월, 정주지주定州知州에 임명됨. 10월 23일, 정주에 착임.
· 1094(소성 1년) 59세	6월, 혜주惠州(건창군사마 혜주안치建昌軍司馬惠州安置)로 유배 명령. 셋째 아들 과와 조운을 데리고 대유령大庾嶺을 넘어, 10월 2일, 혜주에 도착, 합강루合江樓에 우거寓居, 18일, 가우사嘉祐寺로 이사.
· 1095(소성 2년) 60세	혜주에 있었음. 3월 19일, 합강루로 이사.
· 1096(소성 3년) 61세	혜주에 있었음. 4월 20일, 다시 가우사로 이사. 7월, 조운이 죽어, 8월에 조운을 풍호豐湖의 서선사棲禪寺 동남쪽의 송림松林에 매장.
· 1097(소성 4년) 62세	2월 14일, 백학봉白鶴峰 신거新居로 옮김. 4월 17일, 경주별가瓊州別駕 창화군안치昌化軍安置의 명을 받음. 막내아들 과를 데리고 해남도海南島로 출발. 5월 11일, 뇌주雷州로 유배가는 도중인 아

우 소철과 등주藤州에서 상봉하여 뇌주까지 동
행, 6월 11일, 형제의 영원한 이별. 도해渡海. 7월,
배소配所 도착. 12월 19일(동파의 생일)에 아우
소철이 동파의 요청으로 「도연명 시에 화운한
동파선생의 시집 서문」(東坡先生和淵明詩引. 일명.
「자첨화도연명시집인」子瞻和陶淵明詩集引)을 지음.

· 1098(소성 5년) 63세   해남도海南島 담주儋州에 있었음.

· 1098(원부 1년) 63세   담주에 있었음. 5월, 광랑암桃榔庵 새 거주지 완
　　　　　　　　　　　　성. 9월, 천경관天慶觀 유람.

· 1099(원부 2년) 64세   담주에 있었음.

· 1100(원부 3년) 65세   1월 12일, 철종이 죽고, 휘종徽宗이 즉위. 5월,
　　　　　　　　　　　　염주안치廉州安置를 명 받음. 도해渡海. 7월 4일,
　　　　　　　　　　　　염주 도착. 8월, 서주단련부사舒州團練副使, 영주
　　　　　　　　　　　　거주永州居住를 명 받음. 8월 29일, 염주를 떠남.
　　　　　　　　　　　　11월, 조봉랑朝奉郞에 복직, 제거성도부옥국관
　　　　　　　　　　　　提擧成都府玉局觀에 임명, 거주 자유.

휘종徽宗(1100~1125)

· 1101(건중정국 1년)   5월, 여행 도중 병에 걸려, 상주常州에서 누움.
　66세   6월, 상주에서 상주上奏하여 치사致仕함. 7월 28
　　　　　　　　　　　　일, 별세別世.

· 1102(숭녕 1년)   윤6월, 여주汝州 겹성현郟城縣의 아미산峨眉山에
　　　　　　　　　　　　장사지냄. 부인 왕윤지와 합장. 아우 소철이 형
　　　　　　　　　　　　의 묘지명墓誌銘(「돌아가신 형 자첨 단명 묘지명」亡兄子
　　　　　　　　　　　　瞻端明墓誌銘)을 지음.

저자 소개

왕수이자오王水照

1934년 중국 저장 성 위야오餘姚에서 태어났다. 베이징대학 중문과를 졸업(1960년)하고, 중국사회과학원中國社會科學院 문학연구소文學研究所, 일본 도쿄대학 객원교수를 지냈다. 현재 푸단대학 중문과 수석교수, 중문과학술위원회주임系學術委員會主任, 중국송대문학회회장中國宋代文學會會長, 『문학유산』文學遺産 고문, 『신송학』新宋學 주편主編을 맡고 있다. 주로 송대 문학과 중국 고대문장학을 연구하고 있다. 저서로 『소식연구』蘇軾研究, 『송대문학통론』宋代文學通論(주편), 『왕수조자선집』王水照自選集, 『소식평전』蘇軾評傳(공저), 『당대명가학술사상문고 · 왕수조권』當代名家學術思想文庫 · 王水照卷 등의 학술서와 『반초거필기』半肖居筆記, 『인조문집』鱗爪文輯 등의 학술 수필이 있고, 『역대문화』歷代文話 등의 학술 자료집이 있다. 동시에 해외海外 한학漢學의 연구에 관심을 기울여, 주요 편역서로 『일본학자중국사학논문집』日本學者中國詞學論文集, 『일본학자중국문장학논저선』日本學者中國文章學論著選, 『일본송학연구육인집』日本宋學研究六人集(제1집, 제2집) 등이 있다.

1. 논저 목록

저작

1.『唐宋文学论集』齐鲁书社, 1984年7月版

2.『苏轼选集』上海古籍出版社, 1984年2月版

3.『苏轼えの人と文学』日本东京日中出版社, 1986年6月版

4.『宋人所撰三苏年谱汇刊』上海古籍出版社, 1989年报11月版

5.『唐宋散文精选』江苏古籍出版社, 1992年报2月版

6.『苏轼论稿』台湾万卷楼图书有限公司, 1994年12月版

7.『苏轼及其作品』上海古籍出版社, 1998年6月版

8.『宋代文学通论』河南大学出版社, 1997年6月版

9.『半肖居笔记』东方出版中心, 1998年4月版

10.『苏轼研究』河北教育出版社, 1999年5月版

11.『王水照自选集』上海教育出版社, 2000年5月版

12.『苏轼传: 智者在苦难中的超越』(合著)天津人民出版社, 2000年1月版

13.『中国文豪苏东坡』韩国汉城月印出版社, 2001年4月

14.『苏轼评传』(合著), 南京大学出版社, 2004年

15.『苏轼诗词文选评』(合著), 上海古籍出版社, 2004年

16.『欧阳修传: 达者在纷争中的坚持』(合著), 天津人民出版社, 2008年

17.『鳞爪文辑』, 陕西人民出版社, 2008年

18.『宋代散文选注』, 上海古籍出版社, 2009年

19.『南宋文学史』(合著), 人民出版社, 2009年

20.『当代名家学术思想文库 · 王水照卷』, 万卷出版公司, 2010年

편찬

1.『传世藏书 · 集库』分科主编, 海南国际新闻出版中心, 1997年版

2.『古代十大诗歌流派』(主编)湖南文艺出版社, 1997年7月版

3.『中国历代古文精选』(主编)东方出版中心, 1997年7月版

4.『首届宋代文学国际研讨会论文集』复旦大学出版社, 2001年

5. 『新宋学』(第一辑、第二辑、第三辑主编)上海辞书出版社, 2001年、2003年、
    2011年

6. 『历代文话』(全十册), 复旦大学出版社, 2007年

7. 『中国古代文章学的成立与展开』, 复旦大学出版社, 2011年

8. "复旦宋代文学研究书系"六种(主编), 复旦大学出版社(待刊)

편역

1. 『日本学者中国词学论文集』(合编)上海古籍出版社, 1999年

2. 『日本学者中国文章学论著选』(合编)上海古籍出版社, 1994年

3. "日本宋学研究"六人集, 第一辑、第二辑(主编), 上海古籍出版社, 2005年、2010年

2. 학술기금 획득主持项目

1. 宋代传统文学与文人心理综合研究, 国家教委博士点基金项目

2. 北宋党争和文学发展、文人心态的综合研究, 1991—1993国家社科基金

3. 国家教委下达的教改项目: 面向21世纪教学内容和课程体系的改革;(由复旦、北
    大、南开、中山、武大五校参加, 本人为主持人)

4. 北宋文人集团与文学演进, 上海市社科项目

5. 东亚汉文化圈与"唐宋转型论", 复旦大学985创新基地项目

6. 『历代文话』编撰与整理, 教育部后期资助重点项目

7. 钱锺书与宋诗研究, 国家社科基金重点项目

3. 학술상 수상科研获奖

1. 『评苏轼的政治态度和政治诗』, 上海市高校文科优秀论文奖, 1984年

2. 『从苏轼、秦观词看词与诗的分合趋势』, 中国秦观学会优秀论文奖, 1990年

3. 『苏轼豪放词派的涵义和评价问题』, 首届夏承焘词学一等奖, 1991年

4. 『苏轼论稿』, 教育部第二届人文社科研究成果奖(著作二等奖)、首届国家社科基金项目优秀成果奖(著作三等奖)、上海市哲学社会科学优秀成果(著作三等奖);

5. 『苏轼选集』, 全国首届古籍整理图书奖

6. 『苏轼的人生思考和文化性格』, 上海市哲学社会科学优秀成果奖(论文二等奖)

7. 『宋代文学通论』, 上海市哲学社会科学优秀成果奖(著作三等奖)、上海普通高校优秀教材(一等奖)

8. 『苏轼评传』, 上海市第八届哲学社会科学优秀成果奖(著作三等奖)

9. 『作品、产品与商品—古代文学作品商品化的一点考察』, 上海市第九届哲学社会科学优秀成果奖(论文一等奖)

10. 『历代文话』, 中华优秀读物奖、第五届高校人文社科优秀成果奖(著作一等奖)、第二届中国出版政府奖图书提名将

11. 『况周颐与王国维: 不同的审美范式』, 上海第十届哲学社会科学优秀成果奖(论文一等奖)

4. 교학상의 학술상 수상教学获奖

1. 1993年以"唐宋文学教学体系的建立和深化"获上海市高校教学成果一等奖

2. 1997年以"中国古代文学教学体系的更新与完善"获上海市高等教学成果一等奖、国家级二等奖(集体, 本人为第一申报人)

3. 2003年获"首届复旦大学校长奖"

4. 2003年获复旦大学优秀研究生导师奖

5. 2005年博士生陈元锋学位论文『北宋馆阁翰苑与诗坛研究』获复旦大学优秀博士学位论文、上海市研究生优秀成果(学位论文)奖, 全国百篇优秀博士论文提名奖

6. 2007年博士生邓子勉学位论文『宋金元词籍文献研究』获复旦大学优秀博士学位论文、上海市研究生优秀成果(学位论文)奖

7. 2011年博士生侯体健学位论文『刘克庄的文学世界—晚宋文学生态的一中考察』获复旦大学优秀博士学位论文、上海市研究生优秀成果(学位论文)奖